가문에서 가족으로

가문에서 가족으로

연대와 찢김, 이익과 애정 사이에서 태어나는 근대인들

로베르토 비조키 지음
임동현 옮김

글항아리

일러두기

· 본문 하단 각주는 모두 옮긴이의 부연 설명이다.

한국어판 서문

불과 몇 년 사이 한국에서 저의 두 번째 책이 출판된다고 하니 매우 기쁜 마음입니다. 제게는 대단히 영광스러운 일이 아닐 수 없습니다. 무엇보다 피사대학에서 박사학위를 받은 근대사 연구자 임동현 교수의 노고가 큽니다. 한국과 이탈리아 양국의 학문적 성과 및 문화적 교류에 대한 역자의 관심과 노력에 감사드립니다.

사실 이 책의 초판은 25년 전쯤 출판되었습니다. 그러니까 한국에서 처음 소개된 제 책 『귀부인의 남자 치치스베오: 18세기 이탈리아 귀족 계층의 성과 사랑 그리고 여성』보다 시기상 앞서 있지요. 이 책의 출판은 그야말로 '우연한 만남'의 결과물이라고 할 수 있습니다. 당시 저는 18세기 이탈리아에서 성행하던 관습에 따라 결혼한 귀부인을 공식적으로 수행하는 남성, 즉 치치스베오cicisbeo에 대한 사료들을 수집하고 있었습니다. 제가 살고 있는 피사 소재의 여러 문서보관소를 조사하던 중 저는 브라치 캄비니Bracci Cambini라는 어느 귀족 가문의 기록을 발견했고, 이 기록을 통해 17세기 후반부터 19세기 후반까지 가문의 역사를 심층적으로 재구성할 수 있었습니다.

물론 브라치 캄비니 가문의 구성원들 역시 치치스베오의 관행과 무관하지 않으며, 안토니오 마리아과 안나에 관한 장에서 관련 내용이 언급되기도 합니다. 그러나 브라치 캄비니 가문의 기록은 치치스베오 외의 다른 많은 문제, 이를테면 여러 세대에 걸쳐 가문의 유산을 어떻게 상속했는가 그리고 상속 과정에서 어떤 갈등들이 일어났는가에 대한 풍부한 자료와 증언들 또한 포함하고 있습니다. 저는 치치스베오에 대한 연구를 잠시 중단하고 브라치 캄비니 가문의 기록을 더 세밀하게 들여다보기 시작했고, 그 결과물이 바로 이 책입니다.

책 속 중심인물 중 한 명인 가장 레오나르도로 대변되는 전통적인 사고방식에 따르면 가문의 유산이 절대 분할되지 않는 것, 나아가 차남 이하 아들딸의 생계를 보장하는 과정에서도 지출을 최소화하는 것이 원칙이었습니다. 이는 독신으로 남은 차남 이하 아들들이 치치스베오가 되었던 이유를 설명해줄 뿐만 아니라 당시 많은 여성이 자의든 타의든 수녀원에 들어가 생활할 수밖에 없었던 이유도 밝혀줍니다.

브라치 캄비니 가문의 역사를 놓고 볼 때 레오나르도의 의지는 18세기 후반까지 유지되었습니다. 그러나 이때 강한 개성을 지닌 차남 루소리오가 등장하며 상황은 달라지기 시작합니다. 그는 계몽사상에 영향을 받아 개정된 새로운 법률에 따라 자기 몫을 요구하며 투쟁했고, 그 결과 가문 내부에서 이후 세대까지 격렬한 갈등이 발생했습니다. 이 갈등은 심지어 1861년 이탈리아 통일 이후로까지 이어집니다.

저는 이런 갈등의 과정에서 생겨난 여러 사건을 서술하면서 단순히 경제적 쟁점에 집중하는 것이 아니라 사건에 연루된 인물들의 성격, 그들 사이의 경제적 이해관계와 애정이 얽히는 과정 그리고 남녀 관계 등을 폭넓게 보여주려 했습니다. 이는 질적·양적으로 풍부한 사료가 있기에 가능한 일이었습니다. 이로써 권위주의적 이데올로기의 원칙과 자신의 권리를 되찾고자 하는 개인의 열망 사이에서 일어난 투쟁을 제 나름껏 생생하게 담아냈다고 여겨집니다. 그리고 우리는 이 투쟁이 바로 사회의 일차 세포라고 할 수 있는 가족 혹은 가문 내부에서 시작되었음을 염두에 두어야 합니다.

부끄럽게도 한국의 역사와 문화에 대한 제 지식이 그리 깊지 않기에 여기서 비교사적 관점을 제시하려는 시도는 하지 않을 생각입니다. 그러나 저는 이 책이 인류 전체의 차원에서 보더라도 대단히 보편적이고 본질적인 문제를 다루고 있다고 생각합니다. 그러니 한국의 역사적 경험 안에서도 어떤 공명점들을 찾아낼 수 있으리라 여겨집니다. 독자 여러분께 이 책을 소개할 수 있게 되어 큰 감동과 깊은 감사의 마음을 전합니다.

2025년 12월

로베르토 비조키

서문

이 책은 브라치 캄비니라는 이탈리아 토스카나의 한 귀족 가문의 역사를 담고 있으며 총 여섯 편의 이야기로 나뉜다. 브라치 캄비니 가문은 17세기 말 피렌체의 브라치 가문에서 갈라져 나와 피사에서 독립적으로 창건된 가문이다. 이 책은 피사와 그 인근의 부티를 배경으로 19세기 중반까지 가문의 역사를 따라간다. 총 여섯 편의 이야기는 시대에 따라 18세기 전반, 18세기 후반, 19세기 전반에 해당되는 세 개 장으로 구분되어 있으며, 각각의 이야기에는 주인공이라 할 수 있는 인물들의 이름과 특성을 반영하는 제목이 붙어 있다. 물론 주인공 외에 여러 다른 인물도 등장하는데, 때로 한 이야기의 주인공이 다른 이야기에서 조연이나 단역을 맡기도 한다. 책 서두에는 각 인물 사이의 관계를 쉽게 이해할 수 있는 가계도가 실려 있다.

전체 이야기 가운데 어떤 내용을 넣고 어떤 내용을 뺄지는 전적으로 내가 선택했다. 역사학 이론 혹은 방법론에 익숙하지 않다고 하더라도 삶을 조금이라도 살아본 사람이라면 한 인물의 존재를 몇 마디 말로 다 설명할 수 없다는 것쯤은 알고 있을 것이다. 개인의 정체성은 고정불변의 것이 아니다. 시간의 흐름에 따라 변하는 것이다. 그리고 몇 명의 개인이 경험한 것들을 모아놓는다고 해서 그것이 곧 가문의 역사가 되는 것도 아니다. 물론 내가 모든 진실을 알리겠다는 거창한 뜻을 가지고 이 책을 쓰기 시작한 것은 아니다. 다만 가문의 기록을 들여다보며 '이야기하고 싶다'는 충동이 자연스럽게 마음속에서 생겨났고, 이에 응답하기 위해 취사선택했을지언정 결코 허구는 아닌 이야기들을 하려 노력했을 뿐이다.

우선 이야기의 바탕이 되는 브라치 캄비니 가문의 문서보관소에 대한 설명이 필요할 것이다. 이 보관소가 갖는 성격이 내가 이야기를 풀이기는 방식에 큰 영향을 주었기 때문이다. 이곳에는 다섯 세대에 걸쳐 가문의 가장家長들이 중요하다고 여겨 직접 모았던 문서들이 소장되어 있다. 주로 토지나 재산을 매입하고 관리했던 기록, 감정평가사의 감정서, 공증인의 기록, 민사 소송 관련 서류 등이다. 물론 이런 종류는 다른 오래된 가문의 문서보관소에서도 흔히 볼 수 있다. 그러나 브라치 캄비니 가문의 문서보관소는 개인적인 성격의 기록들, 예를 들어 일기와 사적인 메모, 편지와 같은 기록이 꽤 많이 소장되어 있다는 점에서 차별성을 갖는다. 이런 유의 기록을 하나씩 읽어가던 중 나는 단순히 재산에 관한 이야기만 하는 것으로는 부족하다는 생각을 하게 되었다. 여기에 사람들 사이의 관계와 감정이 더해진, 말하자면 경제적 이익과 애정이 얽혀 있는 내용을 쓰고 싶었다.

이 책에서 다루고 있는 주제를 간추려 설명하기 위해 내가 선택한 두 단어, 즉 이익과 애정을 잠시 짚고 넘어가려 한다. 나는 이 두 단어가 서로 대립되는 개념이 아니라고 생각하는데, 이는 책의 배경이 되는 시대에도 적용된다. 물론 가문의 경제적, 사회적 지위를 유지하기 위한 전통적인 관습 그리고 자기 방식대로 살고자 하는 개인의 욕망 사이의 긴장이 팽팽하던 시기였지만 그렇다고 해서 이익과 애정이 반드시 서로 부딪치기만 했던 것은 아니다. 이 둘이 서로 어떻게 얽히고 맞물리는지에 대해서는 앞으로 이어질 이야기에서 좀더 자세히 다룰 예정이다.

이 책의 이야기가 시작되는 17세기 말에서 18세기 초 이탈리아를 포함한 유럽 여러 지역의 귀족들은 자신의 가문이 재정적으로 쇠퇴하고 몰락하는 상황을 막으려 애쓰고 있었다. 이를 위해 그들은 가문의 재산을 가능한 한 하나의 덩어리로 유지하려 했고, 그것을 가문에서 가장 나이가 많은 남성에게 집중시켰다. 그러다보니 남성이든 여성이든 다른 구성원들이 가지고 있던 기대나 삶의 방향성은 뒷전으로 밀리기 일쑤였다. 물론 이러한 태도를 두고 깨어 있는 생각이라고 말하기는 어려웠다. 실제로 18세기에 시대의 변화를 반영하는 글들이 나오고, 개혁적인 군주들이 새로운 법령을 내놓으면서 이러한 관행은 점차 비판의 대상이 되기 시작했다. 혁명 이후 프랑스 점령군이 이탈리아에 들어오면서 이러한 변화는 더욱 가속화되었다. 물론 왕정복고를 거치며 당시 일어났던 변화들 가운데 일부가 원점으로 회귀한 것은 사실이지만, 그렇다고 해서 변화의 물결을 거스를 수는 없었다. 1865년 통일 이탈리아 왕국에서 제정된 민법의 내용은 프랑스 점령 시기의 개혁 정신을 계승하고 있었다. 요컨대 이 책이 다루고 있는 약 두 세기 동안 거대한 변화와 갈등은 끊이지 않았는데, 이 책의 주제인 가문의 역사라는 관점에서 보더라도 마찬가지였다. 이러한 변화와 갈등이 얼마나 극적이었는지는 등장인물들의 삶을 통해 생생하게 드러난다.

그렇다고 해서 이 책에서 말하는 변화를 단순히 이익에 대한 애정의 승리로 환원하는 것은 오류일 것이다. 책에서 전개되는 내용이 점점 오늘날에 가까워질수록 독자들은 더 많이 공감하고 정서적으로도 더 가깝게 느끼게 될 텐데, 등장인물들의 말과 행동 그리고 감정이 오늘날 우리의 말과 행동, 감정과 비슷해지기 때문이다. 다시 말해, 오늘날 우리 시기에 가까워질수록 독자들은 가문 구성원 사이에 존재하는 애정을 더 직접적으로 체감할 수 있게 된다. 반대로 시기상 더 오래된 내용, 즉 아직 가문의 논리가 지배하던 시기의 이야기들에는—비록 그리 먼 과거가 아니라고 하더라도—이질감을 느낄 수 있다. 물론 그 시기에도 가문 구성원 사이에 애정은 있었지만, 이후 시기에 비해 그것을 체감하기는 훨씬 더 어렵다. 때로는 오로지 이익을 향한 집착과 더불어 비인간적인 수준의 계산적 사고가 애정을 완전히 지워버린 듯이 보이기도 한다.

그러나 실제로는 전혀 그렇지 않았다. 먼 과거에도 사람들은 이익과 애정을 함께 안고 살아갔다. 방식은 많이 달랐지만 그들의 삶도 오늘날과 마찬가지로 풍부하고 복잡했다. 그들의 경험을 따라가려면 우리는 한 가지 역사인류학의 아주 기본적이고 단순한 원칙을 받아들여야 한다. 우리는 우리 무의식에 존재하는 우월감, 즉 과거의 사람들보다 우리가 더 나으며 우리 방식만이 정답이라는 생각을 내려놓아야 한다. 그리고 인간적인 삶이 우리 방식으로만 정의되는 것이 아니라는 사실도 받아들여야 한다. 그렇게 한다면 처음에는 차갑고 낯설게 보이던 과거 안에서 생생한 삶의 모습과 공감 가는 감정들을 발견할 수 있을 것이다. 나는 이 책을 쓰는 내내 이런 방법론적 태도를 지키고자 했다. 다만 그러한 생각을 매번 독자들에게 덧붙이는 것은 독자들에게 부담이 될 테니 일일이 언급하지 않았을 뿐이다.

당연하겠지만 내 의도는 과거 사람들의 삶을 폄훼하려는 것이 아니다. 그보다는 이 책에서 다루는 변화의 또 다른 의미를 가능한 한 정확하고 생생하게 독자들에게 전하려 한다. 변화란 단순히 이익을 중시하는 세계에서 애정을 중시하는 세계로의 이행만을 의미하지 않는다. 그보다는 이익과 감정이 서로 얽혀 있는 폐쇄적인 세계로부터 개인의 권리와 기대에 대해 열려 있는 세계로의 이행이라고 보는 것이 적절하다. 이를 이해하기 위해서는 사실 내 설명을 읽는 것보다 책 속 등장인물들의 모습을 관찰하는 편이 더 나을 것이다. 내가 때때로 등장인물들의 목소리를 분량이 꽤 긴데도 불구하고 그대로 인용한 것은 바로 이러한 이유에서다. 한 가지 덧붙이자면, 개인의 권리에 대한 강조와 함께 전통적인 가문 중심의 사고가 흔들리는 19세기의 현상, 다시 말해 이른바 근대성으로 설명되는 이 현상에 대해서 여전히 많은 학자가 뜨거운 논쟁을 벌이고 있다는 사실을 염두에 두어야 한다. 그리고 이러한 논쟁의 맥락에서 나는 과거와의 연속성보다는 과거와 현재의 변화 및 단절을 부각시키는 성격이 강한 사료들을 활용했다는 점 역시 밝혀둔다.

이제 서문을 마무리하며 다소 조심스럽지만 개인적인 생각을 하나 덧붙이고 싶다. 이 책에서 다루고 있는 사례는 지방 소도시의 소규모 귀족 가문과 관련 있으며, 따라서 거시적인 틀에서 진행되는 역사적 논쟁의 흐름을 바꿀 만한 무게를 지니진 않았다. 그러나 나는 이 사례가 오늘날 역사학자들 사이에서 이뤄지고 있는 논쟁의 핵심적 시각, 즉 앙시앵 레짐의 그림자가 19세기 내내 드리워져 있었다는 시각에 대해 약간의 수정을 가할 여지를 준다고 생각한다. 물론 혁명이 일어난 이후에도 19세기 내내 귀족 가문들 사이에서 전통적인 가문의 논리를 유지하려는 시도는 여전히 존재했다. 그러나 이러한 시도가 별다른 저항 없이 받아들여진 것은 아니다. 이 책을 통해 드러나는 격렬한 갈등의 흔적은 오히려 가문의 논리를 유지하려는 시도가 당대 사람들에게 권위적이고 강압적이며, 더 이상은 용납할 수 없는 방식으로 간주되고 있었다는 사실을 보여준다.

* * *

책의 집필에 도움을 주신 분들께 감사 인사를 전하고 싶다. 우선 언제나 방문하는 연구자들을 따뜻한 태도로 맞아주신 피사 국립문서보관소의 직원들께 감사의 말씀을 올린다. 1998/1999학년도 피사대학에서 내 세미나 수업에 함께했던 학생들에게도 감사 인사를 전한다. 그들의 열정적인 참여가 큰 힘이 되었다. 또한 이 책의 초고를 읽고 조언을 아끼지 않은 동료 학자 알베르토 반티, 마르치오 바르발리, 알레산드로 바르베로, 카를로 카프라, 엘레나 파사노, 루치아 프라타렐리, 미켈레 루차티, 마리오 몬토르치, 오타비아 니콜리, 로베르토 페르티치, 아르만도 페트루치, 아드리아노 프로스페리 그리고 그라치아 토마시에게도 깊은 감사를 드린다. 마지막으로 필사 원고를 인쇄용 책자로 옮기는 작업을 흔쾌히 맡아주었던 안토니오 세니스에게도 특별한 감사 인사를 전한다.

차 례

가계도

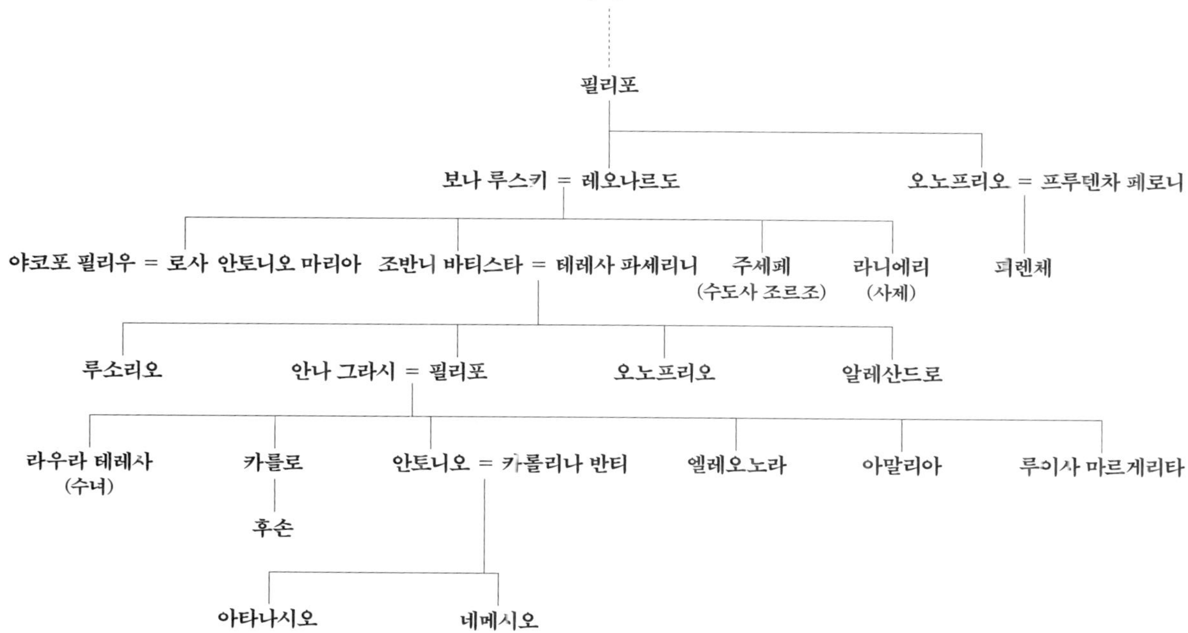
필리포
보나 루스키 = 레오나르도
오노프리오 = 프루덴차 페로니
야코포 필리우 = 로사 안토니오 마리아
조반니 바티스타 = 테레사 파세리니
주세페
(수도사 조르조)
라니에리
(사제)
피렌체
루소리오
안나 그라시 = 필리포
오노프리오
알레산드로
라우라 테레사
(수녀)
카를로
안토니오 = 카롤리나 반티
엘레오노라
아말리아
루이사 마르게리타
후손
아타나시오
네메시오

1부

레오나르도:
가문의 시조

아래에 제시된 날카롭고도 냉정한 비판이 우리 이야기의 핵심으로 들어가는 데 도움이 될 것이다.

> 인간의 오만함에 대해 명확하게 알고 싶은 사람이라면 누구든 매일같이 작성되는 유언장들을 읽으면 될 것이다. 유언을 남기는 자들은 단지 자신의 소유물을 특정한 상속인에게 양도할 뿐만 아니라 그것이 잘 보존되어 유언장에 명시된 다른 이에게 전달되기를 원한다. 그들이 직계 후손이든 방계 후손이든 부계 친족이든 모계 친족이든, 아니면 외부 사람이든, 유언자의 선호에 따라 지명된 첫 번째 상속자가 다른 이들로 대체되며, 지명된 모든 이는 유언자의 소유물에 대해 그것을 정말로 자유롭게 소유한다기보다는 용익권用益權*만을 갖게 된다. 이는 피조물의 오만함이 아

* 타인의 소유물을 일정 기간 사용하고 수익할 수 있는 물권物權.

닐 수 없는데, 신께서는 우리가 운 혹은 노력으로 벌게 된 재산을 이 땅에 머무르는 짧은 기간만 누리도록 예정해놓으셨음에도 불구하고, 유언을 통해 마지막 숨을 내쉰 후로도 오랜 기간 자신의 재산을 소유하길 원하기 때문이다. 특히 재산이 그리 많지 않다면, 그리고 그 재산을 몇 세기에 걸쳐 혹은 무한히 통제하려 한다면 그야말로 우스꽝스러운 일이 아닐 수 없다.

신탁유증fideicommissum*에 대한 설명 그리고 그에 대한 비난을 담고 있는 이 글은 위대한 학자인 동시에 계몽된 성직자 루도비코 안토니오 무라토리가 1742년, 그러니까 레오나르도**가 세상을 떠난 그해에 출판했던 『법학의 결점에 대하여Dei difetti di giurisprudenza』의 한 구절이다. 이 구절을 통해 엿볼 수 있는 사고방식, 즉 엄격한 상속 체계에 의해 가문의 영속성을 보장함으로써 시간을 거스르고 죽음에 저항하려는 사고방식은 18세기보다 훨씬 더 전에 생겨났으며, 오늘날까지도 완전히 사라졌다고 말하기 어렵다. 이러한 사고방식은 프랑스 혁명 이전 두 세기 동안 가장 큰 힘을 발휘했다. 그리고 그것은 적어도 두 가지 요인이 복합적으로 작용한 결과였다. 첫째는 당시 유럽의 지식인들 가운데 대다수가 성서와 그리스어 및 라틴어 고전에 기초한 하나의 사고, 즉 신념, 민족, 제도, 도시, 가문과 같은 무언가가 더 오래전의 것일수록 그리고 더 오래 기간 지속된 것일수록 그 가치가 커진다는 생각

* 상속인이 유산을 양도 불가능한 것으로 설정함으로써 피상속인의 권리를 제한하는 유증의 유형.

** 브라치 캄비니 가문의 창건자 레오나르도를 가리킨다.

을 과거부터 지속해오고 있었다는 점이다. 둘째는 유럽 여러 국가에서 동시에 나타났던 현상으로, 각국의 지배 계층이 귀족 신분과 그렇지 않은 자를 엄격히 구분함으로써 신분적 폐쇄성을 강화해왔다는 것이다. 크든 적든 중요한 가문, 어쨌든 성姓, 문장紋章, 정치적 지위, 특권, 소유물을 갖춘 가문은 쇠퇴하거나 혹은 익명성 속에서 길을 잃고 소멸하지 않기 위해, 미래에도 현재 그들이 누리고 있는 것과 똑같이 높은 사회적 수준을 유지하기를 기대해야 했다. 그리고 이를 위해서 그들은 남성 상속자를 낳고 또 그들을 위해 상당한 양의 유산을 남겨놓아야 했다.

레오나르도는 가문에 대한 열정으로부터 비롯되는 이러한 계획에 두드러지는 애착을 보였다. 더 정확히 말하자면 오늘날 우리에게 전해지는 그가 남긴 기록들, 즉 우리로 하여금 그의 이야기 가운데 일부를 재구성할 수 있게 해주는 기록들 안에 이러한 애착이 두드러지게 나타난다.

레오나르도

배경

레오나르도는 1663년 2월 9일 피렌체에서 태어났다. 그는 브라치 가문 출신이었는데, 이 가문은 이미 한 세기 전부터 피렌체 시내에 있는 중요한 건물, 즉 메디치 지구의 중심부에 위치한 지노리 거리의 팔라초 네로니Palazzo Neroni를 소유하고 있었다. 레오나르도는 차남 이하의 아들, 정확히 말하자면 이미 성년이 된 여덟 명의 남매(네 명의 아들과 네 명의 딸) 가운데 막내였다. 한 사람의 운명이 태어날 때부터 정해져 있는 그리고 실제로 그 운명을 따라 사는 경우가 많은 사회에서 그는 복종해야 할 운명을 타고났던 것이다. 사실 유산의 보전을 기초로 하여 가문을 영속시키는 이 전략은 자녀들에 대한 불평등한 대우를 야기하는 주된 원인이었다. 이러한 상황은 알레산드로 만초니의 소설 『약혼자Promessi sposi』에 잘 묘사되어 있다. 딸을 유산 상속으로부터 배제하기 위해 그녀를 수녀원에 보내는 것은 그녀에게 명예로운 결혼식을 선사하는 것보다 비용이 훨씬 더 적게 드는 일이었다. 레오나드로의 자매 넷이 모두 수녀였던 것은 우연이 아니다. 뿐만 아니라 네 명의 형제 사이에 차등을 두는 일도 필요했다. 세대마다 모든 아들이 자기 몫을 상속받는다면 가문의 유산은 빠르게 분해되어 사라질 것이기 때문이다.

이탈리아와 유럽의 여러 지역에서 이러한 문제점은 대단히 급진적인 방법, 즉 오로지 한 명의 자녀, 대개는 장자長子에게 유산을 상속하는 방법으로 해결되었다. 그러나 우리가 아는 한, 토스카나의 귀족 가문들은 이와는 다른 행동 양식을 보였다. 중세 말 토스카나에는 형제가 함께 운영하는 상사商社, compagnie mercantili가 밀집되어 있었다. 그리고 토스카나의 귀족들은 이 시기부터 확립된 전통을 따라 모든 아들에게 유산을 분할 상속했다. 그들은 유산이 흩어지는 것을 피하기 위해서 차남 이하의 아들들이 결혼하지 않도록 끊임없는 심리적 압박을 가했다. 그렇게 하지 않는다면 매번 그들이 그토록 두려워하던 자산의 분할이 일어날 것이기 때문이었다. 만일 형제들이 독신으로 남고, 그래서 새로운 가문, 새로운 가정을 시작하기 위해 자기 몫의 유산을 요구하지 않는다면, 자산 분할은 일어나지 않게 된다.

레오나르도의 선조들 사이에서도 이미 오래전부터 이러한 행동 양식이 관찰된다. 사실 할아버지의 형제 한 명과 아버지의 형제 둘은 모두 성직자였다. 레오나르도 세대에 이르러서도 마찬가지였다. 레오나르도 브라치와 그의 맏형 오노프리오 브라치 사이에 있는 다른 두 형제 도메니코 브라치와 조반니 바티스타 브라치는 각각 성직자와 직업군인이었다. 당시 빈치의 수도원장이었던 사제 도메니코 브라치는

1677년 아버지가 세상을 떠났을 때, 연금을 수령하는 대가로 유산 가운데 자기 몫을 맏형 오노프리오에게 서둘러 반납했다. 4년 후 그가 받는 연금의 액수는 매년 100스쿠도에 이르렀다. 당시까지만 해도 조반니 바티스타 브라치와 레오나르도 브라치는 자신들의 몫을 반납하지 않고 있었다. 그러나 이후 1682년 그들 역시 합의를 통해 6개월마다 각각 200두카토의 연금을 수령하는 대가로 자기 몫을 포기하고 공동의 유산을 경영하는 일을 맏형에게 위탁했다. 한편 이 시기에 둘 다 피렌체에서 멀리 떨어져 있었는데, 군인이었던 조반니 바티스타 브라치는 전장을 돌아다니고 있었고, 레오나르도 브라치는 얼마 전부터 "외환과 다른 모든 유용한 상품을 취급"하기 위해 회사를 설립했던 오노프리오의 에이전트 역할을 하며 젊은 사업가로서 경험을 쌓고 있었다.

레오나르도가 구체적으로 어떤 지역을 돌아다녔는지 재구성하는 것은 쉽지 않다. 다만 그가 영어와 프랑스어, 에스파냐어를 배워야 했고 나폴리와 토스카나 상업의 정체 및 쇠퇴를 막는 데 가장 큰 공헌을 했던 도시 리보르노에도 일정 기간 체류해야 했음은 확실하다. 안타깝게도 우리는 그가 어떤 경험을 했는지 어떤 윤리적 교육을 받았는지에 대해서도 알 수 있는 사실이 많지 않다. 1694년 에스파냐에서 세상을 떠날 때까지 차남 이하의 아들로서 자신의 역할에 충실했던 조반니 바티스타와 달리 레오나르도는 맏형 오노프리오와의 합의를 깨고 피사에 정착해 결혼했으며, 유산 가운데 자기 몫을 요구하기로 결정했다. 이때 우리는 갑작스럽게 성인이 되어버린 30세가량의 남성을 마주하게 된다. 말하자면 레오나르도가 자신의 가문을 창건하게 되는 이야기는 반항의 몸짓과 더불어 시작되었던 것이다. 물론 세상이라는 극장에서 상연되는 연극의 대본에 대한 것은 아니었다. 그에게 주어진 엑스트라로서의 역할에 대한 반항이었다. 잠시 후 살펴보겠지만 레오나르도 브라치는 그러한 역할에 쉽게 만족할 수 있는 사람이 아니었다.

레오나르도가 공동의 유산과 공동의 이익으로부터 멀어지기까지의 이야기는 대단히 길고 복잡하므로 가능한 한 단순화해 설명하겠지만, 어쨌든 다소의 인내심은 필요하다. 거기엔 다양한 상황과 맥락이 복잡하게 얽혀 있기 때문이다. 우리는 이 이야기가 왜 길고 복잡해질 수밖에 없는지 그 이유를 이미 알고 있다. 형제들 가운데 하나가 분가하는 것은 이미 그 자체로 가문에 해를 끼치는 일인 동시에 자신의 미래를 위협하는 일이기도 했다. 이렇게 볼 때 레오나르도 자신이 직접 작성했던 날짜가 명시되지 않은 한 메모의 내용은 사실일 개연성이 크다. 메모에는 맏형 오노프리오와의 대립에 관해 적혀 있는데, 그에 따르면 오노프리오는 이미 오래전부터 "유산 분할에 대해 장기적으로 논의하고 싶다"는 구실로 유산 분할을 방해해왔다. 그리고 이러한 행동은 "가정을 이루려는 동생[레오나르도]의 계획을 좌절시키기 위한 것"이었다. 한편 레오나르도는 사정이 급했다. 1690년대에 그는 피사에 자리 잡고 자신의 사업을 구축해나가던 중이었다. 그는 피사에서 운송회사 설립을 준비하고 있었고, 1695년 토스카나 대공*으로부터 등기소 관리라는 수익성 높은 임무를 의뢰받았다. 무엇보다 1694년

* 당시 토스카나 대공은 코시모 3세였다.

5월 그는 피사의 도시 귀족* 출신으로, 그에게 2000두카토의 지참금을 안겨주었던 보나 카테리나 루스키를 아내로 맞이했다. 이때 보나의 나이는 18세였다. 당시 레오나르도가 토스카나 대공국의 한 관료에게 보낸 편지에는 이 결혼이 가져온 실질적·심리적 결과가 잘 나타나 있는데, 그에 따르면 피렌체의 저택을 임대했다가 취소한 건에 대하여 맏형 오노프리오가 배상해주지 않았고, 따라서 레오나르도는 "밖에서 친척들에게 음식을 구걸하며" 지내야만 했다.

끝이 보이지 않는 분쟁이었다. 두 형제 사이에서 타협점을 찾고자 두 개의 중재 위원회가 꾸려졌다. (앞서 언급했던 조반니 바티스타는 이미 세상을 떠났고, 사제인 도메니코는 집을 떠나 있었다.) 1695년 8월 레오나르도는 오노프리오에게 실행 가능한 타협안, 즉 오노프리오가 피렌체의 저택 그리고 로베차노와 카스텔피오렌티노에 있는 여러 채의 주택 및 농지를 가져가는 한편 레오나르도 자신은 빈치에 있는 주택 한 채와 농지를 할당받는 안을 제시했던 것으로 보인다. 이러한 타협안으로 한동안 사태가 일단락된 듯했다. 그러나 1697년 초 오노프리오가 세상을 떠나면서 모든 문제가 다시 시작되었다. 아직 성년이 되지 않은 오노프리오의 아들들, 그들의 법적 후견인이자 어머니 프루덴차 페로니와 그녀의 형제들 그리고 아리게티와 지노리 가문의 친척들이 끼어들었다. 이들 가운데에는 참사회원도 한 명 포함되어 있었다. 과부가 된 프루덴차는 대단히 강인한 성격의 여성이었다. 아마 우리가 레오나르도가 남긴 기록을 통해 그녀를 바라보고 있기 때문에 더 그렇게 보

* 토지를 소유하고 전원에서 생활하는 영주와 구분되는, 도시의 경제적·정치적 생활에 대한 참여를 자부심이자 정체성으로 여겼던 이탈리아의 귀족들.

이는 것일지도 모른다. 프루덴차는 남편이 경영하던 사업이 정리되지 않은 상황 그리고 채권과 채무가 그대로 남아 있는 극도로 혼란스러운 상황 속에서 자신의 지참금을 반환하겠다는 브라치 형제의 확약을 이용하여 본인 자녀들에게 더 유리한 방법으로 유산 분할에 대해 다시 협상하려고 시도했다.

당대에는 종종 차남 이하의 아들들처럼 여성들 역시 가문의 논리에 방해되는 요소로 인식되었다. 그렇다고 해서 차남 이하의 아들들이 유산을 상속받기 위해 결혼하지 않고 독신으로 남았던 것처럼, 여성들이 취해야 하는 표준적인 행동 양식이 따로 존재했던 것은 아니다. 프루덴차는 브라치 가문의 직계 후손이 되는 미성년 아들들의 어머니였던 반면 레오나르도는 성인이고 결혼도 했지만 방계 혈족에 속해 있었고, 따라서 일반적인 경우라면 레오나르도는 가장이 될 수 없었다. 프루덴차는 이러한 상황에 처한 레오나르도에 맞서 대단히 비타협적인 태도로 남성 권력을 대변하고 나섰다. 그녀는 자신의 아들들에게 유리한 상황을 만들기 위해 명망 있고 영향력 있는 친족들의 네트워크를 동원했다. 이러한 행동이 장자 상속의 질서를 거스르고자 하는 이에게 가할 수 있었던 심리적 압박은 훗날 레오나르도가 자신의 법률 대리인에게 건넸던 말을 통해서 잘 드러난다. 프루덴차의 지참금 반환 보증을 파기해달라는 레오나르도의 요청으로 피렌체에서 가문 내부의 회의가 소집되었을 때 나왔던 말이다. 당시의 상황에 대해 법률 대리인이 증언하기를,

이 긴급한 사안에 대해 내부 회의를 열었는데, 아이들의 후견인

가운데 한 명인 조반니 루이지 아리게티는 참사회원 로렌초 지노리, 니콜로 지노리, 프란체스코 실비오, 프루덴차 페로니와 다른 후견인들 그리고 조반니 라피와 바르톨로메오 아르키가 참석한 가운데 수도원장 도메니코 브라치, 레오나르도 브라치와 함께 보증으로 인한 어떤 괴로움이나 괴롭힘을 겪은 일이 없는 피후견인의 마음을 혼란스럽게 만들지 않기 위해 보증의 파기에 대한 논의를 더 이상 지속하고 싶지 않다고 요청했다. 이러한 약속을 믿고 마음을 가라앉힌 레오나르도는 해당 절차를 계속 진행하지 않은 채 피사에 있는 자신의 집으로 돌아갔다.

레오나르도 브라치의 입장에서 계속 사건의 추이를 따라가보자면, 사실 이 약속은 지켜지지 않았다. 프루덴차 페로니는 레오나르도가 자신의 지참금에 대한 채무를 이행해야 한다는 주장을 계속하면서, 새로운 공판이 열릴 때까지 법원으로부터 빈치에 있는 재산의 사용권 제한 판결을 얻어냈다. 결국 모든 것이 원점으로 돌아간 터였다. 프루덴차는 레오나르도가 맏형 오노프리오에게 했던 것을 그대로 되돌려준 셈이 되었고, 유산을 분할 상속받으려는 레오나르도의 계획은 다시 한번 허사로 돌아갔다. 젊은 나이였지만 이제 더 이상 어리지 않았던 레오나르도는 마치 성숙하고 나이 많은 남성이 과거에 겪었던 어려운 일들을 떠올릴 때처럼 때로 표정이 굳어지며 짜증과 피로감에 휩싸였을 것이 틀림없다. 그러나 레오나르도는 특별히 이례적인 사례가 아니었다. 오늘날 우리 시각에서는 용납하기 어려울지 모르지만, 당대의 모호한 법 조항, 유산 상속 및 지참금과 관련된 모순된 규정으로 인해 가문 내에서 소송이 벌어지는 것은 마치 생리적 현상처럼 아주 빈번한 일이었다. 어쨌든 프루덴차와 레오나르도 사이의 분쟁이 해결의 실마리를 찾게 된 것이 다툼의 조건을 단순화함으로써가 아니라 두 사람 사이의 관계가 더 복잡해짐에 따라서, 즉 새로운 전선이 열리면서라는 사실은 대단히 의미심장하다.

새로운 전선이 열린 것 또한 가문에 대한 열정과 영속성에 대한 열망이 낳은 결과였다. 이에 대해 설명하려면 한 세기쯤 시간을 과거로 돌려야 한다. 이미 고인이 된 안토니오 캄비니의 딸이자 라파엘레 델라 폰테의 미망인이었던 피렌체의 귀족 여성 디아만테 캄비니는 1611년 7월 28일 75세가 되었을 무렵 유언을 남기기로 결정한다. 디아만테 캄비니에게는 자녀가 없었다. 그리고 그의 남매 빈첸초는 후손을 남기지 못하고 세상을 떠났다. 남편의 친척들이 있다 하더라도 (상속을 위한) 고려 대상이 되지 못했다. 가문을 영속시키려는 계획을 실현하기에 이상적인 조건은 아니었지만 디아만테는 포기하지 않았다. 오히려 그녀는 자신의 재산을 신탁유증하는 방식으로 애초의 계획을 실현시키고자 사력을 다했다. 앞서 인용했던 무라토리의 글을 통해 우리는 신탁유증이 무엇을 의미하는지 알고 있다. 말하자면 유언자가 자신의 유산을 상속받을 상속인을 지정하는 것을 넘어서, 지정된 상속인으로부터 추후 유산을 물려받을 그다음 상속인까지 무한정으로 지정할 수 있는 제도였다. 역사와 자신을 동일시하고 시간을 지배하려 했던 귀족들의 이상에 가장 완벽하게 부합하는 제도가 아닐 수 없다.

혈통이 난설된 상황에서 가문의 영속성을 이어나가는 핵심은 이름이다. 디아만테는 자신과 고인이 된 자신의 남매 빈첸초 캄비니가 후견인으로 있던 비토리오 스쿠피오티니라는 이름의 한 젊은이를 상속인으로 지정했다. 그와 동시에 미래에 일어나게 될 비토리오 스쿠피오티니의 자녀들 그리고 남녀를 모두 포함하는 후손들의 상속까지 미리 결정했다. (상속인으로 남녀를 모두 포함한다는 조항을 삽입한 것은 디아만테 자신이 여성이라는 점에서 충분히 이해할 만하다.) 디아만테는 그들이 모두 세상을 떠날 경우 그 시점에 적합한 한 명의 인물, 즉 자신의 조카에게 유산을 상속할 것을 요구했는데, 그가 바로 우리 이야기의 주인공 오노프리오와 레오나르도의 조부인 오노프리오 브라치*였다. 비토리오 스쿠피오티니를 통해 오노프리오 브라치에게 유산 상속의 권리를 넘긴 디아만테 캄비니는 그 대가로 자신과 자신의 아버지 안토니오 캄비니의 이름이 사라지지 않도록 할 의무를 부과했다. "이를 명시적으로 선언하면서, 오노프리오 브라치는 그가 갖게 될 첫째 아들의 이름을 안토니오로, 그가 갖게 될 첫째 딸의 이름을 디아만테로 지어야 한다. 그리고 그들의 이름 뒤에 브라치 캄비니라는 성姓을 붙여야 한다." 모든 것은 "가능한 한 오래도록 자신의 가문에 대한 기억을 영속시키고 아버지 안토니오 캄비니의 이름을 유지하기 위해서"였다.

그로부터 90년의 시간이 흘렀다. 비토리오 스쿠피오티니는 1675년 세상을 떠났고, 그의 장남 안토니오 스쿠피오티니 역시 독신으로 세상을 떠났다. 그리고 또 다른 아들 빈첸초 스쿠피오티니는 성직자였다. 이리하여 1701년 캄비니 가문의 유산이 우리 이야기의 주인공들에게 넘어온 것이다. 이 유산은 그러잖아도 불이 붙은 프루덴차

* 레오나르도의 형 오노프리오와 동명이인임에 주의할 것.

와 레오나르도 사이의 대립을 격화시킨 주된 원인이었다. 레오나르도는 캄비니 가문의 유산을 발 빠르게 손에 넣었고, 스쿠피오티니 가문의 마지막 후손이 아무런 대가 없이 기증했던 피렌체의 산탄나 수녀원과 관련된 소송에서 이를 성공적으로 지켜내고 있었다. 반면 프루덴차는 자신의 자녀들 역시 유산 분배에 참여시키고자 했고, 이와 관련하여 1706년 피렌체 대법원으로부터 호의적인 판결을 얻어냈다. 장기적인 관점에서 본다면 이 분쟁의 핵심은 이미 그로부터 20여 년 전 레오나르도의 유산 분할 요청으로 인해 시작된 분쟁을 종식할 수 있는 합의안, 즉 균형의 추가 어느 한쪽으로 기울어지지 않는 해결책의 도출에 있었다. 토스카나 대공에 의해 임명된 두 명의 법률가가 참여하는 심의가 거듭되었고, 그 결과 1711년 12월 5일 마침내 합의안이 승인되었다. 그에 따르면 빈치에 있는 모든 재산을 포함하여 이전에 브라치 가문이 소유하고 있던 유산을 프루덴차의 자녀들이 상속받게 되었다. 신탁유증된 캄비니 가문의 유산 전부는 레오나르도가 상속받았고, 여기에 더해 추가 조정안으로 프루덴차의 아들들이 연간 150스쿠도의 연금을 지급하는 것으로 결정되었다.

충분히 예상 가능한 일이었지만, 추가 조정안을 고려하더라도 양측이 가져가게 될 몫은 균형과는 거리가 멀었다. 오노프리오가 세상을 떠났던 1697년에 작성된 견적서에 따르면 빈치에 있는 재산을 계산에 넣지 않더라도 피렌체에 있는 팔라초 네로니가 3500스쿠도, 엠폴리와 교외에 있는 부동산이 800스쿠도, 루베차노와 카스텔피오렌티노에 있는 농장 여러 채가 총 1만5500스쿠도의 가치를 지녔다. 오노프리오가 소유한 회사의 유동 자산과 관련해서도, 부채와 채권으로 얽힌 복잡한 실타래를 푸는 과정에서 프루덴차가 손해를 보지 않았던 것은 분명하다. 이와 반대로 신탁유증된 캄비니 가문의 유산은—팔라초 네로니와 비교하기에는 무리였던—피렌체의 저택 한 채 그리고 훗날 레오나르도 스스로 4000스쿠도의 가치가 있다고 평가했던 농장 두 채였다. 기억하겠지만 성직자였던 형제 도메니코가 유산 가운데 자기 몫을 맏형 오노프리오에게 반납하며 이미 분배의 균형을 깨뜨린 바 있다. 그리고 다른 실질적·심리적 요인들 역시 직계 혈통의 상속에 유리하게 작용했던 게 분명하다. 그럼에도 불구하고 레오나르도는 직계 혈통과의 완전한 분리를 통해 결국 독립의 뜻을 성공적으로 실현할 수 있었다.

캄비니 가문이 신탁유증했던 토지는 사실 피사에서 동쪽으로 얼마 떨어지지 않은 카프로나에 위치해 있었다. 따라서 신탁유증으로 인해 레오나르도가 상속받은 유산은 그를 자신의 출신 도시가 아닌 다른 곳에 정착하게 만드는 결과를 낳았다. 또한 디아만테의 유언에 따라 브라치라는 본래의 성姓을 캄비니라는 성과 결합해야 했는데, 이 역시 새로운 정체성을 형성하며 동시에 새로운 역사의 장을 열기 위한 필수적인 요소였다. 직계 혈통으로부터의 분리는 사실 레오나르도의 오랜 염원이기도 했다. 피렌체의 브라치 가문과 결별하고 피사에 정착하여 자리를 잡은 레오나르도는 새로운 가문의 창시자가 되리라는 마음가짐으로 긴 인생의 두 번째 장을 맞을 준비를 하게 되었다. 추후 살펴보겠지만 반항적인 차남 이하 아들로서의 경험을 통해 한 젊은이는 한 명의 성숙한 남성으로 성장하고, 마침내 가부장적인 가문의 시조로서 늙어가게 된다.

회고록의 성격

레오나르도 브라치 캄비니가 캄비니 가문의 유산을 물려받고 피사에 정착한 때는 세기의 전환기였다. 이 시기부터 레오나르도는 거의 매일 자기 삶을 상세한 기록으로 남기기 시작했고, 이리하여 총 15권의 회고록이 집필되었다. 회고록 5권에 해당되는 1718~1721년 기록은 오늘날 소실됐지만, 이를 제외하고 남아 있는 회고록의 내용은 1742년 레오나르도가 80세의 나이로 세상을 떠나기 전까지 총 40년의 시간 범위를 아우른다. 남아 있는 회고록 가운데 가장 오래된 책에는 1703년에서 1709년 사이의 사건들이 기록되어 있는데 레오나르도 자신이 여기에 2권이라는 제목을 직접 적어넣었다. 이를 고려한다면 2권과 같은 시기를 다룬 혹은 그보다 몇 년의 기간을 더 포함하고 있는 1권이 존재했을 수도 있다. 모든 것을 고려할 때 레오나르도가 회고록을 쓰기 시작한 것은 1690년대 중반, 그러니까 1694년 그가 결혼생활을 시작한 바로 직후이거나 혹은 그로부터 얼마 지나지 않은 시기였을 것으로 추정된다. 회고록의 존재는 30세가 넘어 세상을 주유하는 일을 그만두고 정착해 가문을 일궈나가기 시작했던 한 명의 남성이 이제 가문의 뿌리를 내리고 이를 영속시키기 위한 과업에 착수했다는 사실을 암시한다. 이와 관련된 레오나르도의 의도는 모두 하나같이 길고 복잡하지만 서로 닮아 있는 회고록 각 권의 제목을 통해 잘 드러난다.

부분적인 기억의 결함을 보충하기 위해서, 그리고 나의 가정, 나의 가문에 도움을 주고 지침을 제공하기 위해서, 앞으로 필요할 지 모를 혹은 과거에 필요했던 다양한 기억과 다른 사항들이 기록될, 피렌체와 피사의 시민인 레오나르도 브라치 데 캄비니의 회고록Libro di ricordi. 하느님과 우리의 수호자인 복되신 성모 마리아께 영광과 찬미를. 돈을 지급하거나 수금하는 일에 있어 정확하게 기록되지 않은 사항이 있다면 나의 성실함이 부족하기 때문이 아니라 부주의와 기억의 착오로 인한 것이다. 우리 모두는 여러 면에서 결점을 가진 인간이기 때문이다.

이러한 제목을 올바로 이해하기 위해서는 일반적으로 "기억"으로 번역되는 이탈리아어 단어 "리코르디ricordi"* 가 오늘날 통용되는 단어의 의미와 완벽하게 일치하지 않는다는 사실을 알아두어야 한다. 그보다는 이탈리아어 고어古語의 의미에 가깝다. 이탈리아어 고어 중 "기억"의 의미를 갖는 단어는 레오파르디**가 쓴 운문의 제목이기도 한 "리코르단체ricordanze"다. 반면 "리코르디"는 귀차르디니***가 쓴 저작의 제목처럼 "기억해야 할 것들" 그러니까 금언金言 혹은 훈계의 의미를 갖는다. 실상 레오나르도는 단지 "기억"을 전달하는 것만이 아니라 그의 가정과 가문에 "도움을 주고 지침을 제공"하려는 의도를 가지고 있었다. 따라서 그가 쓴 회고록은 일어난 일들에 대한 기록과 더불어

* 이를테면 위 인용문에 등장하는 "회고록"을 이탈리아어 원어로 표기하면 libro di ricordi가 된다.

** 자코모 레오파르디. 19세기 이탈리아의 낭만주의 문학을 대표하는 작가.

*** 프란체스코 귀차르디니. 마키아벨리와 동시대를 살았던 르네상스 시기 피렌체를 대표하는 정치가이자 저술가. 1530년 『금언집Ricordi』을 출간했다.

특정한 행동의 모델, 더 정확하게 표현하자면 모델이 될 만한 행동 양식을 동시에 제시한다. 제목의 마지막 부분에는 오늘날 통용되는 의미와 일치하지 않는 "리코르디"라는 단어의 또 다른 뉘앙스가 제시된다. 여기서 레오나르도는 사업상 거래의 증거로서 자신이 남긴 기록이 거의 공증인의 기록과 같은 신뢰성을 지닌다는 사실을 암시적으로 호소한다. 이러한 의도는 회고록 가운데 다른 한 권의 내용을 통해서도 확인되는데, 여기서 레오나르도는 "날짜가 뒤로 밀린 것을 보고 이 책에 기록된 내용의 진실성에 의문을 품지 않도록" 자신이 오류를 바로잡았다는 사실을 강조하고 있다. 게다가 그는 채무자들로 하여금 직접 서명을 남기도록 함으로써, 자신의 회고록을 마치 법적인 문서처럼 활용하기도 했다.

그러니까 레오나르도의 회고록은 거의 40년에 걸쳐 기록되었음에도 그 안에 자전적이라 할 만한 내용은 거의 등장하지 않는다. 따라서 레오나르도의 기록은 우리 시대에 통용되는 의미에서 회고록이라고 부르기 어렵다. 또한 이미 오래전부터 유럽과 이탈리아에서 쓰여 왔던 그리고 레오나르도 자신이 어린 시절에 썼을지도 모르는 개인적인 일기라고 볼 수도 없다. 레오나르도가 남긴 회고록은 오히려 가문의 기록에 가깝다. 이와 관련하여 근대 유럽에는 가계도라는 형식의 기록이 널리 퍼져 있었다. 이런 형식의 기록이 출판되는 일도 빈번했지만, 허세와 과장이 많이 섞여 있어 내용을 그대로 믿기는 어렵다. 물론 레오나르도의 회고록이 당대의 가계도들과 다소 다른 성격의 기록인 것은 분명하다. 그럼에도 불구하고 개인적 기록이 아닌, 그와는 뚜렷이 구별되는 가문의 기록임이 틀림없다. 레오나르도의 회고록은 철 지난 꽃향기를 풍긴다. 중세 말 이탈리아의 상인들, 특히 피렌체와 토스카나의 상인들이 남긴 회고록과 마찬가지로 혼종적인 성격을 갖기 때문이다. 다시 말해 그 안에는 사업과 관련된 조언들이 도시의 행사 및 가문의 일과 결부되어 기록되어 있다. 이는 18세기에는 이미 사라진 전통이었다. 18세기가 되면 출생, 결혼, 사망에 대해서는 교구 사제와 주교의 공증인들이 기록했고, 공적인 행사에 대해서는 국가의 관료들이 보고서를 남겼다. 반면 코무네*가 번영을 누리던 시기에 활동했던 토스카나 상인 귀족의 후손들은 18세기가 되면 모험적인 사업에서 손을 떼고 토지와 건물을 소유한 영주로서의 삶을 영위하고 있었다. 그러나 피렌체를 떠나 고생 끝에 브라치 캄비니 가문의 시조가 된 레오나르도는 스스로가 마치 중세 토스카나의 도시에 거주하면서 번영을 이끌었던 "새로운" 사람들 가운데 한 명이 된 듯 느꼈을 수도 있다. 마치 14세기 빈치에서 피렌체로 이주하여 자신의 가문을 창건했던 톰메 디 마체오 디 브라치오처럼 말이다. 레오나르도는 자신의 먼 조상들과 마찬가지로 한 가문의 시조로서, 한편으로는 자신의 개인적인 경험을 배제하지 않은 채 가문의 언어를 통해 표현하는 기록의 양식, 다른 한편으로는 가계도에 비해 영속성에 대한 열망을 더 잘 보여줄 수 있는 기록의 양식을 자연스레 채택했던 것으로 보인다. 그는 자신이 추구하던 영속성이라는 가치에 걸맞게 시간을 초월한 틀 안에 그것을 담아냈다. 첫 번째 회고록과 마지막 회고록 사이 40여 년의 시간 간격을 메우고 있는 수많은 메모 속에서 우리는 한 인물의 성장과 발달보

* 중세 말, 특히 11세기와 12세기부터 이탈리아 중부와 북부를 중심으로 발전했던 자치도시.

다 더 중요한 하나의 계획, 정확히 말하자면 가문의 번영이라는 계획에 대한 변치 않는 신념을 끊임없이 확인할 수 있다. 이 회고록의 내용을 더 자세히 살펴보기 전에 우리는 다음 두 가지 사항에 대해 생각해볼 필요가 있다. 첫째는 후손들에게 모범적인 행동 양식을 제시하고자 쓰였으며, 외부 사람들도 직접 자신의 서명을 남길 수 있었던 이 회고록을 작성하면서 레오나르도가 개인적인 삶의 경험 일부를 반드시 배제해야만 했다는 것, 둘째는 이러한 방식의 회고록을 쓰기로 결정하고 또 그 결정을 삶의 마지막 순간까지 유지했다는 것 자체가 오늘날 우리의 방식과 매우 다르며 삶의 가장 내밀하고 민감한 부분들을 기록으로 남긴 그의 동시대인들의 방식과도 매우 다른 자의식의 표현이었다는 것이다.

우리가 앞으로 살펴볼 몇 가지 극적인 사건들을 제외한다면, 레오나르도의 회고록에서 시간의 흐름을 알 수 있는 유일한 흔적은 장년을 거쳐 점점 노년이 되어가며 도덕적 설교가 늘어갔다는 사실, 그리고 신체적 노화와 질병의 징후에 대한 관심이 증가해갔다는 사실뿐이다. 그렇다고 해서 레오나르도가 비관론에 빠지거나 나약해진 것은 아닌데, 이는 그의 확고한 종교적 믿음과 강인한 기질에서 비롯되었다. 60세가 되던 1723년, 그에게 평소보다 더 심한 통풍 발작이 찾아왔다. 병이 최악에 이르렀을 때 그는 그날이 성 베드로 축일이라는 사실과 "신약성서 가운데 사도행전에 적힌 바에 따르면 성 베드로가 그림자로 병자들을 고쳤다"* 는 사실을 기억해냈다. 곧 성 베드로에게 기도를 올

* 「사도행전」 5장 12절에서 16절을 참조할 것.

리자 즉시 병이 나았다.

이후 시간이 한참 지나 레오나르도가 72세가 되던 해에 카프로나에 있는 별장에서 훨씬 더 위험할 수도 있는 일이 일어났지만, 그는 평소와 다름없이 의연하게 대처했다. 이에 대해서는 그가 남긴 글을 직접 읽어보는 편이 더 나을 것이다. 1735년 11월 9일의 기록이다.

> 휴가를 마치고 피사로 돌아가려던 때에 나는 세간 몇 가지를 위층에 있는 방에 두려고 남쪽을 향해 놓인 첫 번째 사다리를 탔고, 위층에 있는 방에 들어가기 위해 서쪽을 향해 놓인 계단에 발을 디뎠다. 몸이 약해진 탓에 오른발을 헛디딘 나는 아래에 있는 다른 계단 쪽으로, 앞서 말했던 첫 번째 사다리가 놓인 곳 바닥까지 떨어져버렸다. 내 몸의 무게와 떨어질 당시의 충격을 생각하면 온몸이 박살 났어야 했다. 그러나 주님의 자비와 수호천사의 가호로 인해 타박상과 머리에 작은 찰과상을 입은 것으로 그쳤고, 그 때문에 잠시 몸을 일으키지 못했을 뿐 곧 정신을 차리고 여러 일을 처리한 후 마차를 타고 피사로 돌아왔다. 피사에 와서는 길이 좋지 않았던 탓에 마차가 전복되며 다친 것이라고 둘러댔다.

개인적 관계와 사업적 관계

30여 년 전 새로운 가문을 창건했고, 회고록에 정기적으로 가문과 관련된 기록을 남긴 72세의 남성은 바로 이러한 유형의 인간이었다. 그에 대해 이야기하자면 당연히 물질적인 측면, 즉 끈질기고 집요한 부동산 투자를 포함하는 그의 사업적 수완에 대해서도 빼놓을 수 없다. 레오나르도는 아주 작은 수입과 지출 내역을 기록하는 일에도 운송회사의 거래 내역과 같은 대단히 중요한 일을 기록하는 것과 동일한 수준의 관심을 쏟고 있었다. 회고록에서 이러한 흔적들은 얼마든지 발견된다. 장기적인 관점에서 볼 때 가문의 경제적인 입지가 날이 갈수록 탄탄해진 것은 분명해 보이는데, 이는 커다란 사업으로부터 나오는 수익 외에 수많은 소규모 투자와 끈질긴 저축 때문으로 생각된다. 레오나르도는 언제나 시장에 촉을 세우고 있었다. 그는 소량의 상품 외에도 개별 물건, 파산 청산 물품, 이음 등을 재빨리 사들이고 다시 판매했다. 사실 그렇게 전문적인 지식이나 기술이 필요한 일은 아니었다. 그가 체결한 계약의 상당수가 자신보다 사회적 지위가 낮은 이웃, 즉 그에게 고용된 수공업자 그리고 세입자들을 대상으로 하고 있었던 것으로 보아 마치 파트로네스-클리엔테스* 관계와 유사한 성격을 갖는 다소 낡은 방식의 사업이었다.

그들은 레오나르도가 체계적으로 실행에 옮긴 하나의 사업적 관행, 즉 담보 대출의 고객이기도 했다. 레오나르도는 담보 대출을 돈을 증식시키기 위한 수단이자 자신에게 유리한 가격으로 상품을 구입하는 한편 사회적 통제를 유지하기 위한 수단으로 활용했다. 어떻게 그

* 고대 로마를 특징짓는 사회적 관계망을 가리키는 말로 흔히 귀족층인 파트로네스는 보호자, 평민층인 클리엔테스는 피보호자로 이해된다. 보통 전자는 후자를 사회적·경제적으로 후원했고, 후자는 전자에게 정치적·경제적 지지를 제공했다.

럴 수 있었는지 설명하기 위해 1716년 9월 레오나르도가 금으로 제작하고 다이아몬드를 박은 장미 모양 장신구를 손에 넣은 방법에 대해 언급해볼 것이다. 훗날 가문의 가장 중요한 보물 가운데 하나가 되는 물건이었다. 레오나르도는 보석 세공사 안토니오 마시에게 이 장신구를 담보로 받고 18스쿠도를 5퍼센트 이율로 대여했다. 마시는 합의된 기한 내에 돈을 상환할 수 없었고 장신구는 레오나르도의 소유가 되어버렸다. 사실 이 둘은 오래전부터 관계를 맺고 있었다. 1714년 여름 마시는 케이스를 은으로 만든 시계를 담보로 맡긴 적이 있었다. 이때 마시는 빌린 돈에 웃돈을 얹어 상환했고 시계를 되돌려 받은 바 있다. 레오나르도 소유 저택의 세입자들 역시 이러한 지원 및 착취의 굴레에 얽혀 있었다. 세입자들이 특정한 물건을 미래에 그들이 지급해야 할 임대료의 보증금처럼 맡겨놓는 일도 흔했다. 레오나르도와 세입자 사이의 관계를 특히 잘 보여주는 사례는 1714년 9월 1일의 기록에 등장한다. "나[레오나르도]는 세입자인 지롤라모 로카의 아내 마달레나에게 펄 스티치로 뜬 붉은색 치마를 담보로 받고 4리라를 빌려주었다."

가장 흥미로운 것은 농민들과의 관계다. 1710년경 이후로 레오나르도는 부동산 시장의 큰손이 되는데, 회고록 내용과 1770년대에 작성된 가문 소유의 토지에 대한 감정서를 비교해본다면 그렇게 되기까지 그가 사용한 방법을 정확하게 이해할 수 있다. 감정서에는 모든 토지의 매입 일자와 가격 그리고 판매자의 이름이 꼼꼼하게 기록되어 있다. 레오나르도는 소작인이든 아니든 자신에게 빚지고 있는 소규모 토지 소유자에게 금전을 대여하거나 채권자로부터 환어음을 매입하는 방법으로 그들과 시작부터 불공정한 조건의 관계를 맺으려 했다.

만일 금전을 대차한 농민이 회생에 실패한다면, 조만간 그는 빚을 갚기 위해 어쩔 수 없이 토지를 매각해야만 했다. 금전을 대차한 후 1년 안에 상환한다면 매각했던 토지를 다시 매입해갈 수 있다는 다소 불확실한 조항이 포함된 계약을 맺고 계속 일을 하는 것이 일반적이었기 때문이다.

레오나르도가 이처럼 다분히 의도적인 방법을 추구한 것은 자신이 소유한 토지를 증식시키려는 계획 때문이었다. 이 계획은 다음의 두 가지 방향으로 추진되었는데, 첫째는 캄비니 가문으로부터 신탁유증 받은 카프로나의 토지를 개발하고 효율적으로 활용하는 것, 둘째는 피사에서 동쪽 구릉 쪽으로 그리 멀지 않은 부티에 새로운 토지를 확보하는 것이었다. 레오나르도는 카프로나와 부티의 토지를 각각 2751스쿠도와 3964스쿠도에 매입했고, 이후 주정치에 따르면 캄비니 가문으로부터 상속받은 토지의 가치는 거의 두 배에 이르는 7078스쿠도로 증식되었다. 이러한 결과는 수십 년에 걸쳐 수많은 소규모 토지를 매입한 결과이기도 한데, 그가 새롭게 취득한 대부분의 토지는 자신이 이미 소유하고 있던 것과 접해 있다는 점으로 미루어볼 때 애초부터 합병을 목적으로 토지를 매입한 것으로 추정된다. 물론 때로는 다소 인내가 필요한 과정이기도 했지만, 전략 자체는 대단히 명확하고 다분히 의도적이었다.* 이와 관련하여 1730년 4월 22일 부티에 있는 카스텔 디 노코의 토지를 24스쿠도에 매입했을 당시 레오나르도가 남긴 기록에는 토지의 가격이 "그리 싼 편은 아니지만 우리 토지와 접해

* 자신이 소유한 토지의 경계를 확장하기 위해 시간을 두고 토지의 여러 조각을 연달아 매입하는 전략이었다.

있기 때문에 신경 쓰지 않았다"는 언급이 등장한다는 사실을 염두에 둘 필요가 있다.

여기서 잠시 생각해볼 문제는 레오나르도가 새로운 도시와 환경 속에서 자신의 입지를 구축하는 과정에서 보이는 특징적인 방식, 즉 모든 상황을 세심하게 고려하여 차근차근 일을 진행시키는 그의 방식이 오늘날 우리 눈에는 그리 우아해 보이지 않을 수 있다는 것이다. 우리 관념 속에 존재하는 앙시앵 레짐 하의 귀족들이 그런 식으로 행동하고 있지 않기 때문이다. 즉 우리는 일반적으로 그들이 게으르고, 인심 좋고, 화려하게 꾸미는 것을 좋아하는 데다가 낭비벽이 있는 사람들일 거라고 생각한다. 그러나 레오나르도는 그와는 전혀 다른 유형의 인물, 즉 과거 이탈리아 상인 귀족의 전통을 잇는 인물이었다. 그들은 토지와 저택을 소유한 영주로서의 삶에 왕성한 활동력과 실용적인 사업 감각을 더한 주역들이었다. 게다가 레오나르도는 새로운 귀족 가문을 창건하면서 자신의 시민적·부르주아적 뿌리를 잊지 않았다. 그렇다고 해서 레오나르도가 특이한 인물이었다고 말하는 것은 아니다. 그가 보여주는 특징은 골도니*의 작품에 등장하는 판탈로네**를 통해 여러 차례 묘사된 바 있는데, 우리는 레오나르도의 행동 그리고 그가 남긴 기록으로부터 판탈로네의 특징적 태도인 신중함, 검소함, 분별력을 발견할 수 있다.

* 카를로 골도니(1707~1793)는 18세기 이탈리아 문학을 대표하는 베네치아 출신의 극작가다.

** 16세기에서 18세기 사이 이탈리아를 중심으로 유행했던 즉흥극 「콤메디아 델라르테 commedia dell'arte」의 주요 등장인물 가운데 하나다. 의심 많고 탐욕스러운 상인으로 보통 구부러진 긴 코와 뾰족한 턱수염이 달린 가면을 쓰고 등장한다.

이러한 특징들 속에서도 한편으로 마치 고대 유물처럼 낡아 보이는 보호와 의존의 복잡하고 끈끈한 사업적 관계가 끼어들 자리는 있었다. 이는 단순히 착취와 몰수라는 단어로 설명할 수 없는 관계다. 어쩌면 레오나르도가 크리스트교적 자선에 가까운 태도를 지니고 있었다고 볼 수 있을지 모른다. 일반적으로 이러한 태도는 가부장적 가족주의와 호환 가능하다고 인식되지 않기에 우리 눈에 상당히 낯설어 보이는 게 사실이지만 그렇다고 해서 레오나르도의 태도가 진실성을 결여하고 있었던 것은 아니다. 우리는 레오나르도가 농민 출신의 대가족을 이끌었던 두 형제, 티티냐노의 산티 사바티노 그리고 피에란토니오 파빌리와 맺고 있던 관계를 바로 이러한 관점에서 재구성해볼 수 있다. 1713년 12월 1일 레오나르도는 금전을 대여하는 대가로 그들 소유의 땅 일부를 사들였는데, 1년 내로 금전을 상환한다면 레오나르도가 토지를 되팔아야 한다는 조건이 붙어 있었다. 그리고 그동안 파빌리 가문의 두 형제는 소작인으로서 토지를 경작했다. 첫째 해의 상환 기한이 만료되었을 때, 또 이후로 레오나르도가 세상을 떠날 때까지 30년 동안 매년 계약은 연장되었는데, 그때마다 상환 기한은 점점 더 짧아졌다. 이렇게 굳어진 관계는 마치 동전의 양면과도 같았다. 우선 파빌리 가문은 레오나르도와 점점 더 긴밀하게 얽혀갔고 이로 인해 레오나르도는 더 많은 이익을 얻었다. 토지의 임대료를 지급하는 것 외에도 파빌리 가문은 계약 연장의 대가로 최소 두 차례 이상 세무 당국에 세금을 납부해야 했다. 다른 한편 긴급한 상황에서 이자 없이 금전을 대사했던 덕에 파빌리 가문은 힘든 상황에서도 레오나르도에게 이익을 제공하는 관계를 유지해야만 했다. 1731년 5월 5일 회고록에 남긴 메모는 이처럼 모호한 토지 소유주와 소작인의 관계를 들여다보게 해준다. 도움을 요청하기 위해 도시로 온 산티 사바티노에게 레오나르도는 즉각 그가 "가족을 먹여 살리기 위해 필요하다고 말했던" 14리라라는 적지 않은 금액을 이자 없이 대여해주었다. 레오나르도와 파빌리 가문 사이의 관계를 완전히 이해하려면 그가 세상을 떠난 후로 2년이 지난 1744년 10월 24일, 산티 사바티노가 상속인에게 토지 가격의 절반 이상을 지급하면서 소유권을 되찾는 한편 잔금의 지급을 재차 연기할 수 있었다는 사실 역시 알아둘 필요가 있다.

이처럼 크리스트교적 자선, 가부장적 가족주의 그리고 위계적 질서의 결합은 레오나르도가 하인들과 가졌던 관계에서도 분명하게 나타난다. 레오나르도가 쓴 회고록의 주석에는 하인들의 이름이 빈번히 등장하는데 그중 가장 자주 언급되는 이름은 레오나르도가 특히 신뢰하던 주세페 벨루치와 카테리나 바니였다. 카테리나 바니가 세상을 떠나자 레오나르도는 자신의 아이 중 하나가 치명적인 병에 걸렸을 때 그녀가 보인 헌신을 떠올렸다. 사업과 관련된 일을 처리함에 있어 가족 구성원 사이의 친밀감을 중시하는 분위기 속에서, 하인은 물건처럼 취급되는 존재가 아니라, 위계적 관계임에도 불구하고 지적·정서적으로 교류할 수 있는 인격적 존재로 묘사되곤 했다. 레오나르도는 하인들의 이름을 정확하게 알고 있었다. 그는 1716년 6월 30일 "필리포 시모니가 칭찬을 아끼지 않던 하녀" 바르톨로메아의 죽음에 대해 기록했다. 1715년 11월 28일 피렌체에서 그의 유모 마르게리타 조르제티가 세상을 떠났다는 소식이 전해진 날에도 동일한 일을 했다. 또한 1726년 2월 1일 레오나르도는 이미 60여 년이 지난 일이지만 당시 그의 보모로 배정되었던 소녀, 훗날 카밀로 마이나르디의 아내가 되는 피에라 타르키에 대한 개인적인 기억을 기록으로 남기기도 했다. 그에 따르면 피에라 타르키는 "어린 나이에 피렌체에 있는 우리 집에 들어와 아버지가 가문을 이끌던 시절 하녀로 일했던 아이로 거의 나와 붙어 지냈으며 항상 우리 집에 애착을 가지고 있었다". 레오나르도는 말년에 마리아 안젤라라는 젊은 여성을 하녀이자 가정부로 두었는데 유언장에서 그녀를 "아프리카 튀니지 근처 벵가지*에서 온 흑인 나디바"로 언급하며, 작은 유산을 남겨놓았다. 회고록의 주석을 통해서 우리는 레오나르도가 그녀에게 가톨릭 교리를 가르치고, 매일 그녀를 동반해 기도를 올리러 다니는 데 적잖은 시간을 할애했다는 사실을 알 수 있다.

이것이 바로 레오나르도가 살던 세계였다. 가정 내 하인들과의 관계에서 나타나듯이 레오나르도의 일상에서 사업적 관계와 사적인 관계는 강하게 중첩된다. 물론 이러한 특징은 비단 하인들과의 관계에서뿐만 아니라 다른 많은 관계에서도 동일하게 나타난다. 레오나르도가 자신의 생활공간을 조성했던 방법을 자세히 들여다본다면 이와 관련된 무언가를 알 수 있게 된다. 그는 자신이 토지를 매입했던 것과 동일한 방법으로 도시에 주거지를 마련했다. 그의 주거지는 산 파올로 알로르트토 성당이 관리하는 메르칸티 거리에 있었는데 레오나르도는 이를 일거에 전부 매입하지 않았다. 그는 1700년에서 1710년 사이 여러 차례에 걸쳐 건물을 매입하고 하나로 합쳤다. 그 결과 레오나르도

* 리비아 동부 키레나이카의 핵심 도시.

는 1726년과 1729년 적어도 두 차례 늘 그래왔던 것처럼 그에게는 전혀 낯설지 않은 다소 거만한 어조로 "저택"이라고 불렀던 건물을 갖게 되었다. 그러나 이 건물은 사치와 낭비를 드러내는 장소가 아니었으며, 배타적으로 모여 사는 어느 가정의 거대하고 호화로운 보금자리도 아니었다. 회고록에 따르면 이곳은 오히려 여러 사람이 공유하고, 왕래하는 경제적 기능을 띠는 공간이라는 느낌을 받게 된다.

레오나르도는 마당과 창고뿐만 아니라 주거 공간까지 건물의 각 부분을 지속적으로 임대했고, 나아가 쉽게 건물에 드나들 수 있도록 지역권地役權*까지 확보하기에 이르렀다. 건물의 어느 부분을 누구에게 임대했는지 그 구체적인 목록이 없는 상황에서 우리는 1728년 1월 피누치 가문과 맺었던 임대차 계약서를 통해 당시의 상황을 짐작할 수 있다. 레오나르도는 피누치 가문으로부터 (당시 벵가지 출신 하녀가 받던 월급의 네 배가 조금 넘는) 18리라의 월세를 받고 당시 시칠리아 출신의 성직자 프란체스코 그레고리가 살고 있던 "메르칸티 거리에 있는 우리 저택의 일부"를 임대했다. 더 정확히 말하자면, "2층에 있는 네 개의 방은 현재 상태 그대로, 즉 우물과 세척대를 사용할 때만 1층의 방들을 통과할 수 있도록 만든 채 그에게 제공했고, 1층의 방들은 우리가 자유롭게 처분할 수 있도록 남겨두었다". 물론 레오나르도는 그 저택에서 피누치 가문보다 더 높은 층에 자신의 가족들과 함께 거주하고 있었을 텐데, 프란체스코 그레고리와의 임대차 계약 내용으로 미루어보건대, 이는 의심의 여지가 없는 사실이다. 그러나 어쨌든 우리가 지금 다

* 특정한 목적을 위해 타인의 토지를 이용할 수 있는 부동산용익물권不動產用益物權.

루고 있는 것은 여러 층으로 구성되어 있고 많은 방과 공간을 포함하고 있는 부유한 인물의 저택으로, [오늘날과 달리] 사적 공간에 대한 구분이 그리 엄격하지 않았다는 인상을 받게 된다. 한편 그로부터 4년이 지난 1731년 12월 이미 자녀들이 다른 곳에 정착한 상태에서 레오나르도는 메르칸티 거리에 있는 저택의 상당 부분을—피누치 가문이 지급하던 월세의 300배에 해당되는—900스쿠도에 매각했다. 당시 레오나르도가 경제적으로 어려움을 겪고 있었던 것 같진 않지만, 어쨌든 이 거래는 남는 장사였다. 레오나르도는 자신이 구매한 가격보다 100스쿠도가 더 많은 금액에 저택을 매각했으며 그에 더해 저택의 구매자였던 칼치의 니코시아 수도원에 지급해야 할 오래된 세금을 면제받았다. 그리고 어쨌든 자신이 계속해서 이 저택에 거주할 권리도 인정받았다. 결국 레오나르도는 낭비가 아닌 생산적인 투자를 기반으로 가문을 일으키려 했던 전통적인 상인 귀족으로서의 면모를 다시 한번 드러냈던 것이다.

불행히도 메르칸티 거리에 있는 저택에서 레오나르도가 공간을 어떤 식으로 분할했고, 각 공간을 어떤 목적으로 사용했는지, 그의 생활 습관과 삶의 리듬은 어떠했는지에 대해 우리가 알 수 있는 것은 없다. 그러나 회고록을 통해서 우리는 친척과 친구들이 자주 방문했다는 사실을 알 수 있는데, 이들 중 다수는 사업의 파트너이자 가문에서 태어난 많은 아이의 대부代父 명단에 이름을 올리기도 했던 인물들이다. 레오나르도는 다양한 사람과 활발한 사회적 관계를 맺고 있었다. 무엇보다 그의 삶에서 일어난 많은 사건이 결국 그로 하여금 생존해 있던 유일한 형제 도메니코 신부를 다시 자기 곁에 두게 만들었다.

도메니코는 18세기 초부터 빈치에 있는 본당을 직접 관리하지 않았다. 대신 어떠한 형태로든 대리인에게 자기 업무를 맡기고는 은퇴하여 피사에서 연금을 받아 생활했다. 단 한 번도 애정의 기미를 보인 적이 없고 공감도 느끼지 못했던 듯하지만 두 형제 사이의 관계, 아니 그보다 가톨릭 사제 그리고 결혼해서 새롭게 가문을 창건한 남성 사이의 관계는 대단히 긴밀했다. 도메니코는 혼자 살면서 가끔 레오나르도의 집에서 점심을 먹었고, 대부가 되어 세례식에 참석한 적도 있었다. 또 한번은 나이가 찬 조카들을 데리고 성지 순례를 다녀오기도 했다. 특히 도메니코는 크리스마스 시즌에 이루어지는 선물 교환에 적극적으로 참여했다. 그는 보통 옷이나 음식을 받았고, 조카들에게는 선물을, 하인들에게는 팁을 주었다. 언제나 그렇듯이 이때도 레오나르도는 장부를 작성했는데, 그중 하나는 주의 깊게 살펴볼 가치가 있다. 1716년 12월 24일 도메니코는 선물로 4탈레로*를 보냈다. 이 가운데 4리라는 하인들에게 주고 나머지는 아이들에게 (성별이 아닌) 나이에 비례해 나눠주어야 했다. 같은 날 도메니코에게 다양한 식료품이 전달되었고, 레오나르도는 식료품 각각의 목록과 비용을 기록했는데, 총 25리라가 조금 넘는 액수였다.

이는 전통사회에서 빈번하게 일어났던 거래 형태다. 선물 교환은 개인적인 유대를 강화하고 위계를 확인하는 수단이었을 뿐만 아니라 분명한 경제적 기능을 띠는 관행이었다. 레오나르도가 도메니코에게 보낸 식료품의 액수와 도메니코가 선물했던 돈의 액수가 거의 일치

* 탈레로는 당시 사용되던 계산용 화폐로, 4탈레로는 총 24리라의 가치를 지녔다. (7리라가 1스쿠도에 해당된다.)

한다는 것은—그리고 이러한 일이 다른 많은 사례에도 반복된다는 것은—이러한 교환이 직접 관리하는 토지가 없던 도메니코가 가정을 위해 필요한 음식이나 생필품을 구매하는 방법이기도 했다는 사실을 암시한다. 다른 많은 경우에도 도메니코와 레오나르도는 사업적인 관계를 맺고 있었음이 뚜렷이 드러나는데, 이때도 개인적인 요소들이 대단히 중요한 역할을 한다. 순수하게 임대 사업자였던 도메니코는 쌓여 있는 현금 보유량이 대단히 많았다. 그는 이 돈을 계속해서 레오나르도에게 대여했는데, 적어도 몇 차례는 이자에 대한 약정 없이 이루어졌다. 1727년 5월 6일에 있었던 대여가 그중 하나다. 당시 레오나르도는 다음과 같이 기록했다. "그러한 호의에 대해 우리가 감사를 표해야 할 차례다." 당시 도메니코가 대여한 금액은 약 666리라 13솔도 4데나로*로 피누치 가문이 지급하던 월세의 37배에 이르렀다. 이틀 후 레오나르도는 도메니코에게 3리라 15솔도의 가치가 있는 말린 고기 한 조각과 1리라 6솔도 8데나로의 가치가 있는 기장 1스타이오**를 선물로 보냈다. 다시 말해 대출 금액에 대한 1퍼센트의 이자가 미리 지급된 것이다. 이 모든 것에도 불구하고 30년 이상 지속된 두 형제 사이의 거래에서 감정의 온도는 대단히 낮았던 것으로 보인다. 회고록에 따르면, 가끔 두 형제가 서로 갈등을 빚기도 했지만, 레오나르도의 융통성 있는 태도, 언젠가 자신이 "싹싹하다"고 정의했던 태도로 인해 금세 해소되었다. 그러나 레오나르도의 이러한 태도는 비록 둘 사이에 눈에 띄

* 중세 이탈리아에서 사용되던 화폐 체계에 따르면 1리라는 약 20솔도, 1솔도는 12데나로에 해당된다.

** 스타이오란 주로 토스카나 지역에서 사용되던 곡물의 계량 단위다.

는 충돌이 있지 않았음에도 시간이 지나면서 점차 까다롭게 변한 듯한 인상을 준다. 1733년 1월 20일 도메니코로부터 미사 비용에 대한 영수증을 받는 것이 늦어지자 레오나르도는 분노 섞인 어조로 다음과 같이 기록한다. "친족들과는 가능한 한 얽히지 않는 게 좋다는 것을 깨달았다. 편의를 위해서 항상 자신을 낮추려 한다면 그리고 다른 사람들의 눈에 이상하게 보이는 행동을 피하려 한다면 정당한 권리나 이익을 얻기 어렵기 때문이다." 두 형제는 서로에 대한 어떤 애정도 없이 나이를 먹어갔다. 1739년 4월 5일 도메니코가 세상을 떠났을 때 레오나르도는 어떠한 설명이나 회상의 말을 덧붙이지 않은 채 그 사실을 기록했다. 아무런 애도의 표현도 없었음은 두말할 나위 없다. 그 자신도 병을 앓고 있던 터라 도메니코를 찾아가지 못한 것에 유감을 표하면서, 이미 오래전부터 관계가 소원한 장손 계열의 조카들에게 도메니코가 남긴 유산에 대해 언급했다. "해당 유산을 두고 분쟁이 발생할 가능성에 대한 우려 때문에 나는 완전히 손을 떼기로 결정했다. 내가 그[도메니코]에게 했던 일들은 모두 단순한 호의에서 비롯되었지 의무감 때문에 그런 것은 아니다."

레오나르도는 도메니코가 부계 친족이었다는 사실에 큰 의미를 두지 않았다. 레오나르도는 1711년 유산 분할을 둘러싼 분쟁이 끝난 이후에는 피렌체의 브라치 가문에 별로 관심을 두지 않았는데, 이 시기 그가 다른 도시에서 다른 이름으로 새로운 가문을 창건한 사실을 고려한다면 당연한 일일 수 있다. 용서라는 크리스트교의 계율과 더불어 시간의 흐름 역시 강렬한 분노를 완화시킨 요인이었을 것이다. 만일 회고록에 나타나는 변화가 단지 후손들을 위한 의무감에서 비롯된 것이 아니라면 말이다. 일례로 1730년 2월 17일 오랜 소송 상대였던 자신의 형수 프루덴차 페로니가 세상을 떠났을 때 그는 평온한 어조로 다음과 같이 기록했다.

> 언제나 선한 크리스트교인이었던 그녀[프루덴차 페로니]의 선행에 대해 신께서 포상하시기를 그리고 그녀가 과거에 나에게 했던 일들을 용서하시기를 바란다. 당시에 그녀는 그것이 옳고 정당한 일이라고 쉽게 믿어버렸을 것이다. 나는 그녀가 나에게 저질렀던 모든 부당한 행위를 진심으로 용서하며, 무지에서 비롯된 그녀의 모든 행동을 주께서 용서하시기를 그리고 그녀를 천국에서 다시 만날 은총을 주시기를 간청한다.

회고록에 등장하는 피렌체의 브라치 가문과 관련된 또 다른 언급은 이에 비해 아무런 특색이 없다. 사업상의 거래는 드물고 연락도 뜸했으며 가문의 일을 기념하는 것은 형식적인 일에 불과했다. 레오나르도는 피렌체의 수녀원에 있던 두 자매 가운데 한 명이 세상을 떠났다는 소식을 듣고 자신의 생각을 기록했는데, 두 자매의 선한 종교적 삶에 대해 의례적으로 몇 마디 진부한 말을 남겼을 뿐이다. 심지어 프루덴차 페로니의 아들이 어린 나이에 세상을 떠났을 때도 그는 슬픔에 진심으로 공감하는 태도를 보이지 않았다.

피렌체에서 레오나르도와 긴밀한 관계를 맺고 있던 인물은 자신의 성씨, 정확히 말하면 자신의 이전 성씨를 쓰는 사람이 아닌 처가 쪽 친척이었던 오노프리오 아리게티였다. 피사에 본부를 두고 있는 토스카나 대공국의 귀족 기사단 산토 스테파노의 일원이었던 아리게티는 피사에서 자신의 이익 추구를 위해 레오나르도에게 의지했고 그를 자신의 대리인으로 활용했다. 레오나르도는 반복적으로 아리게티를 접대하고 그에게 숙박을 제공했으며 기사단 소유의 재산으로부터 나오는 수입을 대신 수금하는 역할을 했다. 또한 아리게티는 레오나르도의 한 친척으로부터 가축을 관리하는 문제에 대한 전문적인 도움을 받기도 했다. 마찬가지로 레오나르도 역시 피렌체에서의 사업을 아리게티에게 의존했고, 수도자가 된 딸 둘과 아들 하나에 대한 지원까지 부탁했다. 레오나르도와 아리게티 사이의 관계는 30년 이상 지속되었고 이 기간에 이루어졌던 만남과 서로에게 보인 호의, 안부의 교환은 사업과 공동 투자 그리고 레오나르도가 대여한 돈과 불가분의 관계에 있었다. 1736년 말 레오나르도의 막내딸이 리보르노에서 결혼식을 올릴 때 지참금 마련에 결정적인 역할을 한 사람 역시 아리게티였다. 레오나르도와 복잡하게 얽혀 있는 사업적 관계에서 상당한 양의 빚이 있던 아리게티가 신랑에게 보낼 지참금의 보증을 서주었기 때문이다. 이를 단순히 둘 사이의 사업적 거래라고만 보기는 어려울 것이다. 그로부터 몇 주가 지나 레오나르도는 아리게티와 오랜 친구로서 함께 마차를 타고 리보르노를 방문했고, 사위에게 지참금을 직접 전달했다.

레오나르도의 회고록에서 아리게티만큼, 혹은 아마 그보다 더 큰 중요성을 갖는 인물은 아내의 남매인 베리시모 루스키였다. 그는 당시 피사에 거주하고 있었다. 레오나르도의 또래인 베리시모는 회고록에서 가장 빈번하게 등장하는 인물 가운데 하나다. 레오나르도는 자신의 형과 거래할 때는 영수증을 늦게 보낸다고 짜증을 낼 정도였지만,

베리시모와는 구두로 계약하며 "신뢰 속에 거래를 진행했다". 둘은 자주 만났고 수십 년 동안 정기적으로 서로를 초대해 "점심 식사를" 함께 했는데, 이런 관계는 레오나르도의 아내이자 베리시모의 누이이기도 했던 보나 루스키가 세상을 떠난 뒤로도 계속되었다. 또한 둘은 크리스마스 선물도 교환했는데, 이는 피사의 산 로렌초 수녀원 소속 수녀였던 베리시모의 다른 누이들도 함께하는 행사였다. 이들 사이의 경제적 관계는 가족 구성원으로서의 친밀함과 밀접한 관련이 있었다. 특히 보나 루스키의 지참금과 관련된 초기 분쟁이 해결된 뒤로 둘 사이의 경제적 관계는 언제나 우호적으로 이루어지고 있었다. 베리시모는 레오나르도가 보나 루스키와 결혼한 지 30년 넘게 지난 1726년 11월 30일에 보나 루스키의 지참금 2000스쿠도 가운데 500스쿠도를 여전히 지급하지 않고 있었다. 1728년 12월 2일에는 미지급액이 400스쿠도였고, 그에 대한 4푼의 이자(16스쿠도)를 지급했다. 400스쿠도의 잔금은 보나 루스키가 세상을 떠난 후로 몇 달이 지난 1734년 11월에서 1735년 2월 사이에 각각 200스쿠도씩 두 차례에 걸쳐 지급했다. 효율성과 비인격성을 특징으로 하는 근대적 경제 관념에 비추어본다면 이러한 지급 유예는 뭔가 문제가 있는 것 같지만, 실제로는 레오나르도의 경제적 삶에 있어 인적 관계를 강화하고 새로운 기회를 만드는 데 도움이 되는 행동이었다. 지급이 유예된 지참금의 잔액은 사실 레오나르도가 베리시모에게 해당 금액을 대여한 것과 같은 효과를 낳았다. 그로부터 얻은 수익은 베리시모와 진행한 다른 사업에 투자되었는데, 이러한 거래가 가능한 것은 그들 사이에 존재하는 가족 구성원으로서의 친밀함 덕분이었다.

사적인 영역과 공적인 영역이 구분되어 있지 않던 레오나르도의 사회적 관계는 과거의 전통적인 상점 주인이 맺었던 것과 크게 다르지 않다. 그는 여가생활을 부정적인 관점에서만 생각했다. 그에게 있어 사교의 기회로서 여가는 상상할 수 없는 일이었다. 1741년 4월 베리시모가 세상을 떠났을 때, 레오나르도가 남긴 기록은 이러한 관념을 매우 두드러지게 드러낸다.

> 피사의 귀족이며 경제적 감각이 탁월했던 사람 그리고 무엇보다 선량한 크리스트교도였던 그는 가정과 가문을 훌륭한 상태로 이끌기 위해 노력을 아끼지 않았다. 그는 두 해가 넘도록 신경통과 심한 마비 증세로 고통을 겪었다. 그는 언제나 신의 있게 자신의 일을 처리했고 앞서 말했듯 훌륭히 경제 활동을 수행했으며, 그로 인해 많은 선량한 사람의 애도를 받았다. 피사는 타의 모범이 되는 훌륭한 시민을 잃었다. 어느 도시에나 있는 게으른 사람과 낭비가 심한 사람들은 그의 삶을 본받아 스스로를 바로잡을 수 있을 것이다. 허영과 사치에 돈을 쓰는 것은 낭비이며 아무런 이득이 되지 않는다.

독서

근면함과 경제적 이익에 대한 레오나르도의 생각은 근대적인 것이라기보다는, 오히려 코무네 시기 이탈리아 상인들의 전통적인 윤리를 반영한다. 이러한 점에서 앞서 언급되었던 중세 후기의 회고록이나 혹은 도시 생활의 나태함을 비판하며 소박한 삶의 가치를 강조했던 레온 바티스타 알베르티의 『가문에 대하여De familia』에 드러나는 윤리와 흡사하다. 그러나 우리는 레오나르도가 골도니의 작품에 등장하는 시골뜨기*와는 달랐다는 점을 염두에 두어야 한다. 그는 젊은 시절부터 여러 곳을 여행한 인물이었다. 그리고 나이가 들어서는 침울한 노인이 아니라 호기심 많고 주의가 깊으며 정보에 상당히 밝은 사람이었다. 회고록에는 당대의 중요한 정치적 사건과 이념적 논쟁이 개인적인 이야기의 배경으로 등장하는데, 이를테면 레오나르도는 프랑스 국왕 루이 14세의 죽음에 대해 기록할 때 그를 "가톨릭의 수호자"라고 부르며 존경을 표현했다. 반면 하노버 왕가의 조지 1세가 세상을 떠났을 때는 적대감을 드러냈는데 "잉글랜드의 적법한 왕 스튜어트 왕가의 제임스 1세가 이단자들에 의해 자신의 왕국에서 추방당한 뒤 그가 왕국을 차지했기 때문이다".

한편 매사 꼼꼼한 성격이었던 레오나르도는 그가 읽은 책들을 빠짐없이 기록으로 남겼다. 덕분에 우리는 그가 어떤 책들을 새로 구매하고, 또 어떤 책들을 빌리거나 빌려주었는지 상세히 알 수 있다. 확실히 그는 합당한 이유 없이 돈을 쓰거나 빚을 지지 않는 사람이었다. 그가 왕의 죽음과 같은 소식에 대해 알게 만들었던 정기 간행물 『가제타 디 볼로냐Gazzetta di Bologna』 외에도 그가 남긴 기록을 통해 재구성한 독서 목록은 매우 다양한 데다 예측 가능한 범위를 벗어나는 서적들

* 1760년 베네치아에서 초연된 골도니의 희극 『시골뜨기I Rusteghi』의 등장인물.

도 포함되어 있어 놀라움을 안겨준다.

독서 목록에는 다수의 종교 서적이 포함되어 있는데, 레오나르도는 그중 일부를 직접 소유하면서 다른 사람들에게 빌려주기도 했다. 일부는 남에게서 빌려 읽은 서적들, 또 일부는 성직자나 수도자가 된 자녀들에게 선물했던 서적들이다. 목록에는 다양한 프랑스어와 에스파냐어 문법책 및 사전, 소수의 여행 및 지리에 관한 책들도 있다. 또한 몇 권의 라틴어 고전도 있는데, 회고록에 언급된 베르길리우스, 호라티우스, 카툴루스, 프로페르티우스 등을 직접 원어로 읽을 수 있었던 것으로 보인다. 그 밖에 다수의 역사책 및 판비니오*의 부록이 달린 인문주의자 플라티나**의 『교황 열전Le Vite de' Ponteficí』을 비롯한 다른 교회사 저술들도 포함되어 있으며, 중세의 백과사전적 지식을 담고 있는 15세기의 서적들, 가령 난니 미라벨로의 『잡설Poliantea』과 이아코포 포레스티의 『연대기Cronache』 같은 책도 등장한다. 그리고 이러한 부류의 서적들 가운데 정점이라 할 수 있는 자크베니뉴 보쉬에의 저작들이 있다. 레오나르도는 1738년 4월 20일 한 서점에서 배포한 보쉬에의 저작 목록을 필사했을 정도로 그에 대해 큰 관심을 갖고 있었는데, 다음을 고려한다면 충분히 이해된다. 루이 14세 시기 프랑스의 신학자 보쉬에는 이미 17~18세기 탐구의 정신과 사상적 자유의 이름 아래 유럽 여러 나라에서 반박되기 시작했던 권위와 전통 그리고 종교적 정통성의 마지막 지지자였다. 이탈리아의 작은 도시에 거주하면서

* 16세기 베로나 출신의 역사가이자 고전 학자.

** 15세기 로마 출신의 인문주의자 바르톨로메오 사키.

'유럽 의식의 위기'*에서 완전히 소외된 채 있던 레오나르도에게 보쉬에는 가장 완벽한 본보기였을 것이다.

그럼에도 불구하고 보수적이었으나 미신적 사고에 매몰되지 않았던 레오나르도는 호기심 많은 사람이었고, 자신이 궁금한 일들에 대해 항상 주의 깊게 눈과 귀를 열어놓았다. 그는 루이 14세의 치세 말기에 프랑스에서 나타난 반동적 흐름, 즉 가톨릭적인 가치 및 전통적인 교리에 대한 강력한 옹호라는 흐름에 부합하지 않는 서적들도 소유하고 있었다. 그리고 그것을 다른 사람들에게 빌려주기도 했다. 예를 들어 1726년 5월에는 "절반은 에스파냐어로, 나머지 절반은 이탈리아어로 쓰인 에스파냐의 식민지 정복 및 에스파냐인들이 가련한 아메리카 원주민들에게 저지른 잔혹한 일들에 대한 치아파스 대주교의 보고서"**를, 1730년 3월에는 "프랑스어로 쓰인 파스칼의 『팡세Pensées』"를 소유하고 있었고, 같은 해 10월에는 "지구가 태양 주위를 돌고 있으며, 태양이 세계의 중심에 고정되어 있다는 갈릴레오의 체계에 대한 변론"***을 직접 필사해서 가지고 있었다. 라스 카사스는 가톨릭 정복자들에 맞서 싸웠고, 파스칼은 17세기 중반 얀세니즘을 대표하는 철학자로 훗날 루이 14세에 의해 박해를 받은 인물이다. 또한 갈릴레오는 검사성성Sant'Uffizio에 의해 종교재판에 회부되기까지 했다. 레오나르

* 프랑스의 비교문학사가 폴 아자르가 1935년 파리에서 출판했던 동명의 저작 『유럽 의식의 위기, 1680-1715La crise de la conscience européenne, 1680-1715』로부터 유래하는 용어로 17세기 말에서 18세기 초 사이에 이루어진 근대 유럽의 지적 전환과 문화의 세속화를 가리킨다.

** 바르톨로메 데 라스 카사스의 소책자 『인디언 파괴에 대한 짧은 보고서Brevísima relación de la destrucción de las Indias』(1552).

*** 캄파넬라의 『갈릴레오를 위한 변론Apologia pro Galilleo』(1622)을 가리킨다.

도는 이러한 책들을 읽고 필사하면서 단지 그 안에 담긴 이단적인 사상들을 곱씹는 데 그치지 않았다. 이러한 사상들은 레오나르도의 사회적 관계망을 통해 피사 성직 계층의 마음에 독처럼 퍼져나갔는데, 1730년 10월 4일 레오나르도가 자신의 "노트"를 "참사회원이었던 주세페 루스키"에게 빌려준 것이다!

갈릴레오의 합리주의 사상은 적어도 토스카나에서는 언제나 살아 있었으며, 특히 1720년대와 1730년대에 토스카나 대공 잔가스토네 데 메디치의 문화 정책으로 인해 더 활기를 띠었다. 레오나르도는 이러한 사상적 흐름에 대해 충분히 흥미를 느낄 만한 인물이었다. 회고록의 한 페이지에는 레오나르도가 갈릴레오와 관련된 책을 다른 사람에게 빌려주었다는 내용과 더불어, 동시대의 학식 깊은 프랑스 수도사 오귀스탱 칼메의 저작 『구약의 역사』를 읽었다는 내용이 기록되어 있다. 칼메는 성서에 등장하는 역사적 사건들을 체계적으로 정리해놓았는데—성 아우구스티누스 이래의 전통에 따라—성서의 모든 구절, 심지어 등장인물들의 신장이나 태조太祖*들의 수명과 같은 세부 내용까지 전부 우의적으로가 아닌 문자 그대로 해석하고 있었다.

아마 우리 가운데 많은 수가 부지불식간에 칼메의 글을 접한 적이 있을 것이다. 왜냐하면 볼테르의 『철학사전』에 수록된 여러 기사의 소재가 바로 칼메가 쓴 성서의 역사로부터 나왔기 때문이다. 볼테르는 칼메의 말을 반어적으로 강조하면서 웃음을 자아내는 효과를 얻을 수 있었다. 레오나르도가 볼테르의 다른 저작들을 읽었을 가능성

* 아담에서 노아에 이르기까지 히브리 민족의 선조들을 의미한다.

은 있지만 어쨌든 『철학사전』은 읽지 않았던 듯하다. 물론 그가 칼메의 저작을 주의 깊게 읽었던 것은 틀림없다. 특히 「사무엘기 하」 14장 25~26절에 등장하는 "압살롬의 머리카락 무게가 200세겔이었다"는 구절에서 영감을 받아 그에 대한 부연 설명을 한 페이지가량 회고록에 덧붙였다. 그에 따르면 이 수치는 타당하지 않았다. "머리카락은 1년에 손가락 네 개 길이 정도밖에 자라지 않는다." 압살롬이 이발사를 찾지 않고 계속 머리카락을 길렀더라도 무게가 200세겔에 이를 수는 없을 것이다. 이를 설명할 수 있는 유일한 가설은 성서가 히브리 세겔의 3분의 1에 해당되는 바빌로니아 세겔을 참고했다는 것뿐이다. 이 짧은 메모가 우리의 흥미를 끄는 것은 바로―우리의 사상이 형성되고 발전해 나가는 정신적인 영역이라는 의미에서―특정한 문화의 존재가 단지 인류학자들이 고안해낸 실체가 없는 개념이 아니라는 것을 보여준다는 점이다. 레오나르도가 속해 있는 문화에서는 전통을 따르는 것이 중요했다. 그리고 그 안에서 볼테르의 비판적 이성은 그다지 큰 영향을 미치지 못했다. 어쨌든 레오나르도는 이러한 문화 속에서 자신의 선호를 드러내고 선택을 했다. 토스카나의 상인으로서 그는 이성의 또 다른 형태라고 부를 만한 것에 집중한 것이다. 심지어 성서를 앞에 놓고도 그는 이해득실에 대한 계산을 멈추지 않았다.

사교와 가문

한편 레오나르도가 그냥 흘려보내는 법 없이 분노로 자신의 맹

목적인 적대감을 드러낸 삶의 한 측면이 있었는데, 바로 세속적인 만남과 자유로운 교제였다. 그는 이러한 관행을 "콘베르사치오네conversazione"라는 말로 표현했는데, 18세기 용법에 따르면 이 단어는 오늘날 뜻하는 것처럼 특정한 언어적 행동만이 아니라 모든 사회적인 만남을 통칭했다.* 이는 레오나르도가 가문을 경영하고 경제 활동에 참여하면서 맺고 있던 사회적 관계와는 완전히 동떨어진, 그보다는 축제나 공연의 확산 외에도 문인들이 학문적인 토론을 하고 지식을 나누는 일 그리고 살롱 문화의 탄생과 불가분의 관계에 있는 관행이었다. 레오나르도와 동시대인이었던 위대한 학자이자 계몽된 가톨릭 성직자 무라토리는 이러한 관행의 원인, 더 정확히 말하자면 책임을 18세기 초 에스파냐 왕위 계승 전쟁 시기의 프랑스인들에게로 돌렸다. 그에 따르면 이러한 관행은 무엇보다 프랑스인들이 가져온 많은 타락 가운데 "남녀 사이의 자유로운 교류commercio"에서 비롯되었는데, 여기서 "교류"란 도덕적이지 못한 유혹이 가득한 대화 정도로 해석할 수 있다.

이러한 관행에 대해 레오나르도는 평소의 융통성 있고 균형 잡힌 태도를 망각할 정도로 화를 내곤 했다. 그는 1726년 5월 피사의 어느 기사騎士가 밀회를 즐기고 돌아오는 길에 공격당한 사건을 "젊은이들에게 일찍 집으로 돌아가 머물고, 밤은 짐승과 절제력이 부족한 사람들에게 맡기라는 경고"로 받아들였다. 또한 1728년 8월 극장으로 사

* 라틴어 콘베르사티오conversatio에서 유래하는 이탈리아어 콘베르사치오네는 오늘날처럼 단순히 '대화'라는 언어적 행동 이상의 의미를 갖는다. 좁은 의미에서는 남녀 간의 교제를, 넓은 의미에서는 모형母型이 되는 라틴어가 내포하는 뜻, 즉 일상적인 방문이나 만남, 관계의 친밀함 등을 모두 포괄한다.

용되던 살롱의 천장이 무너진 후 며칠이 지나 또 다른 공공건물의 천장이 붕괴되었을 때 그는 이 사고를 신의 인내에도 한계가 있음을 보여주는 신호로 여겼다. "우리는 주 하느님의 선의를 깨닫고 감사해야 한다. 그분께서는 이러한 사고를 사람들이 자리를 비웠을 때 일어나도록 하셨다. 첫 번째 사고가 일어나기 전날 저녁 희극이 상연되었고 많은 관중이 그곳에 모여 있었다. 나는 자애로우신 하느님의 은덕을 입었고, 그로부터 중요한 교훈을 얻었는데, 희극에는 좋은 것보다는 나쁜 것이 더 많이 포함되어 있으므로 주의를 기울여야 한다는 것이다." 1728년 5월 6일 처가 쪽 친척이자 친구 오노프리오 아리게티의 장남이 젊은 나이로 세상을 떠났을 때도 마찬가지였다. "예전에 그가 아비지[오노프리오 아리게티]와 함께 우리 집을 찾았을 때는 순결한 풍속의 모범을 몸소 보여주었다. 교제가 지나치게 자유로운 탓에 풍속이 타락한 이 시대에 그가 자신의 정결한 삶을 더럽히지 않도록, 하느님께서는 자비를 베푸시어 그를 자기 곁으로 불러들인 것 같다."

앞서 인용된 세 개의 메모를 작성할 당시 레오나르도는 이미 예순을 훌쩍 넘긴 나이였다. 이런 유의 글은 그가 말년에 남긴 기록에 훨씬 더 자주 등장하며, 때로는 편집증에 가까운 집착을 보이기까지 한다. 예컨대 10년이 지난 1737년 9월 어느 밤에 일어난 또 다른 사고에 대해 그는 "밤에 외출하지 않고, 신을 두려워하지 않는 친구나 지인들과 교제하지 않으며, 언제 죽음이 찾아올지 모르니 항상 신을 경외하며 살아갈 것을 권한다. 이러한 권고는 젊은이들 그리고 세속적인 사교를 즐기며 살아가는 모든 이들 위한 것"이라고 기록했다.

물론 노인들은 대개 항상 불평이 많다. 그러나 레오나르도의 불평은 종류가 다르다. 그는 가정 경제의 세계와 사교의 세계가 갖는 차이를 정확하게 인식하고 대비시켰는데, 이는 1736년 2월에 열린 큰 축제의 화려함을 강조한 기록에서 잘 드러난다. 그 축제가 열리는 동안 그는 시골에서 자신의 경제적 이익을 위한 활동에 몰두하고 있었다.

> 카니발의 마지막 날인 지난 14일 이탈리아에 주둔한 에스파냐 가톨릭 국왕 군대의 총사령관 몬테마르 공작이 시뇨리아 궁전에서 도시의 모든 귀부인과 기사들을 초대해 호화로운 만찬을 주최했다. 만찬이 끝나자 그랜드 살롱으로 자리를 옮겼고 이후에는 공공 극장에서 대규모 군중이 모인 가운데 성대한 축제와 야회夜會가 이어졌다. 나는 사업 때문에 전날까지 카프로나에 있었던 터라 참석하지 못했다. 들려오는 말로 축제는 참으로 아름다운 물건으로 가득했는데, 특히 자리에 앉은 귀부인들에게 선 채로 음식을 제공한 기사와 남성 귀족들이 그 축제를 매우 즐겼다고 한다. 이 모든 것에 대해 주님께서 진노하지 않으시기를.

이 기록은 당대에 새롭게 확산된 사교 문화의 가장 특징적인 측면들 가운데 하나를 보여준다. 실제로 이 시대에, 그러니까 1730년대에 이미 널리 퍼져 있었으며 당대의 도덕가와 설교가들의 저서에서 공개적 비난의 대상이 된 현상이기도 한데, 바로 시종기사cavaliere servente 혹은 치치스베오cicisbeo라 불렸던—반드시 그런 것은 아니지만 다수가 미혼인—귀족 남성과 결혼한 귀족 여성 사이의 관계를 말하는 것이다. 이는 벌건 대낮에 공개적으로 이루어지던 관행으로, 배우자를 개인이 선택할 수 없는 상황 그리고 결혼한 부부가 서로에게 무관심한 상황에 대한 일종의 보상이었다. 사실 이탈리아뿐만 아니라 유럽의 여러 지역에 이러한 관행이 있었고 서로 다른 여러 이름으로 불렸는데, 중요한 것은 이 관행이 남편이나 아버지의 권위, 그리고 가정 내에서의 검약이라는 행동 수칙에 기반을 둔 것과는 전혀 다른 새로운 결혼 모델을 전제로 하고 있었다는 점이다. 레오나르도는 이를 혐오의 시선으로 바라보았다. 회고록에서 자주 볼 수 있는 그의 분노 섞인 반응들, 이를테면 "주님을 진노케 하고 영혼을 타락시키는 야밤의 사교" "젊은 남성과 여성이 자유롭게 교제하는 오늘날의 타락한 관습" "여성까지 참여하는 도박과 늦은 밤 파티에 상존하는 거대한 위험"과 같은 부정적인 표현들은 결혼과 가정생활, 그리고 그 안에서 아내와 자녀들의 이상적인 행동에 대한 레오나르도의 관념에 비추어볼 때 당연한 일이었다.

여기서 언급하고 넘어가야 할 점은 레오나르도가 자신의 동반자로 보나 루스키를 선택했다는 것이다. 그들의 결합에 앞서 서로 어떤 이야기가 오갔는지에 대해 불행히도 우리가 알 수 있는 것은 아무것도 없지만, 결과적으로 볼 때 그가 삶의 중요한 순간에 신중하고 현명한 선택을 했다는 점은 기록을 통해 확인 가능하다. 회고록에 묘사된 보나 루스키의 모습은 사실상 레오나르도가 수행하던 경제 활동의 협력자, 즉 능력 있고 신뢰할 수 있는 동료에 가깝다. 그녀에 대한 최초의 언급은 남아 있는 회고록의 첫 번째 권에, 더 자세히 말하자면 1705년 4월 14일 목요일 어느 하인 앞에서 이루어진 행위에 대한 기록에 등장한다. 넉 날 뒤 여덟 번째 아이가 태어날 예정이었던, 그러니까 부부가 되어 함께 생활한 지 10년이 지난 무렵이었다. "이달 14일에 나는 아내 보나에게 합의한 바에 따라 그간 지출한 내용에 해당되는 1테스토네*와 1줄리오**를 정산해주었다. 그 자리에 증인으로 피포가 있었다." 그로부터 3년이 지난 1708년 5월 5일에는 이와 유사한 거래가 구두로 이루어졌다. "내 아내 보나가 지금까지 식비, 직물 제작, 아이들에게 들어가는 비용 등 집안의 여러 일을 처리하는 데 소비했다고 말한 금액 1탈레로를 그녀에게 돌려주었다. 이로써 아내가 구두로 전달한 지출 내역은 모두 정산했다." 그러나 금전을 대여할 때는 담보가 필요하기도 했다. 1728년 2월 14일 레오나르도는 다음과 같이 기록했다. "내 아내 보나에게 금화 1체키노***를 대여했는데, 그녀는 흉상과 다른 물건들을 제작하는 데 필요하다고 말했다. 그녀는 나에게 진주 장식을 담보로 남겼는데, 이는 13리라 6솔디 8데나로의 가치를 지녔고 따라서 나는 7리라 11솔디 8데나로를 돌려받았다."

순전히 물질적인 관점에서 이 관계를 바라본다면, 우리는 아내 보나가 경제적으로 얼마간 자율성을 누리고 있었다는 사실을 알게 된다. 앞서 살펴보았듯이 그녀가 자신의 지참금, 더 정확히 말해 지참금 가운데 여러 차례에 걸쳐 필요에 따라 사용되었던 금액을 물론 직접 관리한 것은 아니지만, 어쨌든 남편과는 별도의 주머니를 차고 있었고 그로부터 집안일을 처리하기 위한 비용과 사적인 비용을 지출했던 것이 분명하다. 보나의 사적인 비용 지출은 지난 몇 년 동안 레오나르도

* 16세기 이후 이탈리아의 여러 지역에서 사용되던 은화로 동전 앞면에 머리 모양이 새겨져 있었다.

** 16세기 초 교황 율리우스 2세가 발행했던 은화.

*** 13세기 말 베네치아에서 주조되기 시작했으며 중세 내내 유럽 전역에서 널리 사용되던 금화.

가 주는 연금으로 충당했는데, 이는 현금이 아니라 카프로나의 농지에서 나오는 수확물의 형태, 즉 1728년 4월 26일에 기록되어 있듯이 "그녀의 지출을 충당하기 위한 뽕나무 잎"으로 지급되었다. 한편 보나는 누에에서 실을 뽑는 일, 즉 전통적으로 여성의 의무라 여겨지던 일을 넘어서 카프로나의 농지 경영에 직접 참여하고 있었다. 특히 생애 마지막 10년 동안 그녀는 이 일에 큰 관심을 쏟았다. 레오나르도가 남긴 기록은 이 시기 그녀가 카프로나를 자주 방문하고 그곳에 체류했으며, 거기서 도시로 식량을 보냈다는 사실을 증명한다.

이러한 자금 관리와 임무의 구분은 가문의 재산을 증식시키는 과정의 여러 단계에서도 언급된다. 그중 하나를 예로 들자면, 1715년 1월 2일 레오나르도는 보나의 대리인으로서 그녀의 이익을 위해 100스쿠도의 큰 금액을 들여 토지를 매입했는데, 이는 메르칸티 거리의 저택 일부를 매각한 금액의 약 9분의 1에 해당되는 액수였다. 이에 대해 그는 다음과 같이 기록했다. "추후 아내에게 이 금액을 돌려받기로 계약한 후, 일단 거래 대금을 내 돈으로 지급했다. 그녀에게서 만족할 만한 금액을 돌려받을 때까지 계약은 유지될 것이다." 그보다 더 빈번하게 발견되는 사례는 레오나르도가 세금 지출을 줄이기 위해서 금액이 크든 적든 아내 명의로 무언가를 매입하는 것이었다. 이럴 때 레오나르도는 매입한 물품들을 실제로는 자기 소유로 인식했다. 이와 관련하여 1717년 12월 18일의 기록이 있는데, 구매 대금이 총 285리라 15솔도 4데나로, 그러니까 대략 40스쿠도에 이르렀다. "비록 아내 보나의 명의로 매입했지만, 대금은 내 지갑에서 지급되었다. 해당 토지와 저택을 원한다면 위에 명시된 가격을 지급해야 한다. 이것은 세금을 적게 내기 위한, 그러니까 가난한 판매자에게 부담을 주지 않기 위한 방편이다. 보나가 자신의 소유를 주장하지 않는다면 말이다." 이러한 합의는 아마 여기에 나타나지 않은 어떠한 방법으로 혹은 앞서 언급되었던 부부 간의 계약 등으로 보장되었을 텐데, 어쨌든 오늘날 독자들의 시각에서 부부 간의 애정과는 거리가 먼 행동으로 보일 게 분명하다. 그러나 감정과 이익을 엄격하게 분리하거나 혹은 양립 불가능한 것으로 보는 오늘날의 경향은 역사적 사건을 인식하는 데 있어 혼란을 야기할 수 있다. 레오나르도의 관념 속에서—틀림없이 보나의 관념 속에서도—좋은 아내의 역할은 널리 알려진 성서 구절에 제시되고, 가문의 경영과 관련된 당대의 여러 문헌에서 광범위하게 선전되고 있던 가정 경제를 책임지는 생활력 강한 집안의 안주인이었을 것이다. 보나는 남편에게 여덟 명의 아들과 여덟 명의 딸을 낳아주었다. 그리고 가문의 유산을 보전하고 증식시키기 위해 남편과 완벽하게 연대했다. 이러한 사실을 고려할 때, 남편이 속한 가문과 그 후손들의 번영을 위해 힘을 보태는 이상적인 아내로서 그녀보다 더 완벽한 여성은 상상하기 어렵다. 실제로 그녀가 유언 없이 세상을 떠났을 때 남편과 협력하여 구축한 유산은 모두 가문을 위해 남겨졌다. 우리는 레오나르도와 보나 사이의 경제적 관계를 결혼생활의 장애물로 보기보다는, 결혼을 더 잘 유지하도록 한 요소로 이해해야 한다. 앞서 레오나르도의 인간관계에서 특징적으로 나타나는 경제적 이익과 도덕 사이의 떼려야 뗄 수 없는 관계에 대해 살펴봤다. 경제적 이익과 애정의 관계는 그것의 강화된 버전이라고 할 수 있다.

40여 년의 결혼생활 중 총 31년 동안의 기록이 회고록에 남아 오늘날까지 전해지는데, 이 기간에 아내와 관련된 모든 언급은 마치 회계 장부와 비슷한 성격을 띤다. 심지어 아내의 출산 당시 급하게 기록된 내용도 마찬가지인데, 이는 앞서 언급했던 것처럼 회고록 자체가 개인적인 감정이나 느낌을 표출하기 위한 목적이 아니었다는 사실과도 일맥상통한다. 레오나르도의 삶에 관여한 다른 많은 사람의 사례처럼, 보나에 대한 상세하고 전체적인 묘사는 그녀가 세상을 떠날 때가 되어서야 비로소 등장한다. 이와 관련된 기록은 두 줄로 빽빽하게 써서 한 페이지가 조금 넘는 분량을 차지하는데, 시간 순서에 따라 두 부분으로 나뉜다. 1734년 6월 30일 수요일의 기록에는 고통과 죽음에 관한 이야기가, 7월 1일 목요일의 기록에는 장례식과 초상화에 관한 내용이 적혀 있다. 둘을 합치면 적지 않은 분량이지만 전체를 다 읽어볼 만한 충분한 가치가 있다.

> 30일 수요일 (…) 위에서 언급했던 그다음 날 밤에 나의 사랑하는 아내 보나가 교회의 모든 성사를 받은 후 4시경 세상을 떠났다. (…) 경련이 심해지고 열이 오르자 의사는 그녀에게 부항 요법을 시도하기로 결정했다. 보나가 강력하게 거부했음에도 불구하고 총 네 개의 부항 단지를 두 개는 팔에, 나머지 두 개는 다리에 붙였다. 배려를 모르는 그녀의 몇몇 친척이 자리에 있었는데, 그들의 이름을 밝히고 싶지는 않다. 나는 그들에게 자리 좀 비켜달라고 그리고 내가 했던 것처럼 보나가 편히 있게 해달라고 부탁했지만 거절당했다. 보나는 맨몸을 드러내야 하는 상황에 놓였고 몹시 당황스러워했다. (…) 결국 병자성사를 받은 후 그녀의 고통

과 발작은 계속 악화되었다. (…) 지난 화요일부터 그녀는 말을 하지 못했고 깊은숨을 힘겹게 내쉬었다. 저녁에는 산 크리스토포로의 주임 사제와 그녀의 고해신부이기도 한 산 세폴크로의 사제가 그녀의 영혼을 신에게 맡기는 기도를 드렸다. 이튿날 아침까지 그녀는 아무것도 먹지 않았으며 계속 숨을 잘 쉬지 못했다. 저녁에도 마찬가지였다. 그녀는 몇 차례 깊은숨을 힘겹게 내쉬었으며 오전 3시 15분경에는 침대가 흔들릴 정도로 온몸을 떨었다. 이후 숨 막히는 증상이 더 심해졌고 15분 후에는 몸을 떠는 것과 더불어 눈이 어두워지는 증상이 나타났다. 잠시 후 힘겨운 숨을 내쉬는 것조차 멈추었고 오전 4시경 평화롭게 숨을 거두었다…….

7월 1일 목요일. 산 크리스토포로 성당에서 고인의 장례식을 준비했다.—그녀의 시신이 여전히 아름다운 얼굴과 체격을 유지하고 있었던 탓에 관 밖에 그녀의 시신을 놓아둘 수도 있었지만—깔끔하게 마련된 관에 넣어 성당에 안치하기로 했다. 오후 1시경 성 우르술라 수녀회*에 그녀의 시신을 인도했다. 그녀의 시신이 우리가 함께 살던 집을 영원히 떠나는 순간 마음은 너무나 고통스러웠다. (…) 그녀는 도덕적인 삶을 살았고 바느질, 양말 짜기 등 주부로서 여러 일에 능숙했고, 다른 어떤 훌륭한 여성 못지않게 가사에 주의를 기울여 가정과 가문을 꾸려나갔으며, 성모 마리아에 대한 헌신적인 신앙을 가지고 있었다. (…) 음식에 검

* 성녀 안젤라 메리치가 1535년 브레시아에서 창립한 수녀회.

소했고, 연옥에 머무르는 영혼들을 위해 기도했고, 가난한 이들에게 후했으며, 세속적인 사치와 교제, 특히 야간의 연회와 연극을 멀리했다. 출신 가문의 친척들에게 애정을 가지고 있었을 뿐 아니라 집안을 운영하는 데 필요한 것들을 잘 챙겼고, 종종 하인과 함께 마차를 타고 나가 우리 재산을 점검했고, 시골에서 나오는 수입을 관리하기 위해 기꺼이 별장에 머물렀다. (…) 그녀는 대단히 깔끔했고, 세심하게 옷을 관리한 덕에 오랜 기간 입었던 옷도 늘 새 옷처럼 보였는데, 덕분에 가정의 지출을 줄일 수 있었다. 항상 주변 사람들에게 이득이 되는 조언을 아끼지 않았고, 조언을 받은 사람들도 그렇게 하길 원했다. 그녀는 또한 사제와 수도사들에 대한 존경을 잃지 않았다. 매사에 적극적이고 선강했으며 (…) 비록 자신의 일에 집중하기 위해 사람을 많이 만나지는 않았지만, 정직하고 의미 있는 교류에는 활발히 참여했다. 그녀는 집안의 환자들을 세심하게 돌봤는데 나 역시 통풍으로 인해 고통을 겪을 때 그녀의 도움을 받았다. 모든 선한 이가 그녀를 애도했고, 온 도시가 그녀를 분별 있게 가정을 이끌어간 여성의 본보기로 삼았다. 병에 걸린 마지막 순간에도 그녀는 신의 뜻에 순종하여 죽음을 두려워하지 않았다. 그녀는 훌륭한 삶을 살았다. 그리고 자녀와 주변 사람들에게 당부의 말을 남기는 한편, 가정 경제 및 관리에 대한 사항을 가르치는 일도 잊지 않았다. 마지막으로 그녀에게 잘 어울리는 지혜의 말씀을 인용한다. "그녀는 자신의 손으로 일했다. 고운 것도 서짓되고 아름다운 것도 헛되니 오직 여호와를 경외하는 여성이 칭찬을 받을 것이라."* 주님께서 그녀가 천국에서 세상을 떠난 자녀들을 다시 만나는 기쁨을 주시기를, 그래서 모두 함께 모여 주님을 찬양할 수 있기를.

레오나르도의 개인적이고 내밀한 감정에 대해서 우리가 알 수 있는 사실은 한정되어 있다. 그러나 우르술라 수녀회에 보나의 시신을 인도하며 영원히 집에서 떠나갈 때 나타나는 감정의 분출은 비록 짧게 기록되어 있지만 틀림없이 감지된다. 우리가 위에 인용된 긴 구절의 의미를 온전히 이해하려면 회고록 전체의 내용과 맥락 속에서 읽어야 한다. 두 번째 구절이 쓰인 페이지 우측 상단의 절반가량에는 7월 2일 금요일과 3일 토요일에 작성된 대출 영수증 및 백반** 발송에 대한 내용이 기록되어 있다. 아마도 같은 페이지 우측 하단에 아직 무언가를 기록할 수 있는 공간이 더 남아 있음을 깨달은 레오나르도는 그녀가 옷을 깨끗하게 관리했다는 말과 함께 그녀의 성격에 대한 묘사를 덧붙여 기록했을 것이다. 레오나르도에게 나타나는 애정과 사업의 결합, 감정과 계산의 결합이라는 특성은 아내의 죽음에 직면해서도 어김없이 나타나지만, 그렇다고 해서 그의 성격이 잔인하다거나 그에게 감정이 결여되어 있다고 생각해서는 안 될 것이다. 앞서 설명했듯이 금언 혹은 훈계의 의미를 포함하는 회고록 전체의 맥락을 고려한다면 우리는 오히려 레오나르도의 섬세하고 꼼꼼한 성격, 그가 교훈적인 어조를 택해야 했던 이유, 체념과 희망을 통해 나타나는 종교적 진실성 등을 포착할 수 있다.

* 「잠언」 31장 30절.

** 염색에 쓰이는 재료.

단순하지만 마음을 울리는 보나의 고통에 대한 언급과 비교해볼 때, 무엇보다 눈길을 끄는 것은—전혀 놀랍지 않게도—그녀의 생애에 대한 묘사가 교훈을 주기 위한 목적으로 과장되어 있으며 대단히 정형화되어 있다는 점이다. 이는 당대의 많은 도덕론과 설교에 등장한 지혜의 말씀, 즉 현숙한 여성과 관련된 성서 말씀을 인용하는 부분에서 절정에 이른다. 레오나르도는 회고록의 여러 구절에서 아내와의 사적인 관계는 언급하지 않은 채 그녀를 "분별 있게 가정을 이끌어간" "가사에 주의를 기울여 가정과 가문을 꾸려나간" 가문 부흥 프로젝트의 동료로서 그려내고 있다. 결국 오늘날 우리의 감수성에 비추어 가장 이질적인 것은 레오나르도가 보나에 대해 충분한 애정을 보이지 않는다는 사실이 아니라, 그가 남긴 기록에서 보나가 한 명의 개인이 아닌 하나의 역할로서 그려지고 있다는 사실이다.

앞서 언급했듯이 레오나르도와 보나는 1696~1718년 총 16명의 자녀를 가졌고, 그중 9명이 성년에 이르렀다. 레오나르도가 64세 그리고 보나가 50세 되던 1726년 6월 14일 기록된 명단에는 14명의 자녀만 올라 있는데, 이는 레오나르도가 10년 전에 태어난 두 딸을 명단에서 삭제했기 때문이다. 물론 그들의 존재를 기억해내지 못하기 때문은 아니었다. 왜냐하면 두 딸의 출산은 보나에게뿐만 아니라—1716년 2월 18일 당시의 기록에 따르면—레오나르도에게도 대단히 극적인 사건이었기 때문이다. 레오나르도는 이에 대해 다음과 같이 기록했다.

> 오늘 아침 9시 30분경 내 아내 보나 카테리나가 출산의 진통에 시달리기 시작했다. 그녀는 곧 기운을 차렸고, 9시 45분경 여자

아이를 출산했다. 나는 아이가 숨을 쉬고 있다고 생각해, 다른 사람들이 없는 가운데 그녀에게 세례를 주었다. 나 혼자 아이를 돌보는 것이 어려워 최선을 다해 다른 이들의 도움을 요청했다. 우리 집에 거주하는 지롤라모 로카를 통해 유모나 산파를 불러 달라고 말했고, 톰마사가 바로 와서 도와주었다. 계속해서 진통에 시달리던 아내는 그녀의 도움으로 또 다른 여자아이를 출산했고, 이 아이에게도 마찬가지로 세례를 주었다. 그러나 나는 두 아이 모두에게서 어떤 움직임도 볼 수 없었는데, 아마 태어날 때부터 죽어 있었던 것이 아닌가 싶기도 하다. 보나가 임신한 지 거의 8개월이 되어가는 시점에 일어난 일이다. 만일 두 아이가 세례를 받지 못하고 떠났다면 두 영혼을 잃은 것과 같으며, 이는 돌이킬 수 없이 큰 상실일 것이다. 이것마저 주님의 뜻이라면 주님을 찬양하리니. 그날 저녁 다시 지롤라모에게 부탁해 두 아이를 산 조반니 성당 아래에 묻었다.

이러한 비극을 영혼의 상실로 여기는 레오나르도의 종교적 인식은 훗날 그가 자신의 두 딸을 자녀 명단에서 제외했던 이유이기도 하다. 그가 작성한 자녀 명단은 부르주아 가정이 겪은 아픔에 대한 기록이 아니라, 오히려 크리스트교도였던 한 부부가 낳은 피조물들, 레오나르도 자신이 회고록에서 여러 차례 언급했듯이 "신을 섬기기 위해" 태어났던 피조물들에 대한 영적 계산서라고 할 수 있다. 그러나 레오나르도가 두 딸의 죽음에 대한 정보를 건조한 표현과 형식으로 기록했다고 해서 그가 느낀 감정의 깊이마저 그러했다고 생각해서는 안 된다. 이런 일이 있을 때마다 레오나르도는 고통과 슬픔을 겪었다. 그러나 그 온도가 항상 같지는 않았다.

레오나르도의 다른 두 딸이 각각 생후 1년 조금 넘게, 한 달 조금 넘게 살다가 세상을 떠났을 때 그가 느낀 슬픔은 상대적으로 그리 커 보이지 않는다. 1705년 9월 "유모에게서 돌아온 후 지금까지 계속 아팠던" 첫째 딸 루크레치아가 세상을 떠났을 때, 레오나르도는 9월 24일 기록에 적혀 있는 것처럼 사업상 "칼치나이아를 방문하고 있었다". 그리고 "포르나체타 근처를 지나는 길에 소식을 들었고, 카프로나에 들렀다가 피사로 돌아왔다". 회고록에는 그다음 주 금요일에 일어났던 일들이 짤막하게 언급되어 있는데 이는 장례식에 대한 소식과 함께 끝난다. 한편 1707년 11월, 8일 동안 병을 앓다가 세상을 떠난 둘째 딸 로사의 특별한 미덕에 대해 레오나르도는 다음과 같이 회고한다. "그녀는 건강할 때나 병을 앓을 때나 기의 불평한 적이 없었고, 그런 그녀의 훌륭한 성품 때문에 모두가 괴로워하는 상황 속에서 세상을 떠났다." 그러고 나서 평소보다 더 꼼꼼하게 장례 비용을 기록했는데, 이는 당시 주임 사제와 참사회원들 사이에서 발생한 짜증나는 "견해차" 때문이었을 것이다. 그가 다음과 같은 말로 갑작스럽게 기록을 마무리한 이유도 바로 여기에 있다. "집에서는 성당에서 가져온 촛불 외에는 사용하지 않도록 주의하라. 그렇지 않으면 주임 사제가 그 모든 촛불을 자기 것으로 간주하고 가져갈 것이다."

1704년 12월 31일 또 다른 자녀 안토니오 마리아가 세상을 떠났고, 이 사건은 훨씬 더 깊은 반응을 불러일으켰다. 당시 레오나르도는 이 사건에 대해 비교적 긴 분량의 글을 남겼다. 안토니오는 남자아이로, 레오나르도는 디아만테 캄비니의 아버지가 썼던 이름이자 1697년 먼저 세상을 떠난 자신의 장자에게 붙였던 이름을 다시 그에게 물려준 것이다. 1697년은 회고록이 작성되기 전이므로 이와 관련된 확실한 기록을 찾아볼 수는 없다. 그러나 디아만테 캄비니의 아버지가 쓰던 이름을 자기 아들에게 물려주었다는 것은 캄비니 가문의 유산과 이름을 자신이 상속해야 한다는 레오나르도의 의무감을 반영한다. 어쨌든 어린 안토니오는 앞서 언급한 두 딸처럼 한 달 혹은 1년 만에 세상을 떠난 것이 아니었다. 그가 사망한 시점은 태어난 지 2년이 넘어서다.

올해의 마지막 날인 1704년 12월 31일 수요일, 2년하고 2개월을 채우지 못한 내 아들 안톤 마리아가 천연두에 걸려 세상을 떠났다. 그때 나는 밖에 나가 미사에 참석하여 그를 위해 기도하고 있었다. 병이 시작된 것은 그 전주 일요일 밤인 21일의 일로, 당시 천천히 열이 나다가 그다음 주 수요일에 마침내 천연두가 발병했다. 치료를 위해 준비할 때 카비치라는 의사의 도움을 받았는데, 그는 두 번째 발열이 시작되었을 때 피를 뽑을 것을 권했다. 그러나 이전에 같은 병을 앓았던 아이들 필리포 마리아, 마리아 디아만테, 마리아 안나에게도 그랬던 것처럼 피를 뽑는 일은 하지 않기로 했다. 안토니오는 메르칸티 거리의 저택에 있는 터키색 방에서 세상을 떠났고 안나 마리아라는 이름의 여성이 그때까지 아이들을 돌보았다. 안토니오는 사흘 동안 눈을 감고 있었고 세상을 떠나기 이틀 전인 월요일에 눈을 떴던 터라 병세가 좋아질 거라 생각했지만, 병은 여전히 안토니오의 몸속에 있었다. 그래서 그는 목소리도 내지 못하고 마지막에는 음식도 섭취하지 못했다. 우리가 안토니오의 병이 나아질 거라 생각했을 때, 주님께서 그를 자기 곁으로 부르셨다. 주님의 거룩한 뜻이 이루어지기를. 아이의 아버지로서 내가 느낀 슬픔은 형언할 수 없었다. 안토니오는 그 나이의 어린애에게 기대할 수 있는 모든 장점을 가지고 있었다. 주님께서 내게 아이를 주셨고 그를 다시 데려가셨는데, 이는 나로 하여금 세상에 대한 애착을 버리고 아이가 있는 천국을 갈망하게 하기 위함이었을 것이다. 주님께서 원하실 때 내가 그곳에 갈 수 있는 은혜를 허락하시기를.

1705년 새해 첫 목요일, 내 아들 안토니오를 가문에서 관리하는 산 파올로 알로르토 성당에 묻었다. 시신은 안토니오가 태어났을 때 그를 봉헌한 성 프란체스코 디 파올라의 옷을 입혀, 1.67미터 길이의 나무로 만든 관 안에 안치했다. 나는 네 명의 참사회원을 동행시켰고, 각각 4온스짜리 초를 하나씩 주었으며, 시신 주변을 밝히기 위해 반 파운드짜리 초 여섯 개를 준비했다. 주임 사제에게는 봉사에 대한 대가로 6리라를, 수녀들에게는 성당의 땅을 파는 대가로 7리라를 지급했고, 나무로 만든 관 가격으로 2리라를 정산해주었다. 그리고 안토니오를 돌봐준 여성에게는 2줄리오를 지급하고 그 밖에 다른 물건들도 주었다. 나는 안토니오가 묻힌 곳에 그를 기억하기 위한 비석을 세우기로 마음먹었다. 그것은 내가 아끼던 아들에 대한 기억의 표시이자, 너무나도 빨리 그리고 갑작스럽게 찾아온 죽음이 내게 안긴 깊은 슬픔의 표시가 될 것이다.

위에 인용된 구절에서도 감정과 계산의 결합은 어김없이 나타난다. 그에 더해 아이에 대한 기억을 남기려는 레오나르도의 뚜렷하고 두드러진 의지도 볼 수 있는데, 이는 레오나르도가 자기 아이에게 18세기 초 이탈리아에서는 전혀 일반적이지 않았던 세심한 관심을 가지고 있었음을 보여준다. 앞서 인용된 사례와는 다소 다른 유형이지만 이를 증명하는 또 하나의 증거가 발견되는데, 바로 이 비극적인 유아 사망 사건의 마지막 희생자 프란체스코 마리아에 대한 기록이다. "산 젠나로 성에서 유모와 함께 지내던" 프란체스코 마리아는 1715년 2월 만 7개월이 되었을 무렵 세상을 떠났다. 당시 레오나르도는 아이의 어머니와 마찬가지로 산 젠나로 성에 직접 찾아가지 않았다. 그는 자신의 정원사를 보내 병을 앓고 있는 아이를 돌보게 했다. 그는 이전에 안토니오가 세상을 떠났을 때처럼 분노나 슬픔을 내비치지 않았지만 이 사건으로부터 중요한 교훈을 얻었는데 그것은 바로 아이를 집 밖에서 키우는 것은 좋지 않다는 점이었다. "대단히 슬프고 아픈 경험이지만, 이를 통해 아이들을 집 밖에서 키우는 것이 결코 좋지 않다는 사실을 배워야 한다. 이런 불행한 일이 다시는 일어나지 않도록 나는 이제 아이들을 집에서 키워야 한다고 힘주어 강조했다." 이는 물론 아직 장 자크 루소의 『에밀』이 출판되기 전 그리고 유럽에서 모유 수유 캠페인이 시작되기 전의 이야기들이다. 그러나 자녀 양육에 대한 특별한 모델이 없는 상태에서도 레오나르도는 자녀를 가까이 두고 살펴야 한다는 자신의 깨달음에 충실했던 것으로 보인다. 자신의 두 딸과 가여운 프란체스코 마리아가 세상을 떠난 이후인 1718년 9월 1일 레오나르도의 마지막 딸 로사가 태어났는데, 이 아이에 대한 기록을 살펴보면 여느 남매들 때와 달리 시골로 옷가지를 보냈다는 언급은 나오지 않는다.

여자아이들

생애 초의 어려운 시기를 극복하고 성장한 자녀들에 대해 레오나르도가 얼마만큼 관심을 가졌는지는 행정적인 측면의 언급들을 통해 파악할 수 있다. 물론 주고받은 편지가 남아 있다면 더 많은 것을 알 수 있겠지만, 레오나르도가 자녀들의 교육에 신경 쓰고 있었다는 사실만큼은 행정적인 측면의 언급에서도 분명하게 드러난다. 아이들의 초등 교육은 공식적인 학교 시스템이 아니라 집에서 이루어졌다. 주로 함께 거주하는 가정교사들이 교육을 담당했지만, 부분적으로는 더 전문적인 선생들이 참여하기도 했다. 이럴 때는 아이들이 가정부나 가정교사의 손에 이끌려 선생들의 집으로 수업을 들으러 갔다. 집에서 키우던 자녀가 총 9명이나 되었던 까닭에, 이들을 교육시키는 방식은 상당히 복잡했고, 또 많은 사람이 관련되어 있었다.

예를 들어 1706년 초에는 각각 여섯 살과 다섯 살이 된 "디아만테와 마리아 안나를 가르치는 여교사들"이, 그해 말에는 마리아 안나와 그녀보다 한 살 어린 자매 마리아 코스탄차를 가르치는 여교사들이 있었다. 1712년 말에서 1713년 초 사이에 일곱 살이 된 조반니 바티스타는 카라멜리 선생의 집에 다니면서 라틴어를 배웠다. 14세가 된 필리포 마리아는 "그림을 배우기 위해 울리보 부초니 선생의 집에" 다녔고, 좀더 지난 1714년 6월에는 13세가 된 마리아 안나에게 음악을 가르친 잔넬리 선생에 대한 기록도 있다. 1721년 12월 6일 레오나르도는 언제나 그랬듯이 사업과 개인적인 관심사가 결합된 활동을 했다. 그는 피렌체에 있는 코시모 치아티 신부에게 "자신의 학업을 위해서 필요하다고 했던" 20리라를 무이자로 대여했고, "우리 저택 옆에 있는 작은 집"을 월세 3리라에 임대했다. 그리고 양측의 합의하에 "신부에게 우리 식탁에서 식사를 제공하는 대신 그가 우리 아이들을 학교까지 동행해주고 또 필요한 곳에 데려가 덕德을 가르치기로 했다". 당시 남자 아이들 중 가장 어린 안토니오 마리아가 아홉 살이 되었을 무렵이다. 여자아이들 중 가장 어린 로사는 세 살이었는데, 불과 몇 주 전 "처음으로 맞은편 집에 거주하는 선생에게 배우러 다니기 시작했다". 로사가 자신만의 선생을 갖게 된 것은 그로부터 몇 년이 흐른 1727년 3월 3일이 되어서였다. "나는 성직자인 조반니 도메니코 마소니를 채용해 로사에게 읽기와 쓰기 그리고 좋은 품성을 가르치도록 했고, 그 대가로 매달 급여를 지급하기로 했다." 지금까지 소개한 조각 난 이야기들을 한데 모아본다면 아이와 선생들이 북적이는 친근하고 따뜻한 분위기가 연상되지만, 이러한 이야기 속에도 역시—장례식의 회계에 대한 기록과 마찬가지로—경제적 계산과 자녀들에 대한 애정이 뒤섞여 있다는 점을 염두에 두어야 한다. 다시 말해 레오나르도가 자녀들의 성장과 교육에 대해 세심한 관심을 기울였다고 해서, 그들로 하여금 장차 가문의 번영을 위해 각자에게 주어진 역할을 하도록 만들겠다는 레오나르도의 결심이 약해졌다고 볼 수는 없다. 실제로 우리가 방금 유년기 교육에 대해서 알아본 네 명의 여자아이 가운데 막내를 제외하고, 1699년에서 1701년 사이 한 해 간격으로 태어난 세 명, 즉 디아만테, 마리아 안나, 콘스탄차는 모두 수녀원에서 생을 마감한다.

레오나르도의 장녀 디아만테 캄비니는 위에서 언급된 선생들과 함께 공부한 후, 1707년 4월 29일 이전 그러니까 8세가 채 되지 않은 나이로 자신의 이모들이 머무르던 피사의 산타 마르타 수녀원에 들어가 교육을 받았다. 레오나르도는 자신의 처제뻘 되는 루스키 가문의 수녀들을 언제나 친절하게 대했다. 그로부터 6개월이 지나자마자, 그러니까 디아만테가 여덟 살이 조금 넘었을 무렵 그녀는 피렌체의 산 피에르 마조레 수녀원으로 보내져 모렐리 가문의 수녀들과 생활하게 되었는데, 다시는 돌아오지 못했다. 그로부터 7년이 지난 1714년 10월 11일 그녀는 수녀로 서원을 했다. 이것이 그녀에 대한 레오나르도의 마지막 언급 가운데 하나다. 이후 회고록에서 그녀의 이름은 소액의 돈이나 초콜릿을 보내는 대상으로 몇 차례 더 등장하지만, 이는 루스키 가문의 수녀들에 대해 레오나르도가 보이곤 했던 '갈랑트리galanterie'* 와 크게 다를 바 없는 것이었다. 디아만테보다 두 살 어린 여동생 코스탄차는 열한 살이 되었을 무렵까지도 피사에 남아 가정교사와 함께 공부하고 있었는데, 결국 그녀 역시 피렌체의 산 피에르 마조레 수녀원으로 들어가게 된다. 코스탄차는 디아만테가 앞서 밟은 삶의 경로를 따른 것이 분명하지만, 디아만테와 견주면 레오나르도의 기록에서 그녀의 이름이 언급되는 횟수는 훨씬 더 적다고 할 수 있다. 피렌체에서

* 18세기 사교 문화의 확산과 함께 나타났던 현상으로, 여성에 대한 예의를 강조하고 여성의 환심을 사려는 태도를 뜻한다.

수녀로 생활하고 있던 1729년 코스탄차는 이미 스물여덟 살이었다. 그녀가 수녀 서원을 한 것은 아마 1718년에서 1721년 사이의 일로 추정된다. 그러나 이 기간에 있었던 일은 회고록의 다섯 번째 권에 기록되었을 테고, 앞서 언급했듯이 다섯 번째 권은 오늘날 소실되어버리고 말았다. 디아만테와 코스탄차 사이의 또 다른 자매 마리아 안나의 행적에 대해서 알 수 있는 게 많지 않은 이유도 바로 이 때문이다. 마리아 안나는 1700년에 태어났고, 일곱 살이 되던 1707년 10월 30일 산타 마르타 수녀원에 들어가 루스키 가문의 수녀들과 함께 생활했다. 앞서 살펴봤던 것처럼 13세가 되던 해에 마리아 안나에게는 음악 선생이 있었지만 그녀가 수녀원 밖에서 음악을 배웠다는 언급은 나오지 않는다. 마리아 안나는 적어도 1723년 5월부터 1726년 초까지 피렌체의 산 도메니코 수녀원에서 수녀로 생활했던 듯하다. 같은 해 5월 그녀는 레오나르도에게 동료 수녀 마리아 루이사 지라르디가 세상을 떠났다는 소식을 알렸다. "신실한 종교인이자 우리 가문에 큰 애정을 가지고 있는 귀족 여성"으로 묘사되는 그녀는 산 도메니코 수녀원에서 레오나르도의 조력자였던 게 틀림없다. 레오나르도는 루스키 가문의 수녀들과 모렐리 가문의 수녀들에게 그랬듯이 마리아 안나에게도 소액의 돈과 '갈랑트리', 더 정확히 말하자면 설탕을 선물로 제공했다. 그리고 한번은 마리아 안나가 광주리에 무언가를 담아서 레오나르도에게 보냈고, 그로부터 빈 바구니를 돌려받았다.

무엇보다 안타까운 일은 우리가 세 소녀의 수녀원 생활을 더 상세하게 재구성할 수 없다는 것인데, 그녀들에 대한 레오나르도의 태도는 그러잖아도 이해하기가 어렵기 때문이다. 어린이나 청소년기의 여성을 평생 수녀원에 감금하는 일에 대해 우리가 혐오감을 느끼는 것은 당연하지만, 오늘날 우리의 것과는 매우 다른 또 다른 세계의 문화, 즉 종교적 소명을 따르는 일이 그리 특별하게 여겨지지 않던 문화 속에서 일어난 일임을 염두에 둘 필요가 있다. 게다가 어린아이, 그것도 나이가 매우 어린 아이의 의식은 마치 밀랍과도 같아 권위 있고 전제적 권력을 가진 어른에 의해 아주 쉽게 조형될 수 있다. 만초니는 급진적인 가톨릭 계몽주의 성향의 작가였음에도 우리에게 수녀원 생활의 사회적 맥락을 명확하게 보여주었다. 그는 선택의 가면을 쓴 희생의 부당함에 대하여 제르트루데*와 동시대의 실제 수녀들이 냈던 항의의 목소리를 찾아 연구했다. 디아만테, 코스탄차, 마리아 안나의 목소리는 오늘날 단 한마디도 남아 있지 않지만, 그들에게 종교적 소명이 전혀 없었다고 생각하는 것은 그들의 수녀원 생활을 아버지인 레오나르도가 몰두했던 가문의 번영 및 영속이라는 계획과 분리해서 생각하는 것과 마찬가지로 어리석은 일이다. 레오나르도가 자신의 딸들을 수녀원에 보냈다는 것만으로 그를 감정이 얼어붙은 괴물처럼 생각할 수도 없는 노릇이다. 비록 레오나르도가 자기 딸들을 피렌체의 수녀원에 가둠으로써 가족과 멀리 떨어지게 만들었더라도, "내 딸을 신에게 바친다"는 그의 표현은 오늘날 우리의 세속화된 감수성에 비추어 이해되는 것보다 훨씬 더 진지하게 그리고 문자 그대로 받아들여져야만 한다.

한편 앞서 언급했던 기록의 부재 때문에 우리는 여자아이들의 삶

* 만초니의 『약혼자』 속 등장인물.

과 관련된 레오나르도의 선택이 계획에 따른 것이었는지 아니면 어떤 우연적인 요소들에 의한 것이었는지 알기 어렵다. 레오나르도의 둘째, 셋째 딸이 수녀가 되었을 무렵 막내딸 로사가 이미 태어난 상태였는지, 그리고 그녀가 성장하면서 생존할 가능성이 충분히 있었는지에 대해서도 우리는 알지 못한다. 막내딸 로사는 1718년 9월 1일에 태어났고, 결국 레오나르도의 딸들 가운데 유일하게 결혼했지만, 이미 어린 시절부터 레오나르도가 그녀를 결혼시킬 계획이었는지 여부는 불분명하다. 로사의 청소년기에 대한 기록은 그녀의 자매들에 대한 기록보다 훨씬 더 상세하지만, 그럼에도 불구하고 레오나르도가 내린 결정 뒤에 숨겨진 심리적 요인을 파악하는 것은 대단히 어려운 일이다.

앞서 우리는 로사가 세 살이 되던 1721년과 여덟 살이던 1727년 초 피사에서 두 명의 선생에게 교육을 받았다는 사실을 살펴보았다. 두 시기 사이, 즉 1726년 3월 로사는 열여덟 살이 된 자기 언니 마리아 안나가 있는 피렌체의 산 도메니코 수녀원에 들어갔다 돌아온 후, 1728년 4월 다시 한번 같은 수녀원으로 보내졌다. 수녀원에 들어간다는 것이 반드시 수녀원에서 평생을 보내야 한다는 뜻은 아니었다. 마리아 안나 역시 어린 시절 산타 마르타 수녀원에 들어간 적이 있지만 이후 수녀원에서 나왔다가 결국 다른 수녀원으로 다시 들어갔다. 로사는 적어도 1730년 5월까지 피렌체에서 지냈던 것으로 보인다. 한 가지 확실한 점은 이 기간에 레오나르도가 그녀에게 평소보다 더 많은 선물, 즉 그녀가 쓸 현금과 교육비뿐만 아니라 진주 목걸이, 푸른 보석이 박힌 금반지 등을 보냈다는 사실이다. 1733년 열네 살이 된 로사는 다시 수녀원 밖에 머무르고 있었다. 카프로나에서 가족과 함께 새해를 보냈고, 3월 14일 토요일에는 대사大赦를 받기 위해 아버지와 함께 마차를 타고 피사에 있는 산 피에로 아 그라도 성당에 갔다. 고대에 건축된 성당으로 피사 시내와 바닷가 사이에 위치하고 있었다. 4월 19일에는 레오나르도에게 2체키노를 받아 "치마와 상의를 만들기 위한 천을 구입했다". 아마 당시 로사는 이제 70세에 가까운 레오나르도의 애정을 한 몸에 받고 있었을 것이며, 어쩌면 레오나르도가 그녀를 단지 수녀원에 보내는 것이 아닌 그녀의 미래와 관련하여 뭔가 다른 것을 준비하고 있었을지도 모른다. 그러나 어쨌든 이어지는 사건들로 미루어보건대 우리는 이에 대해 확실한 답을 얻을 수 없다.

그중 첫 번째, 1733년 8월에 일어난 사건은 다소 당황스럽기까지 하다. 이날 레오나르도는 피사에 있는 산 로렌초 수녀원의 점심 식사에 초대를 받았다. 레오나르도의 조카뻘 되는 에드비제 루스키가 수녀원장으로 있던 곳이다. 그는 로사를 수녀원에 둔 채, 저녁에 다시 만나기로 약속한 후 해상 영사회Consoli del Mare* 회의에 참석했다. 그러나 그가 돌아왔을 때 수녀원의 문은 닫혀 있었다. 레오나르도는 길에서 수녀원의 관리인을 만났고, 로사가 수녀원에 남아 있다는 대답을 들었다. 로사가 자발적으로 수녀원에 남길 원했는지는 확실히 알 수 없지만, 이에 대해 레오나르도가 강한 반감을 가졌던 것만은 분명해 보인다. 어쨌든 열흘 후 레오나르도는 넉 달 치 교육비에 해당되는 4스쿠도의 금액을 "마지못해" 수녀원에 지급했다. "[수녀원 입회가] 내 의지나 동의 없이 일어난 일이므로 내가 책임질 필요가 없다고 생각했다.

* 해상 무역과 관련된 법적·행정적 문제를 다루기 위해 15세기 피렌체에 설치된 기관. 주로 항해, 선박, 선원의 안전 및 복지와 관련된 규칙과 규정을 만들고 집행했다.

그러나 모든 것이 주님의 뜻대로 이루어지기를 바란다." 레오나르도는 로사를 산 로렌초 수녀원에 보내고 싶어하지 않았다. 그렇다고 해서 로사가 수녀원에 들어가는 것 자체를 싫어했다고 볼 수는 없다. 어쨌든 1734년 초에도 로사는 여전히 산 로렌초 수녀원에 머무르고 있었는데, 그해 6월 레오나르도는 죽음이 임박한 아내가 로사를 볼 수 있도록 그녀를 "수녀원에서 데리고 나왔다". 1734년 5월 24일 월요일에 기록된 내용에 따르면, 레오나르도는 시 의원이었던 리치와의 대화를 회상한다. 리치는 그에게 "피렌체에 있는 누오보 수녀원 혹은 콘체치오네 수녀원이라고도 불리는 곳에 대해" 좋은 말들을 했다. 그에 따르면 "그 수녀원은 매우 부유했으며, 마갈로티가 남긴 유산 덕에 그곳에 들어가려는 가난한 귀족 소녀들이 지참금을 보조받을 수 있었다".

로사는 전혀 가난하지 않았다. 그리고 어쨌든 그녀는 콘체치오네 수녀원이 아니라 언니 마리아 안나가 있는 산 도메니코 수녀원에 여전히 머물렀다. 1734년 10월에는 당시 22세가 된 오빠 안토니오 마리아가 "많은 짐"과 함께 로사를 산 도메니코 수녀원에 데려다주었다. 그리고 1735년 4월 15일 금요일 레오나르도가 회고록에 기록한 내용은 지난 몇 달 사이 로사의 운명이 결정적인 전환점을 맞이했음을 암시한다. 레오나르도는 지난 10월 로사가 가져갔던 "많은 짐"의 목록을 나열하면서, 그녀가 "산 도메니코 수녀원에 들어가 수녀가 되려 했다가 나중에 마음을 바꿨다"는 사실을 언급했다. 이 문장의 마지막 부분은 주어를 알 수 없다. 즉, 마음을 바꾼 것이 로사인지 레오나르도인지 아니면 둘 다인지 확실하지 않다. 어쨌든 그로부터 몇 주가 지난 시점에 로사는 더 이상 산 도메니코 수녀원이 아닌 두 명의 언니가 있는 산 피에르 마조레 수녀원에 머무르고 있었다. 그러나 1년 남짓 머문 뒤 로사는 영영 수녀원을 떠나는데, 바로 1736년 10월 결혼을 하게 되었기 때문이다.

회고록을 읽어가는 독자 입장에서 볼 때, 로사의 결혼 소식은 매우 갑작스럽게 느껴진다. 결혼 계획이나 협상 과정에 대한 어떠한 언급도 나오지 않기 때문이다. 사실 이러한 정보들은 회고록보다는 사적인 편지에 기록되어 있을 텐데, 이에 대해서는 약 300년 전 피렌체의 귀족 여성 알레산드라 마칭기 스트로치의 유명한 편지 내용을 떠올려볼 수 있을 것이다. 게다가 레오나르도의 회고록에서 로사의 결혼에 대한 언급은 결혼식과 축하 행사가 모두 종결된 후에야 등장한다. 레오나르도는 마치 한 명의 조난자가 뭍에 발을 딛을 때처럼 안도감을 느끼며 이렇게 기록한다. 그에 따르면 그가 로사의 결혼에 대해 기록을 남기는 이유는 "많은 불편과 걱정을 끼쳤고 적잖은 비용을 소모했던 사건에 대한 기억을 보전하고자, 어떠한 지침이나 규정이 없는 상황에서 훗날 우리 가문이 혹은 다른 누군가가 비슷한 일을 겪게 될 때 더 잘 대처할 수 있도록" 하기 위함이었다. 이어서 그는 다음과 같이 덧붙였다. "성스러운 자비로 우리를 이끌어주신 주님께 영광과 찬미를. 아멘." 이후 집에서 열린 다과 파티에 대한 내용이 이어진다. 레오나르도에 따르면, 다과 파티는 "나처럼 비용을 부담하지 않은 사람들에게는 잘된 일"이었다. 또한 카프로나의 별장에서 신랑이 제공했던 점심 식사에 대해서는 "속담에도 나오듯 테이블보를 펴는 사람이 가장 많은 비용을 부담하는 법"이라고 언급했다. 레오나르도는 신랑의 별장에서 열린 마지막 무도회에 대해서도 아무런 불평을 남기지 않았다. 레오나르도의 기록에는 사위의 인격이나 사위와 딸의 관계에 대한 어떤 언급도 나오지 않는다. 뿐만 아니라 로사의 입장에 대한 일말의 고려도 발견되지 않는다. 우리는 회고록이 아닌 다른 출처를 통해 사위가 57세의 홀아비라는 사실을 확인할 수 있을 뿐이다.

로사의 결혼에 대해서 우리가 내릴 수 있는 유일한 평가는, 이 결혼이 신중하게 계산된 선택의 결과였다는 것이다. 신랑 야코포 필리우는 리보르노 출신의 부유한 상인이자 산토 스테파노 기사단의 단원이었다. 그리고 레오나르도가 그에게 건넨 지참금 1200스쿠도 역시 적절한 금액이었다. 그러나 로사가 어떤 이유나 과정을 거쳐 자매들과는 다른 길을 걷게 되었는지, 어느 시점까지는 분명 자매들과 같은 길을 걸을 법한 상황에 놓였음에도 왜 그렇게 되지 않았는지 그 이유를 설명하는 것은 불가능하다. 다만 한 가지 말할 수 있는 것은 한 사람의 인생에서 가혹하고 극적인 운명의 선택에 대해 이야기할 때, 오늘날 우리는 개인의 행복이나 즐거움과 조화를 이룰 수 있는 것이냐의 잣대를 들이대지만, 당대 사람들은 그렇지 않았다는 것이다. 특히 레오나르도처럼 한 가문을 이끌어가는 가장은 두말할 나위 없다. 딸들의 운명을 결정하는 데 있어 레오나르도는 가문을 위해 그들을 희생시킨다고 생각하지 않았다. 그보다는 가문의 번영을 위해 각자에게 어떤 임무를 할당할 것이냐는 관점에서 판단을 내렸다. 디아만테, 마리아 안나, 코스탄차가 가족과 친구들이 있는 수녀원에서 신을 섬기고 그들의 가문을 위해 봉사했듯이, 로사 역시 결혼을 통해 다른 가문과 새로운 동맹관계를 수립하는 일과 가문의 네트워크를 확대하는 일에 기여함으로써 자신의 역할을 다한 것이다.

남자아이들

레오나르도의 아들들 가운데 다섯 명이 성년이 되었다. 필리포 마리아는 1698년, 조반니 바티스타는 1705년, 라니에리는 1709년, 주세페는 1711년 그리고 안토니오 마리아는 1712년에 태어났다. 앞서 언급했듯이 안토니오 마리아는 캄비니 가문의 유산과 함께 물려받은 이름이다. 레오나르도는 총 세 명의 아들에게 안토니오 마리아라는 이름을 붙였으며, 이미 살펴본 것처럼 앞선 두 명은 어린 나이에 세상을 떠나고 말았다. 어쨌든 다섯 아들 가운데 레오나르도가 의도적으로 성직 경력을 밟게 만들었던 것은 주세페가 유일했다. 주세페는 열두 살이 조금 넘었을 무렵 올리베탄 수도회*의 수도원장을 따라 피렌체로 보내졌다. 1725년 2월 20일 레오나르도는 다음과 같이 기록했다. "그[주세페]는 수도원의 신학생 신분으로 지내게 되었는데, 그곳에 머무는 동안 식비를 부담하지 않아도 된다. 이는 내 아들에게뿐만 아니라 우리 가문에도 좋은 기회다. 이에 대해 주님께 감사드린다." 주세페에게 주어진 기회는 로사가 수녀원에서 받던 교육과는 완전히 다른 것이었다. 행운을 만난 주세페는 이 기회를 놓칠 수 없었다. 그는 두 해가 채 지나기 전에 피사로 돌아왔는데, 그때 레오나르도는 몇 가지 생활용품 및 약간의 돈과 함께 그를 다시 피렌체의 올리베탄 수도원으로 데려갔다. 결국 1727년 9월 29일 주세페는 그곳에서 조르조라는 이름으로 수도 서원을 하게 된다. 1731년 수도사 조르조는 볼로냐의 산 미켈

* 1313년 몬테 올리베토에서 성 베르나르도 톨로메이가 설립한 베네딕트 수도회의 한 분파.

레 인 보스코 수도원으로 거처를 옮겼는데, 볼로냐를 향해 떠나기 전 자신의 상급자와 함께 피사를 방문했다. 이에 대해 레오나르도는 7월 23일 "몇 년 동안 만나지 못했기에 대단히 기뻤다"고 기록했다. 훗날 조르조가 죽음을 앞둔 레오나르도를 방문하는 일을 제외한다면 아마 이것이 둘 사이의 마지막 만남이었을 것이다. 이후 레오나르도의 회고록에서 조르조의 이름은 수도 서원을 함으로써 자신이 받을 수 있었던 유산을 포기하는 대가로 수령한 얼마 되지 않는 연금의 수령자로서만 언급되기 때문이다.

레오나르도는 또 다른 아들 라니에리에게는 크게 다른 태도를 취했다. 라니에리 역시 성직으로 진출했지만 수도사로서가 아닌 세속 사제로서였다. 라니에리가 성직으로 진출한 것은 순전히 자기 의지였으며, 심지어 아버지의 바람에 반대되는 행동이었다는 것에는 의심의 여지가 없다. 라니에리가 19세 되던 1728년 2월 5일 레오나르도는 그가 가족 곁을 떠나게 된 일에 대해 다음과 같이 기록했다. "내 아들 라니에리 마리아는 지난밤 8시경 피렌체로 떠났다. 산 피오렌초의 오라토리오회에 들어가기 위해 프로카초의 마차*를 탔는데, 이는 성스러운 주님의 이끌림에 의한 것이다. 이로 인해 나는 큰 슬픔을 겪고 있지만, 그럼에도 불구하고 주님의 뜻이 이루어지기를. 주님에 대한 사랑으로 나는 모든 것을 내놓을 준비가 되어 있으니, 그렇게 되기를." 이날의 기록에서 느껴지는 레오나르도의 어조는 그의 어린아이들이 세상을 떠났을 때와 크게 다르지 않다. 아이들의 죽음에 대한 기록에서와 마찬

* 중세 말부터 이탈리아에서 운행했던 도시 간 우편 마차. 편지나 소포뿐만 아니라 도시와 도시를 이동하는 승객을 운반하기도 했다.

가지로 피렌체까지 가는 데 드는 비용도 상세히 언급하지만, 그렇다고 해서 라니에리를 떠나보내는 고통이 진실하지 않았다고 볼 수는 없다. 레오나르도는 주세페에 비해 라니에리와 더 자주 편지를 교환했고 더 깊은 관계를 유지했다. 종종 그에게 현금뿐만 아니라 종교 서적과 여러 인문학 서적을 보냈을 정도다. 시간이 지나면서 라니에리는 레오나르도의 가장 아끼는 아들이 되었던 것이 분명한데, 이는 그의 신분이 세속 사제였던 까닭에 수도사인 주세페와 달리 가문의 일원으로서 자기 정체성을 유지하고 개인 재산을 소유할 뿐만 아니라 상속까지 받을 수 있었기 때문일 것이다. 곧 살펴보겠지만 어쨌든 평신도인 다른 형제들을 놔두고 세속 사제가 아버지의 총애를 받는 것은 대단히 이례적인 일이었다. 평신도인 세 명의 형제 가운데 둘, 즉 조반니 바티스타와 안토니오 마리아는 레오나르도의 기대와 요구를 적어도 부분적으로는 충족시키지 못했던 것으로 보인다. 물론 이들이 어떤 큰 사고를 친 것은 아니지만, 특히 경제적인 측면 그리고 부모에 대한 순종이라는 측면에서 레오나르도의 높은 기대에 완벽하게 부응하지는 못했다. 성서에 언급된 강인한 여성의 이상을 자기 아내가 실현하는 것을 보았던 레오나르도는—1734년 4월 1일의 기록에 따르면—자신의 아들들에게는 그저 "주께서 명하신 대로, 네 부모를 공경하라"*는 계율의 실행을 요구했다. 그러나 조반니 바티스타와 안토니오 마리아는 레오나르도가 혐오했던 사회적인 관계, 오락과 놀이, 연회의 기회가 점점 늘어나는 세상에서 성장했다. 레오나르도가 기록한 불만들로 판단해

* 「신명기」 5장 16절.

보건대, 결코 그들이 이런 문화에 지나치게 빠진 것 같지는 않다. 그러나 레오나르도에게는 조금이라 할지라도 이미 너무 많은 것이었다.

1725년 20세가 된 조반니 바티스타는 재단사 프리니에게 값비싼 겨울 양복을 맞추었다. 이와 관련하여 레오나르도는 10월 20일에 다음과 같이 기록했다. “나는 그 돈을 지급하지 않았다. (…) 내가 직접 보내달라고 하지 않은 물건에 대해서는 그것이 내 아들들을 위한 것이든 혹은 다른 누군가를 위한 것이든 내가 손해를 보면서 돈을 지급할 생각은 없다.” 1730년 18세가 된 안토니오 마리아도 이와 비슷한 실수를 저질렀다. 당시 레오나르도는 비용이 그리 크지 않다고 생각해 자신이 비용을 지급했지만, 6월 12일 다시 한번 자신의 원칙을 확인한다. “내 아들 안토니오 마리아가 나도 모르는 사이 재단사 트린치에게 사냥용 옷을 주문했고, 3리라를 내가 지급했다. (…) 이런 일이 다시는 일어나지 않기를 바란다. 집안에서 일어나는 일들에 대해서는 내가 알아야 한다. 내 아이들이 부모에 대한 존중을 가지고 살아가기를 바란다.” 이후에도 조반니 바티스타는 이런 유의 작은 사건을 몇 차례 일으켰다. 그리고 레오나르도는 언제나 같은 태도를 취했다. 1727년 7월 1일에 일어난 사건은 그림을 그리기 위한 종이 몇 장과 관련 있다. 얼핏 사소해 보일 수도 있지만 배송료가 꽤 많이 들었다. “내 아들 조반니 바티스타가 그림을 그리기 위한 종이 한 묶음의 배송료로 6리라 8솔도를 지급했다. 생각보다 비용이 많이 들었다. 나는 다음번에는 원하는 게 뭔지 미리 말하라고 했다. 그러면 더 좋은 조건을 찾아보고 돈을 낭비하지 않을 수 있을 것이다.” 그러나 며칠 후 레오나르도는 이 사건을 다시 떠올렸다.

> 내 아들 조반니 바티스타를 위해 로마에서 온 그림 그리는 종이 몇 장에 대한 배송료를 우체국에 지급했다. 그는 나에게 아무것도 미리 알리지 않았는데, 이건 매우 잘못된 행동이다. 이처럼 대담한 행동이 다시 일어나서는 안 된다. 이에 대해 기록을 남기는 것은 미래의 가정 경제를 잘 경영하기 위해서다. 아들들은 모든 면에서 아버지를 존경해야 한다. 기분이 좋지 않은 상태에서 배송료로 6리라 8솔도를 지급했는데, 알아두어야 할 점은 돈을 세고 난 우체국장이 1줄리오가 부족하다고 말했다는 것이다. 나는 돈을 제대로 세었고 누구를 속이려는 의도도 없었기 때문에, 1줄리오가 부족했다고는 결코 생각하지 않는다.

가장 크다고 할 수 있는 사건은 안토니오 마리아가 26세가 되던 1738년 10월 레오나르도의 뜻에 반하여 배를 타고 나폴리로 여행을 떠난 일이다. 회고록에는 이 여행이 무엇을 위한 것인지에 대한 상세한 내용은 나오지 않는다.

> 내 아들 안토니오 마리아가 이달 3일 23시 30분에 리보르노를 떠나 [이름이 누락된] 선장이 운행하는 프랑스 국적선을 탔다고 야코포 필리우가 알려왔다. 주님께서 성스러운 도움의 손길로 그와 함께하시길. 그가 떠나기 전 목요일에 나는 그를 보기 위해, 또 가능하면 그의 마음을 돌리기 위해 리보르노 근처에 있는 필리우의 별장에서 마차를 빌려 직접 찾아갔다. 피사까지 하루에 왕복했는데 마차 임대료와 마부에 대한 서비스 요금으로 7리라를

지급했다.

어쨌든 아무리 짧은 기간이라 하더라도 아들들이 여행을 떠나는 것은 레오나르도를 크게 실망시키기에 충분했다. 1740년 2월 5일 조반니는 피사에서 리보르노로 떠났는데, 이때 레오나르도는 다음과 같이 기록한다. “그는 이 여행에 대해서 나에게 아무 말도 하지 않았다. 신께서 그의 실수를 용서하시기를.” 조반니 바티스타는 당시 34세였다.

레오나르도는 자신의 아들들이 통제에서 완전히 벗어난 것에 대해 다소 과장된 생각을 하고 있었다. 레오나르도의 눈에 그들은 적어도 잠재적으로 방탕과 낭비에 빠져들 가능성이 농후했다. 그러나 대체로 그들은 스스로를 충분히 잘 통제하고 있었다. (특히 안토니오 마리아는 나폴리로 떠난 지 몇 달 후 무사히 건강한 모습으로 돌아왔다.) 한번은 조반니 바티스타가 어머니로부터 물려받은 보석을 당시 유행하는 스타일로 바꾸어 세공하고 싶다고 레오나르도에게 요청한 일이 있었다. 레오나르도는 그의 변덕스러운 요청을 들어주기로 했지만 이후 자신의 아들들이 보이는 행동 전반에 대한 자신의 엄격한 판단을 다음과 같이 기록으로 남겼다. “나는 그것을 권하지 않았다. 비용의 낭비일 뿐이기 때문이다. 나는 명예를 중시하고 신에 대한 두려움을 다른 모든 가치보다 우선시했던 과거의 관습을 따르라고 충고했다. 이 일에 대해 기록을 남기는 것은 다음 세대의 젊은이들이 자신의 재산을 소중히 여겨 오늘날 우리 시대의 사람들보다 더 현명하게 행동하기를 바라는 마음, 즉 그들이 생각하는 것처럼 명예를 가져다주는 것이 아니라 가문의 몰락을 초래하는 낭비적인 지출로부터 스스로를 지킬 수 있길 바라는 마음 때문이다."

인용한 구절은 1735년 6월 2일에 기록된 내용으로, "오늘날 우리 시대의 사람들"이란 당대의 젊은이들을 의미한다. 여기에 조반니 바티스타와 안토니오 마리아가 포함되어 있었음은 물론이다. 수도사였던 조르조와 사제였던 라니에리는 이 언급과 관련이 없다. 또 다른 아들 필리포 마리아도 마찬가지다. 그는 3년 전인 1732년 4월 10일 34세의 나이로 이미 세상을 떠났기 때문이다. 필리포 마리아의 삶에 대해서는 알 수 있는 게 많지 않다. 그는 레오나르도의 아들들 가운데 맏이였지만 회고록에서 가장 적게 언급되는 인물이기도 하다. 아마 그가 병약해서 여느 형제들과 달리 레오나르도의 일에 거의 함께하지 못했기 때문일 것이다. 다른 한편으로는 아마 레오나르도가 그에게 불만을 가지지 않았기 때문에 언급하지 않았을 수도 있다. 레오나르도는 1732년 4월 10일 목요일 필리포 마리아가 세상을 떠나기 직전이 되어서야 그에 대한 긴 분량의 기록을 남겼다. 여기에는 레오나르도의 감정과 생각이 잘 드러나 있는 까닭에, 기록된 내용 전부를 읽어볼 가치가 있다.

> 지난 목요일 오후 7시 30분경, 주님께서는 부종 때문에 다리와 온몸이 부어오른 상태에서 오랜 시간 동안 호흡 곤란으로 고통을 받고 있던 나의 아들 필리포 마리아의 영혼을 데려가기로 결정하셨다. (…) 필리포 마리아가 세상을 떠난 것은 그가 잠시 침대에서 일어나 화장실을 다녀온 후였다. 하녀인 카데리니의 도움을 받아 침대로 돌아왔을 때, 그는 왼쪽 다리에서 특히 심하게

나타난 부종 때문에 불안을 느끼고 있었다. 나는 통풍으로 인한 통증이 느껴져 침대에 누워 있었고, 그의 어머니 보나는 미사에 참석하고 있었다. 필리포 마리아는 모두들 어디에 있는지 물었고 약간의 수프와 보존식품을 섭취했다. 보나가 돌아온 후 그는 어느 정도 평온한 시간을 보냈다. 그가 세상을 떠나기 직전 하녀 카테리나는 잠깐 쉬려고 자리를 비운 상태였고 보나만 곁에 있었다. 그러자 그는 다시 불안에 사로잡혔고, 그에게 죽음이 다가오는 것을 느끼자 더 이상 마음의 고통을 견딜 수 없었던 보나는 카테리나를 다시 자리로 불러왔다. 교구 사제를 불렀지만 도착이 늦었던 탓에 그녀는 하녀 카테리나와 하인 주세페 벨루치의 도움으로 아들의 영혼을 하늘로 돌려보냈다. 시선은 하늘을 향해 있었으며 고통의 흔적은 찾아볼 수 없었다. 사제가 제시간에 도착했는지는 잘 모르겠지만, 어쨌든 그의 죽음은 그의 삶과 같았다. 순결하고 선한 크리스트교 신자답게 그는 부모에게 순종했고, 다른 이에게 화내는 일이 없었다. 신을 섬기는 데 열심이었으며, 이웃에 대한 사랑, 특히 가난한 이들에 대한 사랑이 가득했다. 그는 우르술라 형제회에 애착을 가지고 있었을 뿐만 아니라 (…) 성모 마리아와 연옥에 있는 영혼 그리고 거룩한 성체 성사에 헌신적이었으며, 매일 저녁 특별한 일이 있지 않은 한 성체를 모시기에 앞서 기도를 드렸는데, 때로는 한 시간 동안 그곳에 머물렀다. 그는 선한 이들과 교제하며 때때로 함께 시간을 보냈고, 악하거나 부도덕한 이들과는 거리를 두었다. 그는 재산에 크게 집착하지 않았지만 가문이 조금씩이나마 나아지길 원했다. 그는 자신의 일에 매우 성실했다. 또한 성서를 몹시 아껴 거의 항상 자기 방에 두고 있었기에 신에 대한 사랑을 실천하기에 충분한 지식을 갖추고 있었다. 그는 자신의 형제들이 선한 사람이 되기를 원했고, 그들에게 도움이 되는 조언을 주었다. (…) 출산 당시의 기록에 따르면 그는 1697/8년 2월 12일 수요일 밤 10시 45분에 태어났다. 그는 태어났을 때부터 세상을 떠나는 날까지 총 34년 1개월 29일 동안 항상 갓 세례를 받은 것처럼 지극히 순결한 마음으로 살아왔다. 그의 삶은 선한 삶의 모범이었으며, 도시에 있는 대다수의 사람이 그의 죽음을 슬퍼했다. 나는 아버지로서, 내가 그토록 아끼고 사랑했던 아들을 잃은 슬픔에 빠져 이 기록을 남긴다. (…) 이번 금요일 11일 아침 나는 그의 시신을 우르술라 형제회에 인도했다. 이미 그 전날부터 몸을 씻기고 우르술라 형제회의 옷으로 갈아입힌 상태였다. 그의 시신은 그가 원한 대로 싱 라니에리노 성당으로 옮겨졌다. (…) 두오모*에서 장례식이 끝난 후, 시신은 우르술라 형제회에 의해 캄포산토**로 옮겨졌고, 그곳에서 다시 몇몇 의식을 거행한 뒤 캄포산토 안에 있는 우르술라 형제회의 묘소에 안치되었다. (…) 그 밖에 더 언급되어야 할 내용은 그가 어린 시절부터 미술에 관심이 있었으며, 관련 교육을 충분히 받았지만 허약한 체질 탓에 미술을 계속할 수 없었다는 것이다. 그는 지리학에도 능통했으며, 음악에도 소양이 깊었다. 아치류트, 기타, 하프시코드를 능숙하게 연주했다. 그는 여러 언어를 다루

* 피사 대성당을 가리킨다.

** 피사 대성당 인근에 위치한 중세의 공동묘지.

었고 앞서 말했던 것처럼 성서에도 익숙했다. 그는 젊은 나이에 세상을 떠났지만 솔직히 말하자면 다른 이들보다 더 긴 인생을 살았던 셈이다. 왜냐하면 그는 우리의 본보기가 되는 삶을 살았기 때문이다. 주님을 찬미하며, 이 큰 슬픔과 괴로움이 주님께 영광이기를.

그로부터 얼마 뒤 세상을 떠나게 되는 보나에 대한 기록과 마찬가지로, 필리포 마리아에 대한 기록 역시 후대에 교훈을 남기기 위한 회고록의 목적에 부합하게 등장한다. 이 기록의 후반부에서 필리포 마리아는 실제로 존재했을 법하지 않은 성인의 이미지로 묘사된다. 레오나르도가 언급했던 것처럼, 30세가 넘은 나이에 "갓 세례를 받은 것처럼" 신실하고 순결한 마음을 유지하는 게 과연 가능한지도 의문스럽다. 어쨌든 레오나르도의 기록에서 우리 시선을 사로잡는 것이 아들의 죽음에 직면하여 그가 보이는 냉정한 태도가 아님은 분명하다. 오히려 그가 느끼는 고통에 대한 묘사가 우리 마음을 아프게 만든다. 그러나 그보다 인상적인 점은 기록에서 "그"라고 표현되는 "어린" 필리포 마리아의 미술과 음악에 대한 취향이 마지막 부분에 등장하는 것을 제외한다면, 그의 신체적 특징이나 도덕적 성향에 대한 언급을 찾아볼 수 없다는 것이다. 필리포 마리아에 대한 모든 언급은 정형화되어 있다. 레오나르도의 마음속에서 그의 아들 필리포 마리아는 앞서 살펴보았던 아내 보나와 마찬가지로 구체적 개성을 가진 하나의 인격체로서가 아니라 가문 구성원으로서의 역할을 잘 수행했던 존재로 기억되고 있었다.

가문의 미래

레오나르도가 지녔던 가족에 대한 관념 그리고 가족 구성원과의 관계는 가문에 대한 자신의 열정을 실현하기 위한 그의 마지막 행동, 즉 그가 남긴 유언 속에서 모두 다시 찾아볼 수 있다. 그의 유언을 제대로 이해하려면 근대 토스카나의 상속 관행에 대해 잠시 살펴볼 필요가 있다. 우선 딸들은 결혼할 때나 수녀 서원을 할 때 지급된 지참금으로 인해 이미 자기 몫을 분배받은 것으로 간주되어 일반적으로 상속에서 배제되었다. 반면 아들들은 모두 동등한 권리를 가지고 상속에 참여했다. 레오나르도의 상속에 참여했던 아들은 총 세 명이었다. 조르조라는 이름으로 수도 서원을 한 주세페는 상속에서 배제되었고 세속 사제였던 라니에리는 장자인 조반니 바티스타, 안토니오 마리아와 함께 상속에 포함되었다. 가문의 이름과 유산을 영속시킨다는 관점에서 볼 때 물론 라니에리가 가장 중요성이 떨어지는 아들이었다. 세속 사제의 신분으로 적자嫡子를 낳을 수 없어 가문의 혈통을 계승하는 일에 동참할 수 없었기 때문이다. 다른 한편으로 그는 가문의 유산이 쪼개지는 일을 가중시키게 될 것이었다. 그럼에도 불구하고 라니에리는 앞서 살펴봤듯이 레오나르도의 기대에 가장 부합한 아들이었고, 그래서 레오나르도가 가장 아꼈다. 이러한 배경을 알지 못하는 사람에게는 레오나르도의 유언에 따라 라니에리가 맡게 된 역할이 지나치게 큰 책임으로 느껴질 수도 있을 것이다.

레오나르도는 75세가 되던 1737년 9월 27일 피렌체로의 마지막 여행 중에 있었고, 산 마르코 수도원에 들러 자신의 유언을 남겼다. 당시 레오나르도는 피렌체를 가리켜 자신의 "고향"이라고 칭했는데, 이처럼 이미 멀어진 과거로 회귀하려는 마음, 즉 자신의 뿌리로 돌아가려는 마음이 되살아났던 까닭에 그는 피렌체에서 죽음을 맞이하고 산 마르코 수도원에 있는 자신의 "선조 캄비니 가문의 묘지에" 묻혀 "캄비니 가문의 후손으로서 자신의 정체성을 재확인"하려는 생각까지 하게 된다. 물론 이런 생각이 자기 삶을 전반적으로 되돌아보고 내린 깊이 있는 판단은 아니었을 것이다. 레오나르도는 가문의 유산으로 분류되지 않은 일반적인 물건들을 매우 간단하고 빠르게 분배했지만, 가문의 유산을 상속하는 문제에 있어서는 다소 복잡하고 우회적인 방법을 택했다. 그는 유산을 신탁유증하기로 결정하고 세 아들, 즉 조반니 바티스타, 라니에리, 안토니오 마리아를 상속인으로 지명했다.

> 조반니 바티스타, 주세페, 그리고 안토니오 마리아에게 같은 비율로 상속하며, 상기 유산을 신탁유증하여, 그들이 세상을 떠난 뒤 그들 각각의 아들들 그리고 그 아들들의 아들들에게, 이렇게 더 이상 친자인 동시에 적자인 후손이 없을 때까지 무한대로 가문 내에서 마지막으로 세상을 떠난 이와 누가 더 가까운 친척인지에 따라 상속인을 대체하도록 한다.

레오나르도는 자신이 가진 재산을 셋으로 분할하여 세 아들에게 상속했지만, 이전 캄비니 가문으로부터 물려받았던 산탄드레아 디 카프로나의 농장만큼은 예외였다. 레오나르도는 "유언자[레오나르도]에게 언제나 순종했고 존경심을 표했던" 사제 라니에리에게 평생에 걸쳐 효력이 지속되는 이 농장의 소유권 및 용익권을 양도했다. 이로써 라니에리는 대단히 민감한 책임을 떠안게 되었다.

> 나의 사랑하는 아들 라니에리 마리아에게 라니에리 마리아 본인이 세상을 떠난 후 해당 농장을 가문 구성원 가운데 한 명, 즉 유언자의 형제 혹은 자식들 가운데 한 명에게 양도할 권리가 있음을 다시 한번 명확히 밝힌다. 양도 대상은 가문의 구성원이 또 다른 가문의 구성원 혹은 귀족 출신의 배우자와 결혼하는 경우에 한정한다. 만일 귀족 출신의 배우자와 결혼한 이가 둘 이상이라면 나이가 더 많은 사람이 우선권을 갖는다. 그러나 양도 대상이 자신보다 낮은 계층, 비천한 출생의 배우자와 결혼한다면 그 즉시 재산을 잃으며 판사의 판결이 없더라도 재산은 자동으로 다른 사람에게 양도된다. 이렇게 함으로써 재산을 양도받는 사람은 유언자의 의지, 즉 가문의 영광, 품위 그리고 귀족으로서의 자격을 유지하게 만든다.

레오나르도는 결국 아들에게 유산을 상속하는 토스카나의 상속 관행을 따르면서, 평신도 신분이었던 두 자녀가 모두 결혼할 경우에 대비해 한 명의 아들에게 다른 아들들보다 더 많은 유산을 상속시킴으로써 (유산의 분열이나 가문의 약화와 같은) 파괴적인 결과에 이를 가능성을 근본적으로 차단하는 방법을 선택한 것이다. 사실 이런 방법은 흔히 찾아볼 수 있었다. 예를 들어 18세기 볼테라에서는 이 같은 방법이 대단히 체계적으로 실행되었다. 레오나르도 역시 특유의 꼼꼼함과 세심함 그리고 일관된 원칙을 가지고 이런 방법을 실행했다. 조반니 바티스타와 안토니오 마리아 둘 다 가문의 후계자로서 그를 만족시키지 못한 탓에, 그는 조반니 바티스타에게 너무 많은 재산을 상속하지 않고 또 지나친 자유를 허락하지 않음으로써 그가 잘못된 결정을 내릴 가능성을 줄이는 동시에 자신이 적절한 후계자라고 여겼던 자녀, 즉 라니에리를 통해 그의 행동을 통제하려 했다. 라니에리의 종교적 소명은 애당초 레오나르도의 계획에 들어 있지 않았다. 라니에리는 세속 사제가 됨으로써 가문 경영의 주변부로 밀려났지만 그럼에도 불구하고 레오나르도는 여전히 그가 가문을 가장 잘 이끌어 갈 수 있는 아들이라고 생각했다.

라니에리에게 맡겨진 역할이 어떤 성격의 것이며 얼마나 중요했는지는 유언장에 언급되어 있는, 오늘날에는 추적이 불가능한 "유언자가 보유하고 있던 실제 자산"과 관련된 "메모"의 수신자였다는 사실로 확인된다. 이 "메모"는 유언장을 작성하기에 앞서 준비된 별도의 문서였다. 레오나르도는 오로지 라니에리에게만 이 문서를 남겼는데 거기에는 레오나르도 자신이 캄비니 가문의 유산을 상속받고, 이를 보전하는 한편 새로운 자산의 매입을 통해 이를 확장해나가는 과정이 요약되어 있다. 레오나르도는 라니에리가 세속 사제의 신분이라고 해서 상속에서 배제되는 것이 아니라는 점과 그가 상속받을 유산이 피렌체에 있는 부동산에만 국한되지 않는다는 점을 강조했다.

> 피렌체의 라르가 거리에 있는 저택은 캄비니 가문이 남긴 유산의 일부로, 나의 후손인 그[라니에리]에게도 다른 형제들과 같은 몫

으로 분할된다. 이 저택은 유언장에 디아만테의 명의로 기재되어 있으며, 다른 형제들은 유산 분할을 포기하지 않는 한 그에 대한 이의를 제기할 수 없다. 나는 추가적인 세금을 피하기 위해 모든 자산을 그의 어머니(보나) 명의로 이전했지만, 실제로는 다른 형제들과 마찬가지로 그가 3분의 1을 상속받을 권리가 있다. 계약서에 명시되었듯이 이 저택은 내 돈으로 구입한 것으로, 그는 어머니로부터 비용을 회수하기 위해 언제든 법적 조치를 취할 수 있다. 만일 그의 형제들이 우선권을 주장하려 한다면 그들은 내가 지급한 가격만큼을 지급해야 하며, 이 금액은 그들이 상속받을 유산에서 공제될 것이다. 나는 캄비니 가문의 유산을 신탁유증 받기 위한 소송에 막대한 돈을 지출했다. 따라서 신탁유증의 수혜자들이 신탁유증 받은 자산에 대한 내 결정에 문제를 제기한다면, 나는 그들로부터 해당 비용을 회수할 권리가 있다. 내가 가지고 있는 그의 어머니의 지참금 2000스쿠도는 그에게도 다른 형제들과 같은 몫으로 분할된다. 볼로냐의 산 피에르 인 보스코 수도원에 있는 올리베탄 수도회의 수도사이자 그의 형제인 돈 조르조는 종교적 소명을 선택하며 상속 포기 선언을 했기에 연간 12스쿠도를 받게 되며, 다른 상속 재산에 대해 추가적인 요구를 할 수 없다. 법적 분쟁이 생기지 않도록 이 금액은 그에게 정확히 지급되어야 한다.

이 메모에는 조반니 바티스타와 안토니오 마리아가 행여 상속에 대해 이의를 제기할 상황에 대비하여, 산탄드레아 디 카프로나의 농장에 대한 라니에리의 소유권 및 용익권을 선제적으로 방어하기 위한 내용이 담겨 있다. 또한 수도사 조르조에 대한 약속*과 관련하여, 라니에리에게 윤리적인 측면에서 장남으로서의 역할을 부여하고 있는데, 이는 라니에리가 차남이자 성직자라는 이중의 불리한 조건을 지녔던 터라 더 큰 의미를 갖는다.

레오나르도는 라니에리에게 형제들 사이의 중재자 역할을 부여한 것이 아니라 형제들 가운데 가장 뛰어난 인물로 그를 선택했던 것으로 보인다. 1742년 1월 20일, 즉 세상을 떠나기 전날 레오나르도는 유언장에 부록 형식의 내용을 덧붙였는데 여기서 그는 라니에리를 "사랑하는 아들"로 언급하면서, 1000스쿠도를 남기는 동시에 유언 집행자로서 그의 역할을 명확히 했다. 이는 개인적인 이익을 넘어서 가문의 이익, 즉 "가문의 영광과 품위 그리고 귀족적 전통"을 위한 것이었다. 또한 외적인 조건에 따르는 것이 아니라 라니에리의 특출한 개성에 의존하는 대단히 이례적인 방식이었다. 레오나르도가 내린 결정을 통해 우리는 그의 강인하고 독창적인 성격을 엿볼 수 있다. 그는 전통적인 상인 귀족의 삶을 살았지만 형식에 얽매이지 않는 인물이었다.

레오나르도가 라니에리에게 품고 있던 감정의 기저에는 가문의 이익과 개인적인 애정이 서로 떼려야 뗄 수 없는 관계에 있었다. 레오나르도는 다른 자녀들보다 라니에리에게 더 큰 애정을 품고 있었는데, 그것은 라니에리의 개인적인 성격이 가문을 번영시키는 데 가장 적합했기 때문이다. 레오나르도는 아내의 모습과 성인이 된 자녀의 모습을

* 매년 12스쿠도를 지급하기로 한 것.

회상하면서 그들의 개인적인 성격보다는 가문의 미래를 위해 각자에게 주어진 역할을 얼마나 잘 수행하는지에 초점을 맞추었다. 이는 말하자면 마치 가문에 대한 애정을 신탁유증하는 것처럼 보이기도 한다. 자신의 죽음을 눈앞에 두었을 때 레오나르도가 라니에리에게 특별한 애정을 보인 것은 결국 가문의 이익을 도모하고 신탁유증 받은 자산을 보전하는 데 있어 가장 적합한 인물로 그를 선택했음을 의미한다. 훗날 벌어질 사건들은 레오나르도가 현명한 결정을 내렸다는 사실을, 그리고 비록 조반니 바티스타와 안토니오 마리아에 대한 불신이 지나쳤다 하더라도 라니에리에 대한 그의 신뢰는 충분히 값진 것이었음을 보여준다.

안식

1742년 1월 24일 레오나르도는 카프로나에 있는 자신의 별장에서 79세에 가까운 나이로 세상을 떠났다. 조반니 바티스타, 안토니오 마리아, 수도원에서 달려온 주세페, 즉 조르조 수도사 그리고 리보르노에서 온 로사가 임종을 지켰다. 수녀가 된 세 딸은 그의 곁에 있지 않았고 라니에리는 장례식을 준비하기 위해 이미 피사에 가 있던 상태였다. 장자였던 조반니 바티스타가 다른 형제들을 대신해 회고록의 마지막 권에 레오나르도의 죽음에 대해 기록했다. 투병생활을 시작하기 직전에 레오나르도는 책의 세목과 함께 다음 세 가지 내용을 기록할 시간을 가질 수 있었는데, 수녀이자 제부였던 제피라 루스키의 죽음,

포도주 제조 그리고 임대료 지급과 관련된 내용이다. 아래는 그의 죽음에 대한 기록이다.

> 1742년 1월 24일 수요일 우리의 사랑하는 아버지 레오나르도는 오래전부터 카프로나의 별장에서 통풍으로 고생하고 있었다. 가슴에 심한 통증이 있는 상태에서 감기까지 겹쳐 그의 건강은 급격히 악화되었고, 우리는 그의 건강이 회복되리라는 희망을 가질 수 없었다. 교구 사제 체사레 본치아니니가 그에게 모든 성사를 주었고 죽음까지 함께했다. 그는 우리 세 형제, 즉 조반니 바티스타, 안토니오 마리아, 올리베탄 수도사 조르조 그리고 우리 자매 로사를 마지막으로 축복했다. 19시경 전능하신 신께서 아버지를 부르심으로 그의 선행, 특히 가난한 이들에게 베풀었던 자선에 대한 보상을 주셨다. 그는 78년하고 11개월을 살았으며, 여러 해 동안 해상 영사의 직무를 충실하게 수행했다. 사제이자 우리의 형제 라니에리가 전하는 말에 따르면 아버지는 캄포산토 혹은 우리 어머니 보나와 함께 산 크리스토포로 성당에 함께 묻히기를 원했다. 그래서 우리는 그의 유해를 관 속에 넣고 작은 배에 실어 피사로 옮겼는데, 산 조반니의 사제가 이 과정에 함께했다. 시신은 목요일 아침에 도착했고 라니에리에게 인계되었다. 산 크리스토포로 성당에는 이미 장례에 필요한 모든 것이 준비되어 있었다. 시신 주위에 8개의 큰 촛불과 40개의 작은 촛불이 그리고 제단에는 더 많은 촛불이 놓였다. 이날 아침 도시 곳곳에서 수많은 미사가 거행되었고 밤에는 망자를 위한 장송곡이 이어졌다. 그리

고 밤 11시에 준비되어 있던 묘소에 시신을 매장했다. 우리 어머니가 묻힌 장소 바로 옆, 성당에 들어서자마자 왼쪽으로 보이는 성 필리포 네리의 제단 바로 근처였다. 장례를 위해 지출한 모든 비용은 영수증과 함께 기록되어 있다. 이제 우리, 고인의 자녀들에게 남은 일은 아버지의 영혼을 위해 전능하신 주님께 기도드리는 것이다. 전능하신 주님께서 우리의 모든 일을 잘 시작하고, 그보다 더 잘 이어가며 또 완벽하게 마무리하도록 도움을 주시기를. 또한 우리 안에 평화가 깃들도록 도움을 주시기를. 우리가 아버지의 모범을 따를 수 있기를 그리고 아버지께 영광이 함께하기를.

산 크리스토포로 성당은 18세기에 폐쇄, 철거되었다. 오늘날 레오나르도의 시신은 인근 산 세폴크로 성당 내 보나의 시신 바로 곁에 안장되어 있다. 레오나르도의 시신이 안장된 곳에는 대리석 위에 새겨진 비문이 있는데, 내용은 다음과 같다.

피렌체와 피사의 귀족 레오나르도 브라치 캄비니는 육로와 해로를 통해 여러 나라를 여행한 후 고향으로 돌아와 피사에서 여러 직책을 역임한 뒤 마침내 해상 영사로 임명되었다. 그는 도덕적 올바름 및 신에 대한 헌신에 있어 두각을 나타냈으며, 성서, 여러 언어, 지리학과 수로학水路學 등 다양한 학문을 연마했다. 그는 매일 가난한 이들에게 도움을 주었고, 〔크리스트교의 핵심 가치인〕 자기 부정에 충실했고, 공적·사적인 이익을 증진하는 데 힘썼고,

자신의 적들에게도 자애로웠으며, 모든 고통을 인내했다. 신실하고 사려 깊은 그는 서기 1742년 1월 24일 80세의 나이로 생을 마감했다. 아들 조반니 바티스타, 라니에리 마리아 그리고 안토니오 마리아가 슬픔 속에서 그를 이곳에 안장했으며, 그는 사랑해 마지않던 부인 보나 카테리나 루스키와 함께 부활의 날을 기다리고 있다.

2부

안토니오 마리아와 안나의 사교 그리고 루소리오의 결혼

파리에서는 결혼이 여느 곳과는 다른 성격을 지니는 것 같아요. 〔…〕 심지어 사랑마저 그 권리를 잃었고, 결혼 못지않게 타락해버렸어요. 이곳에서 부부란 단지 더 자유롭기 위해서 함께 사는 남녀에 불과해요. 또한 연인들 역시 특별한 감정 없이 재미 삼아, 유행에 따라, 습관처럼 또는 잠깐의 필요 때문에 만나는 서로 무관심한 사람들에 지나지 않아요. 마음과는 상관없고, 오로지 타산과 편의만을 따질 뿐이죠. 결국 서로 적당히 알고 지내며, 함께 살아보려는 정도에 불과해요. 때로는 아무 의미 없는 우연한 만남으로 끝나기도 하죠. 연애라는 것도 결국 일시적인 만남보다 조금 더 오래 지속될 뿐이에요. 그저 예의를 차린 콘베르사시옹*에 불과합니다.

* 이탈리아어 콘베르사치오네에 대응되는 프랑스어다.

인용된 구절은 18세기 유럽을 특징짓는 가장 중요한 문헌 가운데 하나인 장자크 루소의 서간체 소설 『쥘리 또는 신엘로이즈』에서 발췌한 것이다. 1761년에 출판된 이 소설은 당대의 관념과는 매우 다른 사랑에 기반을 둔 결혼 및 배우자 사이의 깊은 감정적 유대를 다루고 있다. 이러한 정서적 모델은 오늘날 우리에게는 당연한 듯 보이지만 당시에는 전혀 그렇지 않았다. 루소는 파리에서의 세속적 삶을 비판하는 투로 설명하는 한편 이러한 정서적 모델을 이른바 당대의 부유층 사이에서 지배적이던 생활 방식, 즉 부부가 서로 무관심한 데다, 각자 혼외 관계를 맺고 사랑의 모험을 즐기며, 사교 모임과 사회적 교류 및 세상사에 대한 토론과 공연 등에 몰두하는 생활 방식, 이른바 '콘베르사치오네'와 대비시켰다.

> 사람들은 이곳에서 학자나 문인뿐만 아니라 모든 신분의 사람들, 심지어 여성들의 교제에서도 지혜와 이성이 드러난다는 사실에 감탄해요. 콘베르사시옹의 분위기는 자연스럽고 부드러워요. 무겁지도 가볍지도 않고, 유쾌하지만 소란스럽지 않고, 예의 바르되 억지스럽지 않고, 우아하지만 싱겁지 않으며, 익살스럽지만 품위는 잃지 않습니다. […] 하지만 콘베르사시옹을 통해서 우리가 배울 수 있는 것은 무엇일까요? 세상 일들을 올바르게 판단하는 법? 사회에서 현명하게 살아가는 법? 적어도 함께 사는 사람들을 제대로 이해하는 법? 전혀 아닙니다. 사랑하는 쥘리. 콘베르사시옹을 통해 배우는 것은 교묘하게 거짓을 옹호하는 기술, 철학을 앞세워 미덕의 원칙을 흔드는 방법, 섬세한 궤변으로 자

신의 열정과 편견을 미화하는 법 그리고 모든 오류를 유행하는 격언으로 포장하는 법일 뿐이에요.

우리는 앞서 레오나르도가 검소한 삶의 태도를 옹호했던 상인의 입장에서 콘베르사치오네를 격렬하게 비난한 사실을 살펴보았다. 콘베르사치오네는 이제 [루소에 의해] 다시 한번 비난의 대상이 된다. 바야흐로 당대 유럽에서는 루소가 제안했던 감상주의적 결혼관이 확산되며 콘베르사치오네의 패배가 임박한 상황이었다. 결혼한 부부는 점차 사회적 교류를 즐기기보다 가정 안에서 더 많은 시간을 보내고 있었다. 그러나 어쨌든 그 이전 수십 년 동안 콘베르사치오네는 당대 삶의 방식 그리고 거기에 내포된 합리주의 철학을 상징하는 문화로 작용했다.

전체적으로 볼 때 이러한 문화는 안토니오 마리아와 안나가 거주하던 피사와 같은 이탈리아의 지방 도시보다는 계몽주의의 수도라고 할 수 있는 파리에서 더 쉽게 찾아볼 수 있었다. 그러나 적어도 사교 모임, 파티와 연회에 관해서는 피사에서도 레오나르도처럼 당시 장성한 나이였던 남성의 적대감을 불러일으킬 만한 요소들이 있었을 것이다. 실제로 17세기와 18세기 피사에는 카지노 데이 노빌리, 즉 귀족들을 위한 카지노가 존재했는데, 도시의 지배 계층이 사적인 모임을 갖는 장소였다. 18세기 내내 피사에서 세속적인 삶의 방식은 계속해서 확산되어왔는데, 인근 산 줄리아노가 휴양지로 인기를 끌면서 이러한 현상은 가속화되었다. 18세기 중반 토스카나에서 귀족 계층의 사회적 지위와 권리를 규정하는 법률이 제정된 후, 피사에는 토스카나 대공의 관리하에 있는 새로운 카지노가 개설되었다. 18세기 후반에 번영을 누렸던 카지노는 프랑스 점령기에 폐쇄되었다가 왕정복고 이후 부활했지만 예전의 활력을 되찾지 못했다. 18세기에는 스탄초네 델레 콤메디에를 대체할 새로운 극장이 건설되었는데, 바로 레오나르도의 회고록에 기록됐던 천장 붕괴 사고가 일어난 곳이다. 또한 이 몇몇 도시 귀족 가문이 연회를 주최하던 살롱 역시 이 시기에 자리를 잡기 시작했다.

안토니오 마리아

멋쟁이 신사

어쨌든 18세기 피사에서도 콘베르사치오네라고 하는 새로운 문화가 자리를 잡아가고 있었다. 안나는 이런 문화에 깊이 발담그고 있었는데, 그 이전 레오나르도의 아들들 가운데 한 명인 안토니오 마리아 역시 그러했다. 1733년부터 1746년이라는 짧지 않은 기간에 안토니오는 자신만의 회고록을 썼는데, 이는 형제인 조반니 바티스타가 잠깐 쓰다가 포기한 것을 이어서 쓴 것이다. 레오나르도가 지급했던 연금을 관리하려던 게 본래 목적이었다. 레오나르도는 아들에게 들어가는 비용을 매번 지급하기 번거로웠던 탓에, 12스쿠도를 분기별로 한꺼번에 지급했다. 따라서 안토니오의 회고록은 일종의 연금 출납부 내지는 회계 보고서라고 할 수 있다. 레오나르도가 이 회고록을 봤다면 재미있는 일이 벌어졌을 것이다. 왜냐하면 콘베르사치오네의 열정적인 참여자, 당대의 유행을 따르는 젊은 귀족, 즉 이탈리아에서는 치치스베오cicisbeo, 에스파냐에서는 코르테호cortejo, 영국에서는 갤런트gallant 그리고 계몽주의의 수도에서는 프티 메트르petit maître라 불렸던 인물의 기록이기 때문이다. 안타깝게도 이 기록에 안토니오가 콘베르사치오네에 참여하는 모습이 직접 드러나지는 않는다. 그러나 적어도 그가 콘베르사치오네에 참여하기 위한 준비에 몰두하는 모습을 보여준다. 그는 마치 장인이 도구를 구비하듯 옷, 신발, 가발, 지팡이, 승마 장비 등을 준비하는 데 열중했다.

레오나르도의 아들답게 안토니오는 이에 대해 극도로 상세하고 정확한 기록을 남겼다. 아래는 그가 1732년 6월 30일에 기록한 내용이다.

> 나는 바르보티노라 불리는 회랑 맞은편에서 가죽을 파는 상인에게 5파운드 3온스의 검은 송아지 가죽을 파운드당 1리라 5솔도에 구입한 후, 가죽을 다듬는 데 추가로 10솔도를 더 지급했다. 그래서 총 지급한 비용은 6리라 15솔도다. 나는 모든 비용을 그의 가게에서 현금으로 건넸다. 나는 이 가죽을 구두장이인 줄리오 세랄리에게 주어 승마용 부츠 한 켤레를 제작했다. 나는 줄리오의 의견에 따라 이 가죽을 파운드당 3크라치아를 더 지급하고 구입했는데, 실제로는 많이 쳐줘야 파운드당 1리라밖에 안 되는 가치였다. 나는 제조업자의 의견을 듣는 것이 중요하다고 배웠지만, 그들이 협력 관계에 있는 것이 구매자에게 불리하게 작용한다는 점을 알아야 한다. 그러므로 자신의 판단을 따르는 것이 좋다.

좋은 혈통은 거짓말을 하지 않는다는 격언이 있지만, 안토니오가 아버지에게 받은 연금을 아버지의 기대에 맞게 사용했을 것으로 기대해서는 안 된다. 그는 작은 아파트 한 채의 임대료쯤 되는 연간 24스쿠도의 연금을 죄다 세속적인 삶을 즐기는 데 썼다. 줄리오 세랄리로부터 승마용 부츠를 구매한 지 며칠이 지난 1732년 7월 5일 그는 "블랙 실크로 안감을 덧댄 영국식 밀짚모자"를 구매했는데, 그가 지급한 비용은 2리라 13솔도 4데나로였다. 그러나 그는 직접 재료를 구매해 모자 제작자인 바스티아넬리에게 전달했던 터라, 그것까지 계산하면 모자의 가치는 총 8리라, 즉 1스쿠도보다 더 많은 금액이 된다. 그로부터 일주일 후 그는 트린치라는 재단사에게 흰색 조끼 두 벌을 주문했다. 비용은 1리라 6솔도 8데나로였다. 그리고 산 베르나르도 수녀원의 하녀인 파스퀴나에게 조끼에 매달 사치스런 단추를 만들게 했는데, 이를 위해 1리라 4솔도의 비용을 추가로 지급했다. 1732년 7월에는 칼치의 총기 제작자인 로렌초 말라니마에게 중요한 작업을 의뢰했다. 그리고 그사이에 "총기 제작자 세키니에게 1리라를 지급하고 지팡이와 검의 수리를 맡겼는데, 나무로 만든 볼과 두 개의 링, 그중 하나는 황동으로 제작된 링을 부착했고, 지팡이에 모과 모양의 장식을 달았다". 8월에는 가죽 바지 한 벌과 켤레당 4리라짜리 신발 두 켤레를 구입했고, 검을 손질하는 데 1리라 6솔도 8데나로를 지급했으며, 1리라짜리 복권 두 장을 구입했다. 9월에는 다시 총기를 손질하는 한편 무기를 휴대할 수 있는 허가증을 발급받는 데 14리라를, 사치스런 모자를 구입하는 데 6리라를 지출했으며, 1리라 10솔도의 금액이 명시된 보석상의 영수증도 첨부되어 있었다.

이러한 지출 내역이 회고록 전체에서 반복되는데, 엄밀히 말하자면 이는 정기적으로 들어가는 비용은 아니었다. 그러나 완벽한 멋쟁이 신사가 되기 위해서는 물론 고정 지출 비용도 있었다. 1732년 8월 14일 안토니오는 주세페 페트리에게 연간 14리라, 즉 2스쿠도를 지급하기로 합의했는데, "내[안토니오]가 부를 때마다 면도를 해주고, 내가 지시할 때마다 가발을 손질해주어야 하는" 조건이었다. 안토니오는 약속 시간에 자주 늦는 "발레 교사" 프란체스코 보보니에게 수업을 받았다. 1733년 3월 4일에는 교습료 가운데 일부를 가불해주기도 했는데, 여관 주인과의 빚 문제 때문에 감옥에 갇혀 있던 그를 꺼내오기 위해서였다. 1734년 9월 안토니오는 보보니와의 관계를 끝냈다. 대신 6월 4일부터 "반누치에게 월 5리라의 보수를 지급하고 검술 수업을 받았다". 1733년 12월 26일에는 13리라 6솔도 8데나로를 지급하고 아마도 연간일 것으로 추정되는 극장의 정기 티켓을 구매했다. 마지막으로 안토니오는 1733년 8월 18일부터 당시 사교라는 만남의 장에서 공용어처럼 사용되던 프랑스어를 배우기 시작했다. 레오나르도가 그랬던 것처럼 자크베니뉴 보쉬에의 작품을 읽으려 했으나 어려움을 느낀 안토니오는 쥘리앵 드 라 브루이유에게 수업료를 지급하고 프랑스어를 배우기 시작했는데, "그가 집에 와서 수업하는 것으로 합의가 되었다".

발레 교사와 마찬가지로 쥘리앵 드 라 브루이유는 모험을 즐기는 성격이었던 듯하다. 몇 개월이 지난 1734년 4월 5일 안토니오는 "쥘리앵이 "빚을 떼어먹고 피사를 떠났다"는 소식을 듣게 되었다. "그가 어디로 갔는지 알 수 없었다. 결국 수업은 종료되었고, 쥘리앵은 실제 수업을 한 것보다 더 많은 돈을 받은 셈이 되었다." 그럼에도 불구하고 안토니오는 언어 습득을 포기하지 않았다. 실제로 1736년부터 그는 이탈리아식으로 변형된 프랑스어로 많은 메모를 작성했는데, 예를 들어 1736년 4월에는 "재단사 프리니를 통해 (…) 은색 시계와 케이스를 영국에서 수입"한 내용을, 같은 해 4월 21일에는 "구두장이 카살리에게 검은 송아지 가죽 구두 한 켤레를 주문"한 내용을 이런 식으로 기록했다. 1740년 7월 12일에 기록한 내용도 마찬가지다. 이날 안토니오는 "한 상이군인을 통해 13리라 6솔도 8데나로를 지급하고 은으로 장식된 벨벳 소재의 여성용 슬리퍼 세 켤레"를 주문했으며, 이를 통해 우리는 안토니오가 드디어 갈랑트리의 세계에 발을 들였음을 알게 된다.

차남 이하의 아들들과 가문

레오나르도의 완고한 태도로 인해 당대의 사회와 일정한 거리를 유지한 채 남아 있던 브라치 캄비니 가문이 사교라는 새로운 문화에 젖어들고 또 그 속에서 빚을 진 발레 교사, 도망친 프랑스어 교사, 부상당한 군인들과 엮이기까지 걸린 시간은 단 한 세대 만으로 충분했다. 콘베르사치오네의 세계로 나아가기 위한 안토니오 마리아의 준비 과정은 레오나르도가 자신의 아들들에게 품었던 기대에 완전히 반하는 것이라고 볼 수 있다. 그러나 콘베르사치오네 자체가 반드시 가문에 위협이 되었다고 보기는 어려운데, 바로 안토니오 마리아의 사례가 이를 잘 보여준다. 결국 그가 한 선택은 레오나르도가 구상했던 계획에 전혀 어긋나지 않는 것이었다. 안토니오 마리아는 존재 자체로 가문 및 유산의 일체성에 대한 잠재적 위험 요소였다. 수도사 조르조를 제외한다면, 그는 맏형 조반니 바티스타와 사제 라니에리 뒤에 있는 가문의 세 번째 아들이었기 때문이다. 그러나 그는 유산의 분할과 관련된 어떤 욕심도 내비치지 않았다. 오히려 레오나르도가 유언에 명시해놓은 것 이상으로 유산의 일체성이라는 목표가 더 엄격하게 실행될 수 있도록 형제들에게 적극 협력했다.

앞서 살펴봤듯이 레오나르도는 아들들에게 재산을 분할 상속했으며, 분할이 갖는 위험성을 줄이기 위해 사제 라니에리의 중립적인 통제가 가능하도록 안배해두었다. 레오나르도가 세상을 떠나고 몇 주 지난 1742년 3월 21일 조반니 바티스타, 안토니아 마리아, 사제 라니에리는 피렌체에 모여 가문이 경영하는 사업을 어떻게 정리할 것인지에 대해 논의했는데, 공증인이 남긴 회의록에 따르면 그들은 "상호 간의 완벽한 조화와 평화 그리고 단합을 지속하고 보전하기를 원했으며," 따라서 "공동의 유산을 분할하지 않기로" 결정했다. 더 구체적으로 말하자면, 사제 라니에리는 자신이 받은 혜택의 기반이라고 할 수 있는 당대 귀족사회의 규범에 완전히 동조하는 행동 양식을 보였다. 그는 피렌체의 저택 한 채와 연간 50스쿠도의 연금으로 만족했으며, 더 많은 재산을 요구할 수 있는 합법적 권리를 포기했다. 그는 유언장 부록에 언급되어 있는 것처럼 1000스쿠도를 따로 상속받는 대가로, 자신이 소유권을 가지고 있는 부티의 농장으로부터 나오는 수익을 자신의 형제들이 누릴 수 있도록 설정했다. 또한 캄비니 가문으로부터 신탁유증 받은 산탄드레아 디 캄포와 카프로나에 있는 농장의 수익 역시 원칙적으로 자신에게 귀속되어야 함에도 불구하고, 라니에리는 형제들이 그 수익을 누리도록 하는 데 동의했다. 레오나르도가 정한 규칙에 따르면 이 농장은 라니에리가 세상을 떠나게 될 때, 라니에리 자신의 결정에 따라 조반니 바티스타 혹은 안토니오 마리아에게 양도되어야 할 테지만, 어쨌든 당시로서는 농장의 소유권이 명확히 구분되지 않은 상태로 남아 있었다. 왜냐하면 형제들이 "피사에 함께 거주"하면서 가문의 재산과 그로부터 나오는 수익을 지속적으로 함께 관리 운영하고 있었기 때문이다. 그들은 토지뿐만 아니라 가구, 가사 도구, 은 세공품 및 환어음 등을 공동으로 소유하고 있었다.

이러한 합의를 통해 세 젊은이는 레오나르도가 기대조차 하지 않았던 형제들 간의 연대라는 이상을 실현하게 되었다. 이러한 이상은 특히 과거 토스카나의 상인 귀족 가문에서 특징적으로 나타났던 것으로, 레온 바티스타 알베르티의 『가문에 대하여』에 그 원형이 제시된 바 있다. 그에 따르면 연대는 곧 가문의 힘이었다. 1742년 3월 조반니 바티스타와 안토니오 마리아는 곧 중대한 공동의 사업적 결정을 앞두고 있었다. 지난 몇 년간 그들은 메르칸티 거리의 저택이 아니라, 레오나르도가 속해 있던 해상 영사회에서 관리하는 주택에 거주해오고 있었다. 그들은 결국 메르칸티 거리의 저택을 영구 임대하기로 결정했고, 1751년 4월 15일 리치 형제에게 넘겼다. 레오나르도가 세상을 떠난 후 그들은 자신들이 거주하던 집을 떠나야 했고, 실제로 1742년 4월 1일 카르미네 거리에 있는 저택을 임대해 이사를 갔다. 그러나 동시에 그들은 저택을 하나 새로 구매하는 방안을 고려하고 있었고, 결국 1743년 6월 20일 "보르고 알 칸토 델 니키오에 있는 커다란 저택"을 매입했다.

이 저택은 메르칸티 거리의 저택보다 시내 중심가에서 훨씬 더 가까웠다. 물론 피사처럼 작은 도시에서 둘 사이의 거리가 그리 멀지는 않았지만 말이다.

그들이 매입한 저택의 가격은 2200스쿠도였다. 형제들 간의 연대는 조반니 바티스타와 안토니오 마리아가 잔금을 치르기 위해 550스쿠도를 빌려야 했다는 사실로도 확인된다. 그중 150스쿠도는 사촌인 프란체스코 루스키에게 빌린 것인데, 그는 레오나르도와 매우 가까운 사이였던 베리시모의 아들이었다. 새로운 저택은 곧 레오나르도가 생전에 소유했던 집이나 상점과는 크게 다른 모습으로 꾸며졌다. 적어도 1745년부터 도메니코 템페스티나 야코포 도나티 같은 화가들이 건물 장식 작업을 시작했는데, 오늘날에는 안타깝게도 페인트로 덮여 있어 그 모습이 확인되지 않는다. 어쨌든 안토니오 마리아는 저택의 한 블록에 대한 작업을 단독으로 의뢰했는데, 이는 가문 공동의 사업에 대해 안토니오 마리아가 큰 관심을 가지고 있었다는 사실을 증명한다. 그 밖에 다른 재산을 관리하고 사업을 경영하는 일도 공동으로 이루어졌다. 이러한 협력적인 태도의 연장선상에서 두 형제는 레오나르도의 회고록을 이어서 쓰기 시작했다. 물론 레오나르도만큼 열심히는 아니었다. 주로 조반니 바티스타가 쓰고, 가끔은 안토니오 마리아가 기록을 남겼다.

형제들 사이에 잘 조율된 이 협약이 제대로 기능하려면 물론 협약 당사자들이 자신의 역할을 받아들이는 것이 전제가 되어야 할 것이다. 보르고 알 칸도 델 니키오의 저택을 매입할 당시 사교라는 새로운 문화에 빠져 있던 31세의 안토니오 마리아는 결혼에 대한 생각이나 관심이 전혀 없었다. 그것은 그의 형 조반니 바티스타에게 주어진 권리이자 의무였다. 실제로 저택을 매입한 직후인 1744년 9월, 39세였던 조반니 바티스타는 과거 코르토나 지역에서 메디치 가문의 지지자였던 피렌체의 귀족 가문 출신으로 당시 21세인 테레사 파세리니와 결혼했다. "두 귀족 가문 사이의 확고한 동맹"이라는 내용이 명시되어 있는 당시의 결혼 계약서에는 동생 안토니오 마리아의 협력적인 태도를 잘 보여주는 글귀가 덧붙여져 있다. 그것은 안토니오 마리아가 "자신이 그럴 의무가 없다는 것을 알지만" 지참금과 혼수품에 사용된 2200스쿠도에 대한 반환을 보증하는 내용이었는데, "귀족 안토니오 마리아가 이 결혼에 대해 완전히 만족하고 있으며 (…) 이를 전적으로 승인했음을 보여주기 위해서"였다. 형제들 사이의 이러한 협력은 몇 년이 지나 더 완벽해졌다. 당시 귀족 계층의 관례에 비춰볼 때 다소 엉뚱한 면이 있었던 안토니오 마리아는 다시 한번 레오나르도의 기대를 저버리고 토스카나 대공국의 관료로 일하기 시작하는데, 이로 인해 그는 다른 여러 도시로 전근을 다녀야 했다. 1746년 8월 26일 전근을 떠나기 전 안토니오 마리아는 이미 1742년 라니에리가 그랬던 것처럼 맏이인 조반니 바티스타에게 공동의 재산과 그로부터 나오는 수익의 관리를 맡긴다는 내용의 위임장을 작성했다. 위임장에는 조반니 바티스타의 "도덕성과 정직성을 전적으로 신뢰하며, 그[조반니 바티스타]는 어떠한 형태로도 그의 행위에 대해 책임지거나 보고할 의무가 없다"는 면책 조항을 포함하고 있었다.

이 책에 재구성된 이야기 속에는 몇 가지 공백이 있는데, 그중 가장 큰 것은 가문의 보전과 확장을 위해 피사에 남았던 가장 조반니 바티스타의 삶과 성격에 관한 부분이다. 그는 아버지 레오나르도와 달리 기록을 남기는 데 큰 열정이 없었으며, 형제들과 큰 갈등을 겪지도 않았다. 따라서 그의 삶과 성격을 추적할 사료는 충분하지 않다. 우리가 알 수 있는 사실은 조반니 바티스타가 적어도 일정 기간은 레오나르도의 운송회사를 이어받아 경영했으며, 레오나르도가 남긴 가문의 유산을 약간이나마 증식시켰고, 또 여러 차례 정부 요직을 맡으며 자신의 성공적인 경력을 완성시켰다는 것 정도다.

그에게는 나이 어린 아내와 여섯 아들이 있었는데, 그중 두 명은 어린 나이에 세상을 떠났다. 한편 주스티나라는 이름의 딸도 있었다. 주스티나는 23세가 되던 해에 콜레 디 발델사 출신의 데초 포르티자니와 결혼했다. 그러나 조반니 바티스타와 테레사 파세리니의 결혼, 더 정확히 말하면 브라치 캄비니 가문과 파세리니 가문 사이의 동맹은 결혼 후 10년이 지난 시점에 부부가 별거를 시작하면서 끝난 것으로 보인다. 1756년 9월 23일 피사 법원은 남편이 아내에게 130스쿠도를 지급하라는 판결을 내렸는데, "이는 여러 감정사가 대략적으로 평가한 물품의 잔액이며 (…) 그녀[테레사 파세리니]와 그녀의 하녀에게 임시로 할당된 금액"이었다. 또한 그로부터 시간이 한참 흐른 뒤 안토니오 마리아는 "조반니 바티스타가 오랜 세월 집을 떠난 아내에게 제공한 혼수의 수익"에 대해 언급하기도 했다. 더 이상의 상세한 내용은 추적이 불가능하지만 어쨌든 루소의 새로운 윤리가 전혀 반영되어 있지 않은 이 결혼, 즉 개인의 선택이 아닌 가문의 이해관계에 따른 정략결혼은 확실히 실패로 끝났다. 그러나 결혼의 실패가 가문의 번영이라는 논리에 장애로 작용했다거나, 가문의 재산에 큰 손해를 끼쳤던 것은 아니다.

한편 조반니 바티스타와 안토니오 마리아, 라니에리 사이의 관계는 조반니 바티스타가 세상을 떠날 때까지 잘 유지되었다. 유산 분할과 관련된 최초의 합의가 이루어졌을 때로부터 20년이 지나 조반니 바티스타와 안토니오 마리아의 관계에 어두운 그늘이 드리울 뻔한 적도 있지만, 곧 해결되었다. 1763년 5월 5일 두 형제는 "공동의 유산을 상호 관리하는 문제와 관련하여 여러 입장차가 생겼지만, 이를 우호적으로 해결하고, 우애와 교류를 이어가기를 원한다"고 선언하며 유산의 일부를 정리하고 협약을 갱신했다. 안토니오 마리아는 유산의 일부를 매각한 대금으로 150스쿠도를 받는 대신 공공 부채와 관련된 일부 채권에 대한 모든 권리를 포기했다. 그 외에 소송 중에 있던 몇 가지 미미한 문제에 대해서는 상호 원만한 합의가 이루어졌다. 안토니오 마리아는 나머지 유산과 그로부터 나오는 수익에 대해 연간 160스쿠도의 몫을 요구했고, 나머지는 모두 조반니 바티스타에게 넘겼는데, 이는 "조반니 바티스타 자신과 그 가족이 풍족한 생활을 유지할 수 있도록" 하기 위함이었다. 수익의 나머지 부분과 관련하여 "그[조반니 바티스타]는 공식 문서를 남기거나 정확하고 상세한 회계 기록을 남길 의무가 없다. 안토니오 마리아는 수익의 나머지 부분에 대한 조반니 바티스타의 관리를 전적으로 신뢰하기 때문이다".

이처럼 안토니오 마리아가 형제 조반니 바티스타 "자신과 그 가족"의 권리에 대한 협약을 갱신했을 무렵, 안토니오 마리아의 나이는 쉰을 넘어가고 있었다. 그가 아내를 맞이한 것은 그 이후의 일이다. 안토니오 마리아의 아내는 권위 있고 조카들로부터도 존경받는 숙모였겠지만, 아이를 갖지 않았기 때문에 유언장에는 더 이상 그녀의 이름이 등장하지 않는다. 결국 장년이 된 안토니오 마리아는 차남 이하 아들로서의 역할을 계속해서 충실히 수행했다. 한편 레오나르도가 남긴 도덕적·물질적 유산의 관리인으로 지정된 성직자 라니에리는 1763년 협약을 갱신한 후 7년이 지난 1770년 7월 19일 산탄드레아 디 카프로나의 농장 소유권이 누구에게 있는지 명시하지 않은 채, 조반니 바티스타와 안토니오 마리아를 공동 상속인으로 지정하는 내용의 유언장을 남겼다.

그로부터 두 해가 지난 1772년 1월 7일 중병에 걸려 죽음을 눈앞에 두고 있던 67세의 조반니 바티스타는 다시 한번 자신의 의지를 확고히 표명하면서, 안토니오 마리아와 라니에리에게 유언의 실행을 위탁했다. 그리고 네 명의 손자 가운데 미성년인 두 명의 후견인 역할도 함께 맡겼다. 조반니 바티스타의 의지를 표명하기 위해 긴 분량의 유언장은 필요 없었다. 단 몇 줄의 내용만으로 충분했다. 그의 유언장에는 자선 기관에 대한 기부금의 액수 및 토스카나의 전통에 따라 모든 아들에게 유산을 분할 상속하겠다는 내용이 짤막하게 기재되어 있었다. "조반니 바티스타는 그가 남긴 유산이 자식들에게 평등하게 분배되기를 원한다. 그는 아버지로서의 사랑을 모든 자식에게 항상 평등하게 유지했기 때문이다."

조반니 바티스타가 가문 구성원 사이의 연대를 언제나 중요하게 생각했던 것은 물론이다. 그가 토스카나의 전통에 따른 분할 상속의 의지를 표명했다고 해서 그의 목적이 가문의 유산을 분할하는 것이었다고 여겨서는 곤란하다. 그의 목적은 레오나르도가 세운 계획에 따라 가문 및 가문의 유산을 보호하는 데 있었다. 이러한 정신은 그의 형제 라니에리에게로 이어졌다. 조반니 바티스타가 세상을 떠난 후 라니에리는 1775년 3월 7일 마지막 유언장을 작성했는데, 그렇게 되면서 레오나르도의 자녀들은 유산 상속의 권리를 잃었다. 그는 "사랑해 마지않는 형제" 수도사 조르조에게 10스쿠도를 그리고 이미 충분한 몫을 분배받은 안토니오 마리아에게는 25스쿠도만을 남기기로 결정했다. 이제는 조반니 바티스타의 자녀들, 즉 네 아들이 무대에 등장할 차례다. 이들은 이미 아버지의 유산을 상속받을 권리를 가지고 있었고 삼촌 안토니오 마리아가 세상을 떠난다면 그의 몫까지 동등한 비율로 상속받을 터였다. 그러나 라니에리는 40여 년 전 레오나르도의 유지를 충실히 받들기 위해 이들에게 서로 다른 역할을 부여했다. 그는 차남 이하의 아들 세 명, 즉 루소리오, 알레산드로, 오노프리오에게는 안토니오 마리아와 마찬가지로 각각 25스쿠도의 몫을 남겨주었고, 장자인 필리포를 자신의 유일한 상속자로 지명했다. 라니에리는 유언장에서 필리포에 대해 "가장 사랑하는 형제, 이미 고인이 된 조반니 바티스타 브라치 캄비니의 장자로 향후 결혼해야 할 의무를 갖는다"고 언급했고, "유언자[라니에리]는 아버지[레오나르도]의 유언에 따라 받은 산탄드레아 디 카프로나의 농장에 대한 권리를 행사하는 것"이라고 덧붙였다.

현명한 삼촌

라니에리는 유언장을 작성한 후 몇 달이 지나 세상을 떠났다. 사실 형제들 가운데 장자의 우위를 강조했던 그의 유언은 이후 평온하게 실행되지 못했는데, 필리포가 결혼한 직후 형제들 간의 연대에 최초의 균열이 생겼던 것이다. 이전 세대의 인물들 가운데 유일하게 생존해 있던 안토니오 마리아는 이 균열을 막기 위해 애를 썼다. 당시 안토니오 마리아가 보여준 가문에 대한 헌신과 책임감은 그로 하여금 조카들에게 도덕적 지침을 제공할 위치에 서게 만들었고, 그는 이러한 권위를 활용해 조카들 사이의 분쟁을 해결하려 했다. 이 분쟁에 대해서는 추후 더 상세하게 다룰 것이다. 어쨌든 이러한 분쟁이 발생하기 전부터 안토니오 마리아는 그의 조카 가운데 한 명, 즉 알레산드로의 교육에 많은 관심을 쏟고 있었다. 안토니오 마리아와 알레산드로의 관계에 대해 알 수 있게 해주는 몇 가지 기록이 오늘날까지 전해지는데, 이는 개인과 가문 및 사회와의 관계에 대해서, 동시에 콘베르사치오네와 가문 사이의 관계에 대해서 안토니오 마리아가 가지고 있던 생각을 이해하게 해주는 귀중한 사료이기도 하다.

알레산드로는 조반니 바티스타의 셋째 아들로 1752년 태어나 유년기에 무사히 살아남았다. 넷째 아들 오노프리오가 라니에리와 마찬가지로 성직자가 되는 길을 걸었던 반면, 알레산드로는 안토니오 마리아를 따라 토스카나 대공국의 관료로서 경력을 쌓아나갔다. 그는 18세가 되기 전부터 삼촌을 도와 피스토이아의 세관 업무를 담당했지만, 경력 초기부터 자신의 업무에 대한 불만을 표출했다. 안토니오 마리아는 피사로 돌아가길 원했던 알레산드로를 타이르고 달래는 한편 그에게 더 나은 자리를 얻어주기 위해 애썼다. 그러나 세관의 관료들은 생각이 달랐는데, 그들은 알레산드로의 "좋지 않은 행실" 때문에

"안토니오 마리아가 원하는 배려를 제공할 수 없다"는 입장이었다.

실제로 알레산드로는 그의 조상들이 지니고 있던 근면한 귀족의 태도에는 관심 없었고, 일에 대한 열정도 전혀 가지고 있지 않았다. 대신 우아하게 옷을 차려입고, 살롱에 출입하고, 극장에 다니고, 여성들에게 구애하는 것을 즐겼다. 안토니오 마리아가 이러한 문화에 대해 잘 알고 있었음은 물론이다. 그러나 당시 안토니오 마리아는 멀리 떨어진 곳에서 고아가 되어 홀로 지내던 알레산드로의 노련한 후견인으로 변모해 있었다. 그리고 그 전에 자신에게 익숙했던 문화에 빠져든 알레산드로의 태도는 안토니오 마리아를 시험에 들게 만들었다. 안토니오 마리아는 알레산드로의 태도를 바로잡기 위해 마치 매뉴얼을 따르기라도 하는 듯 대단히 조직적이고 체계적인 훈육 방법을 사용했다.

그러나 여러 차례 이어진 안토니오 마리아의 훈계는 아무 소용이 없었다. 그러자 1774년 4월 15일 그는 "지혜의 시작은 주님에 대한 두려움Initium Sapientiae est Timor Domini"이라는 제목이 붙은 쪽지를 조카에게 보냈다. 일종의 최후통첩 같은 것이었는데, 쪽지의 내용이 대단히 흥미롭지만, 분량이 다소 길기에 여기서는 일부만 인용해보기로 한다.

> 아침 일찍 침대에서 일어날 때 언제나 주님을 처음으로 생각하고 주님께 받은 은혜에 감사하여라. 그리고 기도로써 네 신앙을 증명하도록 하여라. 몸가짐을 단정히 하고 옷을 입은 후에는 하인들에게 필요한 도움을 받아 미사에 참석하여라. 그러나 반드시 정해진 시간에 네 식무를 위해 필요한 곳에 있어야 한다.

매일 미사에 참석하되, 휴일에는 더 많은 미사에 참석하거나 혹은 다른 선행을 함으로써 더 큰 신앙을 증명하도록 하여라. (…) 고해신부를 정해놓고 최소 한 달에 한 번은 그에게 고해성사와 성체성사를 받도록 하여라.

만일 네가 계속 군주를 위해 복무하고 적절한 때가 되어 더 높은 직책을 맡고 싶다면, 그것은 충성을 다하고 심혈을 기울여 복무함으로써만 가능하다…….

영적인 영역과 세속적인 영역 모두에서 자신의 의무를 만족스러울 정도로 정확하게 수행하는 생활 방식을 스스로 유지하는 것이 필요하다. 그러고 나서야 크리스트교도와 기사에게 어울리는 정직한 즐거움을 적절히 누릴 수 있다. 그러나 불건전한 교제나 도박, 그 밖의 모든 부적절한 것은 멀리해야 한다. 너는 명망 있는 여인을 섬길 운명을 지니고 있으니, 그녀가 베푸는 호의에 감사를 표하고 그녀의 조언을 존중하고, 이른 저녁 시간부터 휴식을 취하고 아침에 더 일찍 일어날 수 있도록 적당한 시간에 집으로 돌아가는 것에 만족해야 한다…….

네가 가진 돈을 네 일상적인 필요를 위해 사용하면서 관리한다면, 아마도 연말에는 정직한 즐거움을 위해 쓸 수 있는 돈이 남을 것이다…….

너보다 나이가 많은 가문의 구성원들은 어떤 방식으로든 주님께서 네게 내려주신 사람들이며, 율법과 인간의 법률에 따라 네가 의심의 여지 없이 존경해야 할 사람들이다. 따라서 언제나 그들을 따르는 것이 네게 이익이 될 것이다…….

가사는 하인들에게 맡기도록 하여라. 그러나 그들 역시 너와 같은 크리스트교도이며 어쩌면 주님 보시기에 너보다 더 나은 사람들일 수도 있다는 점을 명심하여라. 그러므로 그들에게 애정과 자비로 명령을 내림으로써 더 나은 봉사를 받도록 하여라. 그리고 지금 네가 하고 있는 것처럼 옷 세탁을 바깥에 맡겨서 비용을 낭비하지 말고 집 안에서 관리하도록 하여라…….

언제 어디서나 겸손하며 존경받을 만한 행동을 하고, 스스로를 절제하도록 하여라. (…) 매일 변덕스럽게 생겨나는 많은 욕망을 절제한다면 제조업자에게 드는 돈, 개를 키우는 데 드는 돈, 네 즐거움을 위해 어리석게 낭비하는 돈을 절약할 수 있을 것이다. 모든 비용을 잘 관리하고, 네가 과거에 그랬던 것처럼 돈뿐만 아니라 많은 물건까지 낭비하지 않도록 하여라.

네 몫으로 남겨진 가문의 유산이 충분할 정도로 많지 않다는 사실을 잘 알고 있을 것이다. 만일 그렇지 않다고 생각되거든 네 형을 통해 확인할 수 있을 것이다. 만일 유산이 부족하여 (내가 확신하는 것처럼) 네가 필요한 것을 충당할 수 없다면 개인적이고 합법적인 노력으로 방법을 찾거나 혹은 너보다 더 많은 재산을 가진 사람으로부터 도움을 받아야 할 것이다. 그러나 도움은 당연하게 요구할 수 없는 것이다. 도움을 얻으려면 네가 도움을 받을 만한 자격을 갖춰야 할 것이다…….

그러니 이제는 과거의 부적절한 행동과 교제를 그만두도록 하여라. 주님께서는 세상에 알려지지 않은 모든 일까지 잘 알고 계신다.

사실 이는 오늘날 우리에게도 익숙한 상황일 수 있다. 방탕한 조카에 대한 삼촌의 훈계는 우리 시기에도 충분히 있을 수 있는 일이라는 의미다. 그러나 이 같은 피상적 유사성이 존재한다고 해서 안토니오 마리아나 알레산드로가 살던 세계와 우리가 사는 세계 사이의 거리가 좁혀질 수 있는 것은 아니다. 삼촌이 남긴 쪽지의 내용은 단순히 어느 시기에나 있을 수 있는 가문 내의 타락한 젊은이에 대한 웃어른의 설교가 아니었다. 그보다는 18세기 귀족사회의 조건에 정확하게 들어맞는 인생 계획, 즉 안토니오 마리아가 비난했던 "부적절한 교제"와 반대되는 정직한 교제의 모델에 가까웠다. 이러한 모델은 당대의 논고에 곧잘 등장했는데, 특히 골도니의 거의 모든 희곡작품에 대단히 생생하고 효과적으로 제시되어 있다. 세속적인 삶의 방식에 열광하는 분위기가 점점 고조되는 상황에서 골도니는 시골뜨기처럼 은둔하는 삶의 모델을 거부하는 한편, 레온 바티스타 알베르티가 강조했던 가문의 경제 및 시민사회에 필요한 자기 절제의 덕목과 양립 가능한 중도의 길을 제시했다.

정직한 교제와 관련하여, 안토니오 마리아는 자신이 걸어왔던 차남 이하 아들의 전형적인 삶의 방식, 즉 평생 독신으로 남는 삶의 방식을 자기 조카에게도 권장했다. 안토니오 마리아가 조카에게 남긴 조언을 읽을 때는 반드시 이를 염두에 두어야 한다. 예를 들어 치치스베오의 관행을 의미하는 "훌륭한 여인을 섬길 운명" "어리석게 낭비하는 돈을 절약"하는 것, "모든 비용을 잘 관리"하는 것, 차남 이하의 아들은 물려받을 유산이 부족하니 "개인적이고 합법적인 노력"으로 이를 보충해야 한다는 조언 등이 그렇다. 안토니오 마리아는 나이가 들었음에도 자신의 젊은 시절 행동 양식과 태도를 그대로 유지하고 있었다. 예의 바르고 신중하지만 반드시 순결할 필요는 없는 교제, 그리고 갈랑트리를 위해 비용을 지출하는 것은 당대 귀족 계층의 지배적인 문화에 따라 가문 경영의 주변부로 밀려난 젊은이에게 더없이 적합한 생활양식이었다.

그러나 안타깝게도 모든 사람이 적정한 수준으로 절제하면서 이러한 생활 방식을 영위할 수는 없는 노릇이다. 알레산드로는 절제에 실패했다. 그는 삼촌이 제시한 모든 지침을 적극적으로 수용하며 두 가지 사항을 요청했다. 첫째는 "세탁을 집에서 할 수 있도록 속옷을 더 가지고 싶은데, 왜냐하면 지금은 속옷이 너무 적어서 밖에서 자주 세탁할 수밖에 없기 때문"이고, 둘째는 "명망 있는 여인과 우정을 유지하는 것을 허락하였으니 늦은 시간까지 그녀와 시간을 보낸 후 집으로 돌아오는 것도 허락해달라"는 것이었다. 알레산드로는 그렇다 하더라도 "아침에 해야 할 일에 지장을 주지는 않을 것"이라고 덧붙였다.

그러나 1774년 4월 이후, 그러니까 이러한 대화가 있었던 이후 몇 년 동안 상황은 악화되기만 했다. 1777년 여름 도시를 옮겨 리보르노에서 일하게 된 안토니오 마리아가 피스토이아에 남아 있는 알레산드로에게 보낸 몇 통의 편지는 이미 사태가 심각한 상황에 이르렀음을 잘 보여준다. 당시 스물다섯 살이 된 알레산드로는 빚에 쪼들리고 있었고, 친구들에게는 버림받았으며 직장 동료들에게도 미움을 사고 있었다. 안토니오 마리아는 그의 "어리석은 실수"를 호되게 꾸짖었다. 그는 "돈은 우물에서 물을 긷듯 나오는 것이 아니"라고 일갈했는데, 그 뒤에 또 어떤 말이 이어졌을지는 충분히 상상할 수 있다. 그는 또한 알레산드로의 빚을 청산하는 절차에 들어가기 전 채권자들에게 다음과 같이 단호한 태도를 취했다. "당신[채권자]들이 제시하는 문서들은 법적인 검토를 요한다. 그들이 주장하는 채권은 제대로 된 현금 거래가 아니라, 실제 가치를 제대로 인정받을 수 없는 물건들을 기반으로 하고 있다." "당신들이 알아야 할 점은 내가 당신들의 채권을 지급할 수 없다는 것이다. 정해진 기간 내에 해당 채권의 정당성을 증명하는 서류를 가지고 법정에 출석하지 않는다면 그 후에는 영원히 기회가 없을 것이다." 브루노치라는 이름의 어느 귀부인에 대한 언급도 나오는데, 알레산드로와 교제했던 "명망 있는 여인"이 바로 그녀일 가능성이 있다. 어쨌든 그녀는 알레산드로보다 더 경솔한 행동을 했던 듯하다. 안토니오 마리아는 알레산드로에게 "네가 파멸한 원인 가운데 상당 부분은 그녀의 지나친 호의에서 비롯된 것"이라고 언급했다.

삼촌의 생각에 대해 알레산드로는 아무 반응도 보이지 않았다. 그러자 안토니오 마리아는 그야말로 레오나르도의 아들다운 말로 다시 한번 자신의 생각을 강조한다. "네 말대로 나는 나이가 많아. 그래서 내 생각이 오늘날의 사고방식과 잘 맞지 않을 수도 있겠지." 이후에 이어지는 말들은 유산 상속 전략이라는 관점에서 가문의 이익을 위해 개인을 희생시키는 사고방식의 전형을 보여준다.

> 가문의 이익이 무엇인지 굳이 설명할 필요는 없을 것이다. 꼭 필요한 소비인지 미리 생각하지 못하는 사람, 올바른 규칙에 따라 소비를 절제하지 못하는 사람은 그야말로 어리석다. 나는 내 가정과 내 조카들을 위해 상당한 금액을 지출했지만 아깝지 않았다. 그들의 이익을 위한 일이었기 때문이다. 네가 네 돈을 낭비했다고 여긴다면 그것은 완전히 잘못된 생각이다. 그 돈은 네 개인의 소유물이 아니다. 신이 주신 의무와 책임을 생각해야 한다. 신은 네게 그 돈을 올바로 사용하라고 주신 것이지 함부로 낭비하라고 주신 것이 아니다. 만일 네 선조들이 너와 같은 생각을 가지고 있었다면 너는 이미 오래전부터 거지생활을 해왔을 것이다.

이 시점에 안토니오 마리아와 알레산드로의 관계는 파국을 맞았다. 안토니오 마리아는 1777년 8월 27일 알레산드로에게 보낸 마지막 편지에서 단호한 어조로 "더 이상 너의 부당한 행동으로 인해 내가 정당한 고통을 겪지 않도록, 앞으로는 네가 편지를 보내더라도 읽지 않고 즉시 불에 던져버릴 것"이라고 언급했다. 실제로 1777년에서 1778년 사이 알레산드로가 업무상 거처를 리보르노로 옮겼음에도 불구하고 안토니오 마리아는 그를 자신의 집에 머물게 하지 않았으며, 더 이상 그를 경제적으로 후원하지도 않았다. 이로 인해 다시 한번 위기에 처한 알레산드로는 1780년 8월 24일 극적인 해결책을 제시함으로써 삼촌의 마음을 움직이려 했다.

> 저는 단지 두 가지 사항에 대해 간청드리려 합니다. 첫째는 저를 당신의 식구로 받아들여달라는 것이고, 둘째는 제 빚을 갚기 위해 900리라를 빌려달라는 것입니다. (…) 돈을 빌려줄 사람을 찾을 수 없었기 때문에, 저는 제 모든 의류를 저당 잡혀야 했습니다. 침대 시트, 양말, 셔츠 등 모든 것을 저당 잡혔습니다. 이제 더 이상 제게 필요한 돈을 얻을 곳이 없고, 채무자들에게 갚을 돈은 더더욱 없습니다.

남아 있는 몇 안 되는 다른 문서들로는—알레산드로가 사태의 심각성을 극적으로 과장했을 가능성 역시 배제할 수 없는—이 극적인 상황 이후 구체적으로 무슨 일이 일어났는지 재구성하는 것이 불가능하다. 그러나 두 주인공 각각의 사고방식이 잘 드러나는 에피소드가 하나 있다. 안토니오 마리아는 어쨌든 알레산드로를 다시 후원하게 되었다. 또한 알레산드로가 직장에서 더 낮은 지위로 강등되었을 때, 그를 피렌체로 보내기 위해 애를 썼다. 1781년 3월 21일 그는 알레산드로가 피렌체로 간다는 소식을 알리고자 현지에 있는 익명의 상대에게 편지를 한 통 보냈다.

> 그[알레산드로]는 오로지 군주의 발 앞에 머리를 조아리기 위해 피렌체로 갑니다. (…) 저는 그를 당신이 신뢰하는 귀족 곁에 두

었으면 합니다. 여관이 아닌 그의 집에서 품위를 갖추어 생활하고 최대한 절약하면서 살게 해주십사 간청을 드립니다. 어려운 상황에 있는 그에게 너무나 필요한 일입니다. (…) 그는 저녁을 나가서 먹지 않고, 어떤 나태한 장소나 극장, 공연장에도 가지 말라는 지시를 받은 상태입니다. 대신 그는 영혼과 육체에 품위를 더해주는 장소를 자주 방문해야 합니다. (…) 가족적인 저녁 식사 외에 아마도 이발과 세탁을 위해 드는 약간의 비용을 제외하고는 아무것도 더는 필요치 않습니다.

그러나 알레산드로는 리보르노나 피스토이아에서보다 피렌체에서 더 많은 유혹에 이끌렸다. 그는 안토니오 마리아의 추천서를 들고 중요한 자리에 참석하는 것을 주저했는데, 이에 대해 안토니오 마리아는 이어지는 편지에서 그를 다음과 같이 꾸짖었다.

네가 극장에 다녀온 것에 대해 내가 칭찬할 수는 없겠구나. 만일 네가 최선이라고 생각했기 때문에 그런 행동을 한 것이라면, (비록 네가 나에게 조언을 구한 것은 아니지만) 나는 지금처럼 너 스스로를 좋지 않은 환경에 두지 말라는 말을 하고 싶다. 도시 안에 있는 경건한 장소들을 방문하는 것이 네게 더 좋을 것이다. 많은 귀족이 그곳에 모여서 영적인 안녕과 성장을 위해 도움이 되는 일들을 하고 있다. 극장에 가는 것이나 여성들과 교제하는 것보다는 그곳에 다니면서 너는 더 큰 신뢰를 얻을 수 있을 것이다. 비록 네가 교제하는 여성들이 아주 품위 있다고 하더라도 마찬가지다.

안토니오 마리아가 갑자기 변해서 젊은 시절의 자신과는 전혀 다른 사람이 되었다고 보기는 어려울 것이다. 그는 항상 가정 경제와 사교생활 사이의 균형을 지켜왔다. 다만 당시 재정적으로 어려운 상황에 처한 탓에, 둘 사이에서 가정 경제에 더 큰 비중을 두는 게 필요했을 뿐이다. 한편 알레산드로에게서 발견되는 경솔하고 방탕한 젊은이의 모습이 개인의 특성으로 이해되어서는 안 될 것이다. 그보다는 앙시앵 레짐 하에서 나태와 낭비를 자신들의 특권으로 여겼던 귀족 문화의 전형으로 이해되어야 한다. 그러나 알레산드로의 나이 든 친척들, 피에트로 레오폴도와 같은 개혁 군주의 관료들은 이러한 문화를 부정적으로 바라보았다. 그리고 이것이 결국 알레산드로에게는 불운으로 작용한다.

안토니오 마리아에 대해서는 추후 다시 언급하기로 하고, 지금은 알레산드로의 운명에 대한 이야기를 마무리하겠다. 알레산드로는 자신의 강등에 대해 항의하고자 시 의원 세리스토리에게 탄원서를 제출했는데, 그 내용은 변화의 와중에 있던 당대의 현실로부터 대단히 동떨어진 생각과 행동을 보여준다.

> 만일 태어날 때부터 좋은 평판을 얻고자 하는 욕구가 없었다면, 어떤 불쾌한 일이라 하더라도 평온하게 견딜 수 있었을 것입니다. 그러나 저는 명예에 대한 욕구가 강하기 때문에 귀하께 다시 한 번 편지를 드릴 수밖에 없습니다. (…) 제가 세관에서 4개월 동안

> 출납 계원 역할을 했을 때, 감독관이 제 일하는 방식에 만족하지 못했을 수도 있습니다. 그러나 저는 연말 연초, 즉 연중 가장 바쁜 시기에 그 업무를 수행했다는 사실을 알아주셔야 합니다. (…) 제가 가장 빈번하게 저지른 실수는 새로운 장부 대신 오래된 장부에 혹은 거꾸로 오래된 장부 대신 새로운 장부에 항목을 기재한 것이었습니다. 이는 두 장부를 동시에 손에 들고 작업할 수 없었기 때문에 생긴 실수였습니다. 장부 하나를 옮길 때마다 거의 매번 심부름꾼을 불러야 했습니다. (…) 앞서 언급했던 이유 외에도 여러 다른 이유로 저는 마음의 고통을 겪고 있었고 그로 인해 마음이 전혀 안정되지 못한 상태였습니다.

1782년 2월 26일 공식 통보가 알레산드로에게 전달됐다. 그는 공직에서 파면되었고, 귀족 신분의 그가 비참한 빈곤을 겪는 것은 모두에게 수치스러운 일이므로 연간 62리라의 수입이 나오는 작은 영지가 그에게 배정되었다. 안토니오 마리아는 더 이상 그가 리보르노에서 일하는 것을 원치 않는다는 폭언이 담긴 마지막 편지를 보냈다. 알레산드로는 아버지의 집이 있는 피사로 돌아왔다. 당시 피사에서는 가문의 유산을 둘러싸고 형제들 사이의 분쟁이 한창이었지만, 알레산드로는 여기에 관여하지 않았다. 피스토이아에서 채무 문제로 어려움을 겪던 1776년 10월 5일 그가 1350리라에 해당되는 어머니의 유품, 즉 어머니가 남긴 가구와 보석을 포기하겠다는 각서에 서명을 했기 때문이다. 이후의 소송 과정에서 그는 제한능력자[*]로 판단되어, 법원이 지정한 대리인의 도움을 받아야 했다. 어쨌든 1786년 2월 26일, 그러니까 형제들 사이의 분쟁이 해결되기 직전 알레산드로는 34세가 채 되지 않은 젊은 나이로 세상을 떠났다.

그는 생의 마지막 시기를 조카들과 함께 지냈다. 그로부터 30년이 지난 1805년 6월 30일, 그의 조카들 가운데 한 명은 여동생의 필체에 대해 다음과 같은 기록을 남겼다. "나는 네 필체가 더 나아질 수 있을 것이라고 생각한다. 하지만 알레산드로 삼촌이 말했듯이, 이니셜을 쓸 때 구불거리는 장식들은 모두 없애야 할 것이다."

* 법적인 행위 능력이 결여된 자, 구체적으로는 독립하여 유효한 재산상의 법률 행위, 즉 재산 관리, 법적 계약 체결, 소송 참여 등의 행위를 독자적으로 수행할 수 없는 자를 의미한다.

안나

춤추고 싶은 열망

19세기 초 영국의 위대한 작가 제인 오스틴은 아마도 안나에 대해서만큼은 우리에게 침묵을 권했을지 모른다. 그녀의 유작 소설 『설득』의 마지막 부분에는 남성과 여성에 대한 긴 대화가 등장하는데, 어느 시점에 이르러 주인공 앤의 대화 상대자*는 여성혐오와 결부된 진부한 순응주의적 주장을 펼친다. "내 인생에서 여성의 변덕스러움을 말하지 않은 책은 한 번도 본 적이 없는 것 같아요. 노래와 속담도 모두 여성의 변덕을 이야기하죠. 하지만 당신은 그게 다 남성이 쓴 거라고 하겠지요." 그러자 앤은 이를 강하게 반박한다. "……제발 책에 쓰인 사례는 들지 마세요. 남성들은 자기네 이야기를 하기가 훨씬 더 유리한 상황이에요. 남성들이 훨씬 더 수준 높은 교육을 받았을 뿐 아니

* 하빌 대령.

라, 손에 펜을 쥐고 있는 것도 남성들이잖아요."

물론 안나의 삶과 제인 오스틴의 소설 사이에는 약간의 시대 간극이 존재한다. 단순히 연대가 다르다기보다는 사생활 영역에서 영국인들이 이탈리아인에 비해 더 이른 시기에 변화를 겪었다는 의미다. 그럼에도 제인 오스틴의 충고는 여전히 유효하다. 안나가 남긴 기록으로는 생애 마지막 몇 년 동안 그녀가 쓴 단 몇 줄의 글만 있을 뿐이다. 젊은 시절 그녀가 남편과 격렬한 갈등을 겪었던 시기나 그녀가 유산 분할 문제의 중심에 놓여 있던 시기의 기록은 단 한 줄도 남아 있지 않다. 안나의 남편은 행동과 태도에 일관성이 없었고, 그녀의 시동생은 협조적이지 않은 것을 넘어 매우 적대적이었다. 안나의 이야기를 글로 옮기는 역사가나 연대기 작가는 바로 이 남성들의 펜으로부터 나온 말을 통해, 즉 남성들의 시선을 통해 그녀의 이야기를 재구성해야만 한다. 그렇게 하면서 안나를 지나치게 좋거나 나쁘게 묘사함으로써 역사적 사실을 과장하지 않도록 주의해야 한다.

안나는 조반니 바티스타의 장자이자 안토니오 마리아의 조카들 가운데 가장 나이가 많던 필리포의 아내였다. 따라서 앞서 살펴본 알레산드로, 성직자의 길을 걸었으나 25세의 나이에 요절해 무대에서 사라진 오노프리오, 유산 분할 문제에서 필리포와 갈등을 빚었던 루소리오의 형수가 된다. 가문의 재정을 걱정하던 삼촌 안토니오 마리아의 눈을 피해 알레산드로가 소모적인 사교에 몰두하고 있을 무렵, 안나는 피사에 있는 가문의 저택에서 사교라는 문화에 화려하게 발을 들였다. 다음은 1785년 1월 18일 필리포가 아리게티 가문 출신의 카테리나 페루치에게 쓴 편지의 마지막 부분이다. 카테리나는 오래전 레오나르도가 피렌체에서 관계를 맺고 있던 동료의 후손이기도 했다.

> 제 아내를 위해 또 다른 일을 하나 부탁드리고 싶습니다. 제 아내가 현재 임신하지 않은 상태이니 춤을 추고 싶다고 합니다. 상자 안에는 (…) 두 벌의 헐고 해진 옷이 들어 있는데 하나는 새틴으로, 다른 하나는 얇은 천으로 되어 있습니다. 더불어 기장과 허리둘레를 가늠하기 위한 견본이 동봉되어 있습니다. 소매 길이는 보내드린 옷에서 재실 수 있습니다. 이 옷들을 치마 형태의 드레스로 만들고 싶은데, 색상과 장식은 마음대로 하셔도 좋습니다. 무도회에서 착용할 옷이지만 격식을 차리지 않는 자리에서도 착용할 수 있도록 너무 비싸지 않은 적당한 비용으로 해주시길 바랍니다. 너무 쉽게 찢어져서 사용이 불편한 얇은 천은 피해주십시오. 무엇보다 중요한 점은 작업을 신속하게 완료해달라는 것입니다. 곧 카니발이 끝나기 때문입니다. (…) 제 친구와 지인들에게 안부 인사를 전해주시길 부탁드립니다.

그로부터 얼마 지나지 않아 카니발은 끝났다. 여기서 우리는 다시 한번 골도니의 세계로 들어가볼 필요가 있다. 골도니의 희곡에 등장하는 시골뜨기 할아버지나 신중한 삼촌과 비교해볼 때,* 필리포는 아내의 세속적인 욕망을 어느 정도 이해하고 받아들일 뿐 아니라 그 욕망에 적극 동참하는 남편으로 보인다. 이 모든 것은 가문의 유산을 둘러

* 당대의 사교 문화에 대해 비판적인, 더 정확히 말하면 적대적인 태도를 드러냈던 인물들이다.

싼 분쟁이 최종 국면으로 접어들기 이전의 일이었다. 이 시기 필리포가 남긴 여러 통의 편지는 그가 아내의 욕망을 충족시키기 위해 노력을 아끼지 않았다는 사실을 잘 보여주는데, 앞서 살펴본 편지 역시 그중 하나다. 이 편지에서 필리포는 비용을 지출하는 데 신중한 모습을 보이지만 언제나 그랬던 것은 아니다. 필리포가 아내 카테리나를 무시할 수 없었던 이유 가운데 하나는 그녀 가문의 사회적 지위가 상대적으로 높았기 때문이다. 안나가 속한 그라시 가문은 시에나와 피사에 근거를 둔 유서 깊은 귀족 집안으로 지방의 작은 귀족사회에서 사회적으로 상당히 높은 평판을 유지하고 있었다. 필리포의 편지에는 이를 짐작하게 하는 내용이 나오는데, 이를테면 아내와 처가의 친척들에 대해 "예의"를 갖추어야 한다는 언급이나 그들의 "요구"가 "정당"하다는 짤막한 언급 등이다. 그러나 아마 이러한 관계를 더 명확하게 드러내는 것은 필리포와 안나의 혼인 계약서일 것이다.

필리포는 안나의 아버지인 야코포 그라시와 결혼에 합의했는데, 필리포의 아버지가 세상을 떠난 후 몇 년이 지난 1773년에서 1774년 사이의 일이다. 당시 필리포는 서른 살, 안나는 스무 살이었다. 명목상 할당된 지참금은 4000스쿠도의 현금에 500스쿠도의 혼수품이 더해진 상당한 금액이었지만, 실제로는 계약 당시 돈을 지급해야 했던 것은 신랑 쪽이었다. 안나의 아버지가 빚 문제를 해결하고자 7800스쿠도 상당의 농장을 매각해야 했는데, 신랑이 이 농장을 매입하면서 농장 가격에서 지참금을 뺀 차액을 지급했기 때문이다. 이 투자가 재정적으로 얼마나 성공적이었는지 판단하기는 어렵지만, 필리포가 귀족으로서 자기 아버지나 할아버지와는 전혀 다른 삶의 방식을 선택했다는 것만큼은 분명하다. 진취적인 젊은 귀족의 입장에서 볼 때 지참금을 현금으로 받는 것 혹은 지참금의 일부만 현금으로 받고 나머지 금액에 대해서는 이자를 받는 것은 사업 자금을 마련하기 위한 좋은 출발점이 될 수 있었다. 그러나 필리포는 가문의 사업을 이어받기보다는 그와 완전히 반대되는, 즉 이미 소유한 재산으로 안정된 생활을 영위하는 삶의 방식을 선택했던 것이다.

필리포가 택한 삶의 방식을 완성하는 데 있어 안나와의 결혼은 대단히 큰 의미를 지니는 사건이었다. 결혼 당시 필리포는 안나에게 연간 40스쿠도를 지급하기로 약속했을 뿐만 아니라 그 외에 많은 선물을 함께 제공했다. 구체적인 선물의 목록과 각각의 가치는 1774년 7월 24일 피사에서 작성된 문서를 통해 확인할 수 있는데, 문서의 제목은 「귀족 필리포 브라치 캄비니가 신부 안나 그라시에게 선물할 목적으로 직접 준비하고 비용을 지급한 직물과 의류, 보석을 포함하는 기타 물품의 총 목록」이었다. 선물 준비를 위해 지출한 금액은 총 1만181리라, 즉 1500스쿠도를 훨씬 초과하는 액수였다. 목록의 내용을 더 구체적으로 살펴보자면, 필리포는 보석 두 개를 구입하는 것에만 3000리라에 가까운 비용을 지출했다. 그리고 가격이 100리라에 이르는 "금으로 장식된 자개로 만든 부채 하나"도 목록에 올라 있는데, 이는 몇 년 전 필리포가 기숙학교에 다니던 시절 지급한 연간 등록금의 절반에 가까운 금액이었다. 또한 "실크로 만든 3단 소매, 칼라, 스카프, 어깨에 걸치는 망토, 큰 주름 장식이 포함된 프랑스산 의류 세트"는 가격이 333리라를 넘었으며, 비슷하지만 더 "간소한 스타일"의 또 다른 세트는 가격이 200리라에 이르렀다. "금장식과 꽃 장식이 달린 은빛 광택이 나는 프랑스 산 드레스"는 "안감과 제작비를 포함하여" 총 1786리라였다. 선물 목록의 마지막 부분에 덧붙인 내용을 통해서 우리는 결혼 첫해 필리포가 아내에게 준 선물의 값어치가 500리라에 이르렀다는 사실을 알 수 있는데, 여기에는 또 다른 사치스러운 드레스 한 벌의 구입 비용과 "네덜란드식 가면 드레스"의 제작 비용이 포함되어 있었다.

레오나르도가 세상을 떠난 지 얼마 되지 않았을 무렵 그의 조카 필리포의 젊은 아내로서 끔찍한 사랑을 받던 귀족 여성 안나가 브라치 캄비니 가문으로 시집왔을 때의 환경은 이러했다. 물론 이는 개인의 문제가 아닌 사회적 관습에 의해 주어진 것이었다. 이후 그녀를 기다리고 있던 것은 부모와 자식으로 이루어진 핵가족이 아닌 장자 필리포와 미혼인 시동생들로 구성된 대가족 안에서 집안의 안주인으로 살아가는 것이었다. 필리포는 형제들 가운데 유일하게 기혼이었으며, 가문 공동의 유산을 관리하는 책임자이기도 했는데, 이 유산은 여전히 삼촌 안토니오 마리아와 공유되는 상태였다. 유산 분할을 둘러싼 분쟁과 관련하여 안나에게 부당한 책임을 지우지 않기 위해서는 우선 분쟁의 씨앗이 싹트기 시작한 시기를 세심히 살펴볼 필요가 있다. 안나가 브라치 캄비니 가문에 들어온 것은 1774년 후반의 일이었다. 그러나 남편 필리포와 가문의 다른 구성원들은 이미 몇 달 전부터 재산 분할 문제에 대해 고민하고 있었다. 그들은 감정평가사를 고용해 유산의 가치를 평가하는 작업을 시작했는데, 작업이 일단락된 것은 1774년 7월, 재평가를 거쳐 완전히 종결된 것은 1776년 9월의 일이었다. 따라서 필리포의 결혼은 유산 분할을 둘러싼 분쟁을 촉발했던, 즉 가문 구성원들 사이의 결속을 와해시켰던 최초의 동인動因이라고 볼 수 있다. 다시 말하지만, 문제는 안나가 아닌 필리포의 결혼 자체였다. 만일 필리포가 안나가 아닌 다른 누구와 결혼했다고 하더라도 마찬가지였을 것이다. 필리포의 형제들은 그들의 아버지 세대 가문 구성원들과는 다르게 차남 이하 아들로서의 종속적인 역할을 받아들이기 어려워했던 듯하다. 여기서 언급되어야 할 사항은 바로 이 시점에 1775년 3월 7일 삼촌인 라니에리 신부가 유언장을 새로 작성하면서 장자인 필리포에게 힘을 실어주었다는 사실이다.

결혼 초기 몇 년 동안은 모든 것이 평온했던 듯 보인다. 실제로 결혼 초기 필리포와 안나 부부는 가문의 저택에서 하인들만 데리고 단둘이 생활했다. 이 시기 알레산드로는 피스토이아에서 삼촌 안토니오 마리아를 괴롭히고 있었고, 루소리오는 볼로냐에서 학업을 수행하고 있었다. 그리고 오노프리오는 신학교와 집을 오가고 있었는데, 병 때문에 많은 기간을 침상에 누워서 보내야 했다. 본격적인 갈등과 대립은 1776년 말에서 1777년 초 사이 루소리오가 피사로 돌아오면서 시작되었다. 이제 33세가 된 가장과 24세가 된 그의 아내 그리고 28세가 되는 시동생이 함께 생활하게 된 것이다. 한 가지 분명히 해두어야 할 것은 삼각관계는 전혀 없었다는 점이다. 다만 이미 시작된 유산을 둘러싼 갈등과 긴밀하게 얽힌 개인적인 관계의 어려움이 있었다. 이 모든 갈등의 중심에는 젊은 여성 안나가 있었는데, 이에 대한 기록을 남긴 것은 그녀 자신이 아닌 오로지 두 명의 남성, 즉 필리포와 루소리오뿐이다. 이들은 안나를 성격이 까다로운 귀부인 내지는 사교의 주인공, 심지어 부정직하고 변덕이 심한 여성으로 묘사했다. 시동생 루소리오가 처음으로 그녀에 대한 부정적인 언급을 남겼고, 그로부터 시간이 한참 흐른 뒤 남편도 그렇게 했는데, 그가 남긴 언급은 훨씬 더 부정적이었다.

루소리오에 대해서는 차차 더 상세히 알아보게 될 것이다. 일단은 그가 명석한 두뇌와 까칠한 성격의 소유자였으며 말을 길게 늘어놓는 버릇이 있었다는 점을 언급하는 것으로 충분할 테다. 앞으로 그가 늘어놓은 말들을 살펴볼 텐데, 오해를 피하기 위해 1790년 토스카나 대공 피에트로 레오폴도가 공직자로서의 루소리오에 대해 남긴 매우 긍정적이면서도 신뢰할 만한 언급을 하나 인용할 필요가 있다. 그에 따르면 루소리오는 "유능하고 활동적이며 정직하고 신중한" 사람이었다. 안나의 모습이 처음 우리 눈에 포착되기 시작하는 것은 시동생 루소리오가 가문의 저택으로 돌아온 후 작성한 기록들에서였다. 예를 들어 1777년 7월 19일에 남긴 메모에서는 사교생활 참여와 가문의 유산 낭비 사이의 연관성에 대한 언급 속에서 그녀의 이름이 등장한다. "우리는 필리포와 격렬한 언쟁을 벌였다. 그가 아내의 변덕을 모두 받아들이고 있고, 어떤 이유로도 지출을 절제하려 하지 않기 때문이었다." 1780년 7월 1일에는 형제들 사이에 처음으로 심각한 갈등을 야기한 원인으로 안나의 잘못을 지적했다. "오늘 아침 필리포와 나머지 두 형제 오노프리오, 루소리오 사이에 몇 가지 견해차가 생겨 식탁에서 자리를 따로 했다 집안 내의 이 모든 불화와 갈등은 필리포의 아내에게서 비롯되었다. 그는 자신의 아내로 인해 갈등이 발생한 점에 대해 자신이 죄를 저지른 것보다 더 큰 후회를 하고 있다. 우리의 사랑하는 조카들은 분별력이 부족한 여성, 주님을 두려워하지 않는 부모에게서 태어난 여성과 얽히는 일이 없도록 해야 한다. 혹은 다음과 같은 속담을 기억해야만 할 것이다. 하반신의 충동에 이끌리면 큰 낭패를 당할 것이라는 말도 있지 않은가?" 루소리오는 안나의 신체적인 이상에 대해서도 냉소적이고 비꼬는 태도를 보였다. 이를테면 1783년 12월 6일 그는 다음과 같은 기록을 남겼다. "오늘 밤 11시경, 필리포의 존경스러운 아내께서 새로 담근 요리용 와인을 드시고 속이 불편해지셨다. 이를 달래기 위해 무려 여섯 개의 프리타타*를 팬에 튀겨서 드셨다고 한다. 그녀의 왕성한 식욕이 기쁘지 않을 수 없다. 부디 신께서 그녀의 건강을 지켜주시기를."

루소리오는 안나에 대해 이보다 더 심한 비난도 서슴지 않았는데, 특히 그녀가 어머니 역할에 부적절한 여성이라는 이유에서였다. 다음은 1785년 9월 4일에 남긴 기록이다.

> 그날 오후 3시 30분 필리포 브라치 캄비니의 부인은 그녀의 장자 그리고 그의 학교 선생님과 함께 마차를 타고 카프로나를 향해 떠났다. 여기서 주목해야 할 점은 아이가 머리를 다친 상태였다는 것인데, 이는 그녀가 언제나 그렇듯이 아이를 벌하는 과정에서 생긴 상처였다. 그녀는 남편이 이를 눈치채지 못하도록 아이에게 모자를 쓰고 있게 했다. 모자를 쓴 상태에서 마차에 들어가기 어려우니 필리포가 모자를 벗으라고 말하자, 그의 아내는 날이 추워서 아이가 모자를 벗고 싶어하지 않는다는 핑계를 댔다.

* 달걀에 채소, 고기, 치즈, 파스타 등을 넣어 만드는 이탈리아식 오믈렛.

> 필리포는 언제나 그렇듯이 그녀의 말을 그대로 믿었고, 아이들을 폭력의 희생양으로 만들고 말았다.

1785년 12월 4일에도 루소리오는 자신의 숙모, 그러니까 삼촌 안토니오 마리아의 아내에게 무례하다는 이유로 안나에게 비난을 퍼부었다. "오늘 아침 6시 이사벨라 푸치니 부인이 불쾌한 기분이 가시지 않은 상태로 마차를 타고 떠났다. 이사벨라 푸치니 부인은 필리포의 아내가 보인 부당한 데다 추문을 불러일으키기 충분한 행동으로 인해 더 기분이 나빠졌다고 한다. 그녀는 필리포의 아내로부터 여러 차례 무례한 행동과 불쾌한 대우를 받았다고 말했다."

모든 상황을 고려할 때, 안나는 두 세대 전 보나 루스키가 현실에서 구현했던 성서에 기반을 둔 이상적인 여성의 모델과는 대단히 거리가 멀었던 것처럼 보인다. 그렇다고 해서 루소가 제시한 모델, 즉 사회적 활동을 멀리하고 가정생활에 전념하는 아내이자 어머니로서의 모습에 가까웠던 것도 아니다. 다음은 1780년 9월 8일 필리포가 삼촌 안토니오 마리아에게 보낸 긴 편지의 마지막 부분으로, 앞서 우리가 살펴봤던 남편 필리포의 말, 즉 그녀가 임신하지 않은 상태이니 춤을 추고 싶어했다는 말과 연관지어 생각해볼 필요가 있다. "우리 집 식구들은 지금 유모의 아이 하나가 천연두에 걸린 것을 제외하고 모두 잘 지내고 있습니다. 삼촌의 식구들도 그러하기를 바랍니다. 따뜻한 인사를 전하며 급한 마음에 이만 줄입니다." 18세기에 모유 수유와 천연두 예방 접종은 아이들 건강에 대한 어머니의 관심을 가늠하기 위한 중요한 지표였다. 그러나 안나는 사교 문화에 대한 참여를 포기하면서까지 어머니 역할에 전념하려던 생각은 없었던 것으로 보인다.

사교에 대한 안나의 열정이 과도하고 나아가 제어가 안 되는 듯 보였던 것은 가문의 공동 유산을 둘러싼 갈등과 분쟁의 분위기를 고조시키는 데 중대한 요소로 작용했다. 이는 앞서 살펴봤듯이 그녀의 시동생 루소리오의 비난뿐만 아니라 처음에는 아내를 변호하는 태도를 취했던 남편 필리포의 증언을 통해서도 확인할 수 있다. 이에 대해서는 유산 분할과 관련된 갈등이 지속되던 1770년대 후반에서 1780년대 초반까지 10년에 가까운 세월 동안 루소리오가 남긴 메모들 그리고 필리포가 삼촌 안토니오 마리아에게 보냈던 편지의 초안들을 예로 들 수 있다. 세상 경험이 풍부했던 안토니오 마리아는 당시 가문 내에서 존경받는 어른이었다. 필리포는 그가 자신과 자신의 아내를 향한 비난이 부당하다는 사실을 증언해주기를 원했다. 예를 들어 앞서 인용했던 루소리오의 첫 번째 메모가 작성된 후로 며칠이 지난 1777년 7월 28일 그는 삼촌에게 이렇게 말했다.

> 제가 요리를 직접 하지는 않습니다만, 제가 두고 있는 두 하인 가운데 한 명이 평소 요리를 담당하고 있고 그에 걸맞은 평균적인 보수를 받고 있습니다. 저는 어떤 말도 기르지 않습니다. 제 아내에 대해 말하자면, 저는 그녀가 가문 구성원들의 반대에도 불구하고 이미 고인이 되신 분의 양보로 인해 우리 집에 시집왔던 것을 잘 알고 있습니다. 가문 구성원들이 그녀의 결점을 크게 문제 삼는 것은 바로 이 때문입니다. 하지만 다른 가문의 여성들과 비교해볼 때 그녀의 결점이 더 크다고 할 수는 없습니다. 오히

려 그녀는 당시 추천받았던 다른 여성들보다 더 잘해나가고 있습니다. (…) 저는 앞으로 가문을 이끌거나 규율을 정하는 역할을 맡고 싶지 않습니다. 그런 역할을 맡게 된다면 결국 모든 비난을 떠안고 고통을 겪게 될 뿐입니다. 이제는 그저 바깥에서 지켜보며 비판하는 사람으로만 남고 싶습니다. 더 이상 제 건강을 해치고 싶지 않아 오늘 아내와 함께 온천에 가서 보름 정도 요양을 하려고 합니다. 며칠 동안 잠을 제대로 잘 수 없었습니다.

산 줄리아노 테르메는 피사 인근의 온천 마을로, 주로 여름철 피사의 귀족들이 사교와 휴양을 즐기던 장소였다. 필리포 부부의 재정 지출과 관련된 논의에서는 그들이 이곳에 다녔다는 사실이 반복해서 언급된다. 필리포는 주로 심한 더위를 피하기 위해서였다는 말로 이를 정당화했다. 때로는 더 분명한 이유를 대기도 했는데, 가령 1778년 7월 28일 그는 삼촌 안토니오 마리아에게 보낸 편지에서 다음과 같이 언급한다. "온천욕에 대해 말씀하신다면 저는 이미 열흘 전에 온천욕을 끝냈습니다. 저는 부적절한 사랑을 나누면서 시간을 낭비하거나 무도회에 참석하면서 건강을 해치지 않았습니다. 루소리오의 행동 때문에 이 모든 것에 대해 저를 꾸짖으실 수 있겠지만, 저는 제 건강을 회복하기 위해 최선을 다했고, 아버지로서의 의무를 다하기 위해 노력했습니다. 사람들은 루소리오의 기쁨을 위해 고용된 여성 때문에 제 아들이 옴에 걸렸다고 비난하지만, 이는 부당합니다."

필리포 역시 피사의 저택에서 생활하는 동안 인나의 사치스러운 요구들 그리고 그것이 낭비라는 루소리오의 비난 사이의 갈등에 대해 간접적으로 인정했다. 재정 지출에 대한 논의가 당연히 있었을 것만 같은 1779년 크리스마스에 그는 안토니오 마리아에게 가문을 위한 자신의 희생에 대해 구성원들이 전혀 감사할 줄 모른다는 내용의 "기나긴 하소연"을 적어 보냈다.

> 그[루소리오]는 오히려 저와 제 아내에 대한 거짓되고 악의적인 비난을 가문의 구성원들에게 퍼뜨리고 있습니다. (…) 저는 당신[안토니오 마리아]께는 지루하게 들릴지 모르는 이 기나긴 하소연을 아무 이유 없이 늘어놓는 것이 아닙니다. 부디 언제나 저를 지켜보시고 제가 하는 말을 듣고 계시는 주님께서 부당한 방법으로 이익을 취하려는 자들 그리고 이성이 아닌 마키아벨리의 교의에 따라 행동하는 자들에게 맞서 제가 스스로 절제할 수 있도록 지혜와 힘과 분별력을 제게 내려주시기를 바랄 뿐입니다. (…) 앞서 말했던 그[루소리오]의 행동은 (그가 의도했건 그렇지 않건) 이중적이고 악의적입니다. 이를 입증하기 위해서는 다음의 사실을 언급하는 것으로 충분합니다. 집에는 아이들을 제외하고 총 세 명의 주인을 위해 일하는 하녀가 단 한 명 있습니다. 그녀는 많은 옷을 표백하고, 다림질하고, 정리해서 보관하는데, 저와 제 아내의 옷은 언제나 뒷전으로 밀립니다. 그래서 제 아내는 자기 옷을 직접 정리해야만 합니다. 하녀가 저나 제 아내의 옷을 처리하지 못하는 이유는 그녀가 해야 할 일이 너무 많거나 혹은 일을 급하게 처리해야 하기 때문입니다. (…) 이리하여 매일 아침 식사 시간마다 서로 불쾌한 상황이 벌어집니다. 제 아내는 전혀 존중받지 못

하고 있고, 마치 하녀와 같은 대우를 받고 있습니다. 모든 사람 사이에 끊임없는 원한과 불신, 적대감이 존재합니다. 게다가 신에 대한 두려움도 없으니 더한 파국이 올 수밖에 없습니다.

여기서 한 가지 생각해볼 문제가 있는데, 그것은 유산을 둘러싼 가문 구성원들 사이의 분쟁을 오로지 법적인 문서에만 근거하여 재구성한다면, 그들 사이의 갈등이 실제보다 더 과도하게 부풀려질 가능성이 있다는 것이다. 그러나 적어도 이 사례에 관한 한 여러 문서를 기초로 판단컨대, 그들이 함께 거주하는 것은—비록 평온했던 시기와 그렇지 않은 시기가 있었지만—전체적으로 고통스러운 일이었다는 사실에 의심의 여지가 없다. 그들이 오랫동안 함께 지낼 수 있었던 것은 보르고에 있는 저택*이 넓었기 때문이라는 사실 또한 마찬가지다. 1780년 8월 8일 필리포는 삼촌에게 루소리오와 그의 뒤를 따른 오노프리오가 자신에게 법원의 소환장을 보내기까지 했다는 불평을 늘어놓는다. 필리포는 "지금 문제는 저나 제 아내의 태도, 과도한 재정 지출 등이 아닙니다. 그들은 아무리 사소하더라도 자신들에게 이익이 된다면 제게 이런 모욕을 가하고 악의를 드러내는 것을 서슴지 않습니다. (…) 저는 지금까지 갈등을 피하고 예의를 지키기 위해 노력했고, 양념이나 불과 같이 그들이 필요로 하는 자원과 편의를 제공받을 수 있도록 했습니다. 그러나 이제 저는 더 이상 그들이 있는 공간으로 가지 않을 것"이라고 언급했다. 한편 필리포는 그 자신이 격앙된 어조로 "마키아

* 1743년 6월 20일 형제들이 함께 매입한 보르고 알 칸토 델 니키오에 있는 저택.

벨리와 같은" 인물이라고 표현했던 루소리오와 물리적 충돌 직전까지 간 적도 있는데, 이와 관련하여 그는 "우리는 거의 주먹을 날릴 뻔했다"는 증언을 남겼다.

이 이야기를 재구성하는 데 있어 등장인물들의 심리적 관계가 서로 어떻게 얽혀 있는지를 이해하는 것은 대단히 중요하다. 그리고 이 관계는 어디까지나 역사적 맥락에서 이해되어야 한다. 루소리오가 왜 그렇게 불만이 많고 냉소적인 태도를 취했는지는 잠시 후 살펴보게 될 것이다. 여기서는 안나와 남편 필리포에 대해 좀더 알아봐야 한다. 필리포의 증언을 토대로 판단컨대, 그들 사이의 관계는 '유행하는 결혼'이라는 범주에 들어가는 것으로 보인다. '유행하는 결혼'이란 윌리엄 호가스의 유명한 회화 연작 시리즈에 붙여진 제목이기도 하다. 호가스가 보여준 과장된 풍자와는 별개로 이는 개인의 감정이 아닌 경제적, 사회적 조건들을 바탕으로 맺어진 결혼을 뜻하는 말이다. 이러한 형태의 결혼에서는 자녀를 낳아 가문의 대를 이어갈 의무를 다하고 난 뒤, 부부가 각자의 삶을 사는 것과 아내 역시 사교 문화에 참여하는 것이 자연스럽게 받아들여졌다. 당대의 많은 도덕가와 설교가들은 이러한 결혼을 격렬하게 비난했지만, 그들의 말대로 이러한 결혼이 그 자체로 반드시 사회에 커다란 해악이 되는 것은 아니었다. 오히려 귀족 가문의 재산을 관리하고 보전하기 위해서는 대단히 효과적인 시스템일 수 있다. 또한 성애의 측면에서 보자면 부부 사이의 계획된 상호 무관심은 더 큰 재앙을 예방할 수도 있었다.

그러나 이 시스템이 잘 작동하기 위해서는 부부 사이의 협력이 필요하다. 필리포와 안나의 '유행하는 결혼'에 있어 가장 큰 문제는 두 사람의 서로에 대한 감정이 충분히 차갑지 않았다는 것, 다시 말해 두 사람이 서로 무관심하지 않았다는 것이다. 특히 필리포가 그랬다. 필리포는 1788년 8월 16일과 10월 13일 자신의 "아내에게" 보내는 두 통의 편지를 작성했다. 루소리오와의 갈등이 이미 몇 해 전 끝난 시점이기에 당시 필리포는 부부 사이의 연대를 고려하여 아내를 변호해야 한다는 의무감을 느낄 필요가 없었다. 이 편지들을 통해 우리는 비록 암시하는 어조로 쓰이긴 했지만 필리포 역시 루소리오와 마찬가지로 안나를 비난하는 입장이 되었다는 것을 알 수 있다. 첫 번째 편지는 피렌체에서 작성된 것이다.

> 나는 늘 그래왔던 것처럼 당신이 분별없이 끄적인 편지를 받았습니다. 어쨌든 거기에는 당신의 속마음이 드러나 있었지요. 나는 당신의 성격을 보여주는 새로운 증거들을 얻은 것으로 만족합니다. (…) 선물하기로 한 옷감에 대해서 말하자면, 약속했던 대로 준비된 것은 없습니다만 내가 어떤 상황에서든 당신에게 관심을 보였고 관대한 태도를 취했던 것을 생각한다면 내가 일부러 그것을 준비하지 않았다고 할 수는 없을 테지요. 다시 말하지만, 모든 것은 당신의 태도에 달려 있습니다. 만일 당신이 글을 쓰거나 말을 하거나 혹은 다른 어떤 행동을 하기 전에 감정에 휘둘리지 않는 분별 있는 사람과 상의했더라면 이런 어리석은 일에 휘말리지 않았을 테고, 당신이 원하는 것들은 더 잘 보장되었을 것입니다. 지금 당신은 스스로의 잘못된 신념에 대해 충분히 성찰하지 못하고 있습니다. 그래서 무엇이 진정으로 이익이 되는 것인지노

> 알지 못하고 있지요.

두 번째 편지는 피사에서 부재중인 안나에게 보낸 것이다.

> 평소와 다를 바 없는 표현들과 가시 돋친 농담으로 가득한 당신의 편지에 대해 답장을 보냅니다. (…) 굳이 무리하게 행동할 필요는 없습니다. 누구나 그런 상황을 겪을 수 있기 때문입니다. 지금처럼 계속해서 이런 식으로 행동한다면 그것은 서로 간의 평화를 찾으려는 것이 아니라 오로지 당신 자신만의 평화를 추구하는 것으로 보이게 됩니다. (…) 내게 조언하는 사람들은 모두 명예롭고 정직한 크리스트교도들입니다. 그들은 항상 나를 자제시키는 한편 비록 내가 당신에 대해 가지고 있는 편견에도 불구하고, 당신에게 불리하거나 당신의 명예를 해치는 결정을 내리지 않도록 하고 있지요. 친구든 적이든 모두가 서로 알고 지내는 이 조그만 마을에서 쓸데없는 논란을 일으키지 않기 위해서입니다.

필리포가 아내에게 무관심하지 않았다는 사실을 보여주는 가장 흥미로운 문서는 다음의 세 번째 편지다. 필리포는 앞서 인용했던 두 통의 편지를 보낸 시점으로부터 몇 년이 지났을 무렵 피사의 어느 군 장교에게 짧은 쪽지를 보냈다. 당시 필리포는 50세가 넘은 나이였고 안나는 40대 초반이었다. 우선 쪽지의 내용을 읽어본 후 필요한 설명을 덧붙여보기로 하자.

존경하는 마우로 파올로치 소령님께 경의를 표하며, 필리포 브라치 캄비니가 간곡하게 부탁드립니다. 부디 조르지 중위가 제 아내를 더 이상 집이나 극장 혹은 다른 어떤 곳에서도 만나지 않도록 명령을 내려주시길 바랍니다. 오늘 아침 저는 조르지를 직접 만나 같은 내용을 전달했으나 의도한 결과를 얻지 못하게 될 것을 우려하여, 소령님께서 그의 상관으로서 이야기해주시기를, 아울러 이후 서로의 불같은 성격으로 인해 어떤 불편한 상황이 생기거나 폭력이 발생하지 않도록 해주시기를 부탁드립니다. 소령님에 대한 깊은 존경을 담아 이 편지를 드립니다. 1794년 1월 21일. 자택에서.

앞서 몇 차례 언급했듯이, 치치스베오란 다른 남성과 결혼한 귀부인의 시중을 드는 역할을 수행하는 젊은 남성 귀족을 가리킨다. 주세페 파리니*의 『하루Il giorno』에 등장하는 청년 귀족giovin signore을 떠올린다면 쉽게 이해할 수 있을 것이다. 치치스베오가 18세기 이탈리아 귀족 계층에만 국한된 현상은 아니었다. 그보다는 가문 사이의 동맹과 연대의 수단으로 기능했던 결혼 시스템 아래서 충족될 수 없었던 욕망과 감정을 통제된 방식으로 해소해야 할 필요성이 무르익어감에 따라 나타난 사회적 페르소나였다. 이러한 점에서 치치스베오, 혹은 시대와 장소에 따라 여러 다른 이름으로 불려온 이 사회적 페르소나는 가문의 계승과 보전, 차남의 독신 그리고 콘베르사치오네가 소

* 18세기 이탈리아 문학을 대표하는 코모 출신의 작가로, 당대 귀족 계층의 나태함을 풍자적으로 고발하는 작품을 남겼다.

재가 되는 한 편의 회화를 완성하기 위한 퍼즐 조각이라고 할 수 있다. 다시 말해 치치스베오는 전통과 어긋나거나 전통을 거스르는 관행이 아니었다. 오히려 적절한 방법으로 활용된다면 오래된 사회적 질서를 유지하게 해주는 본질적으로 보수성을 띠는 관행이었다.

다시 말해 '유행하는 결혼'이란 남편과 아내 그리고 치치스베오 사이에 형성되는 부속물이라고 할 수 있다. 그러나 이러한 삼각관계 속에서 필리포는 자신이 담당해야 할 역할에 충실하지 못했다. 즉 그는 자신의 일인 이익을 챙기는 대신 안나의 욕망에 휘둘렸다. 물론 이런 문제가 필리포와 안나 부부에게서만 생기진 않았을 것이다. 특히 골도니의 『회고록Memorie』에는 이 문제에 대한 대단히 단순하면서도 명확한 설명이 나오는데, 주세페 파리니도 언급한 적 있던 하나의 신화, 즉 모든 이탈리아 남성은 아내의 행동에 대해 무관심하다는 신화를 반박하는 내용이다. "이탈리아에는 아내의 시중을 드는 시종기사*를 기꺼이 용납하는 남편들이 있다. 그들은 오히려 시종기사를 자신의 신뢰할 수 있는 친구로 생각한다. 그러나 이와 반대로 잘못 맺어진 결혼생활에서 또 다른 주인처럼 행동하는 존재들에 대해 질투심을 느끼고 못마땅하게 여기는 남편들도 있다."

* 치치스베오를 의미한다.

유산의 분할

안나가 직접 펜을 들 기회가 그녀 주변의 남성들에 비해 훨씬 더 적었다는 사실을 잊어서는 안 된다. 그녀의 시동생과 남편은 공통적으로 사교에 대한 그녀의 열정이 지나치다는 점을 지적했다. 그에 따르면 삼촌 안토니오 마리아도 한때 사교에 참여했지만, 그와는 달리 안나는 그다지 지혜롭지 못했던 것 같다. 사교에 대한 참여를 구실로 그들은 가문의 재정적 결합이 와해된 것, 그 결과 유산이 흩어지고 나아가 가문의 영향력이 약화된 것에 대한 모든 책임을 쉽사리 안나에게 돌릴 수 있었다. 그러나 현실은 그렇지 않았다. 사실 안나의 날카로운 성격뿐만 아니라 연관된 남성들의 성격 역시 사태를 악화시키는 데 결정적인 영향을 미쳤다. 이로 인해 개인 간의 갈등이 거대한 사회적 변화가 낳은 위기와 맞물렸고, 더 극적인 결과를 가져왔다.

위기는 바로 계몽주의가 야기한 사상적 변화로부터 기원하는데, 그중 하나는 사회가 더 이상 "가문의 정신spirito di famiglia"을 따르는 것이 아니라 개인을 중심으로 조직되어야 한다는 것이었다. 이러한 사상을 가장 명확하게 보여주는 것은 1764년, 그러니까 안나와 필리포의 결혼 10년 전에 출판되었던 체사레 베카리아의 『범죄와 형벌Dei delitti e delle pene』이라는 법사상의 고전이었다.

> 국민이 10만 명인 한 나라가 가문을 대표하는 가장과 다른 구성원을 포함해 각각 다섯 명으로 이루어진 2만 개의 가문으로 구성되어 있다고 가정해보자. 만일 사회가 가문 단위로 조직된다면

> 그 사회에는 총 2만 명의 일반 국민과 8만 명의 노예가 있을 것이다. 그러나 사회가 개인 단위로 조직된다면 총 10만 명의 일반 국민이 있을 것이고 노예는 한 명도 없을 것이다. (…) 가문의 법과 공화국의 기본법 사이에 존재하는 이러한 모순은 가문의 도덕과 공공의 도덕 사이에 존재하는 또 다른 모순의 원천이 되며, 결과적으로 각각의 개인이 끊임없는 정신적 갈등을 겪게 만든다. 가문의 도덕은 복종과 두려움을 불러일으키지만, 공공의 도덕은 용기와 자유를 고취한다. 가문의 도덕은 자발적인 선택의 여지 없이 소수의 사람에게만 자선을 베풀도록 가르치며, 공공의 도덕은 모든 사람에게로 그것을 확장하라고 가르친다. 가문의 도덕은 '가문의 이익'이라는 헛된 우상을 위해 끊임없이 자신을 희생하라고 명령하지만, 그것은 종종 가문 구성원 누구에게도 진정한 이익이 되지 못한다. 반면 공공의 도덕은 법률에 위배되지 않는 한도 내에서 각자의 이익을 추구하라고 가르친다.

따지고 보면 가문 이데올로기에 대한 베카리아의 공격이 전혀 새로운 것은 아니다. 우리는 이미 루도비코 안토니오 무라토리가 『법학의 결점에 대하여』라는 저작의 한 장에서 신탁유증의 관행을 비판한 사실에 대해 잘 알고 있다. 무라토리는 베카리아에 비해 다소 신중한 어조를 취했지만, 그가 신탁유증을 바라보는 관점은 가문 이데올로기를 "가문의 이익"이라는 "헛된 우상"을 위해 "자발적인 선택의 여지 없이" "자신을 희생하는" 것으로 바라보는 베카리아의 관점과 다르지 않았다. 무라토리의 저작이 출판된 것은 1742년, 즉 레오나르도가 세상을 떠난 해와 같았다.

이러한 사상적 변화에 발맞춰 정부는 몇 가지 개혁적 조치를 단행했는데, 이는 신탁유증 및 장자 상속이 경제적 발전의 장애로 작용하고 있었기 때문이다. 무엇보다 재산을 분할하지 않고 영구적으로 묶어두는 관행은 귀족들이 토지를 매각하여 현금 유동성을 확보하는 것을 가로막았고, 이는 귀족들이 부채 상환을 미룰 더없이 좋은 구실이 될 수 있었다. 토스카나의 로렌가 공작들은 이러한 방향의 개혁에 대단히 적극적이었다. 우리가 이 책에서 다루고 있는 사건이 모두 끝난 후인 1789년 2월 23일 대공 피에트로 레오폴도가 제정한 법률은 이미 적용되고 있는 사례에 대해 일부 예외를 인정할 수밖에 없었음에도, 원칙적으로는 "신탁유증에 절대적으로 반대하는 군주의 의지"를 명확히 드러내고 있었다. 사실 그보다 더 전인 1747년 대공 프란체스코 스테파노에 의해 신탁유증과 장자 상속을 엄격히 제한하는 법률이 제정된 바 있다. 요컨대 18세기를 거치며 특히 토스카나에서는 장자 상속을 중심으로 가문 내부의 연대와 통합을 도모하는 관행이 뿌리째 흔들리고 있었다.

우리가 필리포와 루소리오 사이의 갈등을 올바로 이해하고 평가하려면 이러한 배경을 고려해야 한다. 이들의 아버지 조반니 바티스타가 결혼을 하고 차남인 삼촌 안토니오 마리아가 가문의 질서에 순응했던 시점은 1747년의 법률이 제정되기 전이며, 이들이 성장했던 것은 그로부터 반세기가 지났을 무렵이다. 가문의 재산 분할과 관련된 작업은 1774년 후반 안나가 시집오기 전 그리고 루소리오가 볼로냐에서 돌아오기 전부터 이미 진행 중이었던 것으로 보인다. 따라서 루소리오가 재산 분할과 관련하여 삼촌 안토니오 마리아와는 다른 방식을 택했던 것을 두고 형수와의 갈등 때문이었다고 말하기는 어렵다. 다만 돈을 낭비하는 형수의 "변덕" 때문에 루소리오의 태도가 더 분명해진 것은 사실이다.

재산을 분할하는 작업은 필연적으로 대단히 상세한 감정평가 과정을 수반하게 된다. 부동산만 놓고 보자면 재산 형성의 역사는 다음의 세 가지 단계로 구분될 수 있다. 캄비니 가문으로부터 신탁유증된 유산과 레오나르도가 직접 매입한 유산 그리고 조반니 바티스타와 그의 형제들이 매입한 유산이다. 마지막 세 번째 단계에 해당되는 유산은 1747년의 법률 이후에 매입된 것으로 신탁유증에 묶여 있지 않았으며, 따라서 자유롭게 상속인들에게 물려줄 수 있었다. 1774년 7월 30일에 시작되어 1776년 9월 26일에 감정평가가 끝난 부동산 목록은 카프로나와 부티의 토지 및 그곳 소재의 주택과 별장, 피사에 있는 저택과 주택들 그리고 리보르노 소재의 부동산 등으로 총 2만2377스쿠도를 넘는 가치를 지니고 있었다. 물론 적지 않은 규모였지만 피사의 귀족들, 특히 피렌체의 귀족들이 소유한 것에 비하면 상당히 적은 금액이었다. 덧붙이자면 당시 가문의 재산은 법적으로 대단히 복잡한 상황에 놓여 있었다. 재산의 대부분은 두 차례의 신탁유증에 묶여 있으며 일부는 처분이 자유로웠는데, 그중 전자, 즉 신탁유증에 묶인 가문의 유산은 상환해야 할 여러 채무, 납부해야 할 세금, 여러 기부의 의무들을 포함하고 있었다. 특히 디아만테 캄비니의 유언에 따라 매년 카프로나에 거주하는 두 명의 가난한 소녀에게 지참금을 지급해야 하는 의무도 그중 하나였다. 사실 브라치 캄비니 가문은 계속해서 이 의무를 무시하고 있었다. 그러나 당시 카프로나의 지역 공동체가 문제를 제기함에 따라 결국 1777년 비코피사노 법원이 강제 이행 판결을 내린 상태였다.

1776년 9월 15일에는 또 다른 감정평가 작업이 완료되었는데, 그에 따르면 가구, 그림, 보석, 옷감 등이 총 5589스쿠도가 넘는 가치를 지니고 있었다. 또한 조반니 바티스타의 아내 테레사 파세리니가 소유하고 있던 물품들도 재산 목록에 포함되었는데, 그 가치는 총 804스쿠도에 이르렀다. 그 밖에 가문이 보유하고 있던 현금이 정확히 얼마였는지 알기는 어렵지만, 이미 오래전부터, 그러니까 1711년 피렌체의 브라치 가문에서 분리될 당시부터 소유하고 있던 매년 3퍼센트의 이자를 발생시키는 5000스쿠도에 이르는 채권이 포함되어 있었다. 그러나 이 모든 재산을 다 합쳐서 생각해보더라도 향후 증식 가능성은 그리 크지 않았으며, 여러 차례의 분할을 겪고 난 후에도 유지되거나 충분히 버틸 만큼의 규모는 아니었다.

우리가 재산의 상속과 관련된 법률적 지식이 깊지 않다면, 이 복잡하고 까다로운 재산 분할의 기준을 정확하게 이해하기란 쉽지 않다. 그러나 적어도 중요한 문제 한 가지, 즉 사제 라니에리의 유언이 재산 분할에 미친 영향에 대해서는 반드시 언급하고 넘어가야 한다. 이를 이해한다면 다른 문제들 역시 대략 이해할 수 있다. 내용을 요약하면 다음과 같다. 1774년 사건이 시작되었을 당시 얽혀 있던 인물은 형제였던 안토니오 마리아와 사제 라니에리 그리고 고인이 된 조반니 바티스타의 네 아들, 즉 필리포, 루소리오, 알레산드로, 오노프리오였다. 수도사 신분이었던 조르조는 재산을 소유할 수 없기 때문에 논의에서 배제되어 있었다. 앞서 언급했듯이 재산의 분할과 관련된 논의가 한창이던 1775년 3월 7일 라니에리는 레오나르도의 유지를 충실하게 받들어 조카 필리포를 위한 유언장을 작성했다. 1775년 12월 4일 라니에리가 세상을 떠난 후 필리포는 유언장에 명시된 권리를 바탕으로, 라니에리가 자신에게 남긴 몫을 제외한 나머지 재산만이 분할 대상이 되어야 한다고 주장했다. 그러나 라니에리의 유언이 어떻게 해석되어야 하는지, 또 재산 분할 과정에 어떻게 적용되어야 하는지에 대한 의견은 분분했다. 특히 유언장을 작성할 당시 라니에리의 권리가 가문의 모든 재산에 대한 것인지 아니면 신탁유증에 묶이지 않는 것을 조건으로 형제들과 함께 매입했던 재산에 국한되는 것인지에 대한 의문이 제기되었다. 다시 말해 이는 레오나르도가 라니에리에게 남겼던 1000스쿠도와 산탄드레아의 농장이 레오나르도 자신이 설정했던 신탁유증으로 묶여 있는 것인지 혹은 이를 자율적으로 처분할 권리가 라니에리에게 있는 것인지에 대한 의문에 다름 아니었다.

이 문제에 대한 논의가 진행됨에 따라 이해 당사자들의 입장이 계속 변하는 양상이 관찰되는데, 이는 이러한 종류의 분쟁을 평가함에 있어 우리가 얼마나 신중해야 하는가를 보여준다. 가문 공동의 재산 가운데 가능한 한 많은 부분을 자기 이익에 맞게 통합하려 했던 필리포는 혁신의 논리를 들고나왔고, 신탁유증의 적용을 제한하는 "구시대의 법률"에 대해 언급했다. 사실 장자였던 필리포의 이익을 위해서라면 신탁유증으로 가문의 재산이 묶이는 것보다 라니에리의 자유로운 의사가 존중되는 편이 훨씬 더 유리했다. 반면 이 분쟁에서 필리포의 반대편에 있는 루소리오와 다른 가문의 구성원들은 베카리아가 그랬듯이 가문의 이익이라는 헛된 우상을 비난하는 한편, 신탁유증의 불가침성을 강조함으로써 필리포의 이익을 위한 유산의 분리를 최소화하려 했다.

1778년 9월 30일이 되어서야 타협안이 도출되었는데, 이는 이해당사자들이 아닌 회계사 두 명의 도움을 받아 감정평가 작업을 진행했던 중재 위원회에 의해 제시된 것으로, 여러 자산의 성격에 따라 각기 다른 분할법을 적용하는 복잡한 계산 과정에 기초해 있었다. 타협안에 따르면 필리포의 요구는 부분적으로만 수용되었다. 그는 재산 분할에 있어 다른 형제들보다 유리한 상황에 놓였지만, 삼촌 안토니오 마리아에 비해서는 그렇지 않았다. 약 3만8946스쿠도로 평가된 가문의 총 재산 가운데 안토니오 마리아에게 약 1만4706스쿠도, 필리포에게 9520스쿠도, 차남 이하의 아들 세 명에게는 각각 약 4906스쿠도가 할당되었기 때문이다.

어쨌든 타협안은 실제로 실행되지는 못했는데, 가문 구성원 각자가 지출한 비용이나 구성원들이 함께 부담해야 하는 비용 등을 어떻게 처리할지에 대한 논쟁이 끊이지 않았기 때문이다. 형제 가운데 막내인 오노프리오는 1780년 11월 14일, 그러니까 이 논쟁이 끝나기 전에 세상을 떠났다. 6년 전부터 내경동맥의 출혈로 인해 지병을 앓고 있던 그는 세상을 떠나기 사흘 전, 즉 11월 11일 유언장을 작성해 삼촌 안토니오 마리아에게 자신의 몫을 남겼고, 이는 재산 분할과 관련된 갈등에 다시 불을 붙이는 계기가 되었다. 말하자면 오노프리오는 루소리오 편에 서서 필리포에게 맞서는 결정을 내린 것인데, 비록 그가 건강이 좋지 않아 은둔생활을 했음에도 불구하고 가문 내부의 갈등과 관련된 그의 입장은 분명하고도 단호했다. 그간 안토니오 마리아는 형제 라니에리와 함께 아버지 레오나르도의 유지를 굳건하게 지지하며 가문의 유산을 흩뜨리지 않으려 해왔지만, 그와 별개로 그의 조카들 가운데 맏이인 필리포에 대한 반감은 점점 더 커져만 가고 있었다.

당시까지만 해도 안나의 이름은 거론되지 않았다. 알레산드로의 "좋지 않은 행실"을 예외로 한다면, 안토니오 마리아의 불만은 오로지 필리포에게만 집중되었다. 필리포가 이런저런 변명을 늘어놓았음에도 불구하고 이제 현명한 노인이 된 안토니오 마리아는 젊은 세대의 구성원들에 대한 불만을 여과 없이 표출했는데, 이는 무엇보다 안토니오 마리아가 프란체스코 루스키와 교환했던 몇 통의 편지에서 잘 드러난다. 재산 분할을 위한 중재 위원회의 가장 영향력 있는 일원이었던 프란체스코 루스키는 레오나르도의 처남 되는 베리시모 루스키의 아들로 안토니오 마리아에게는 사촌뻘 되는 인물이었다. 사실 재산 분할을 둘러싼 가문 내부의 분쟁에서 결혼을 통해 맺어진 친척들이 중요한 역할을 맡는 것은 종종 있는 일이었다. 가문의 논리가 다른 여러 이유나 상황과 균형을 맞추어야 했기 때문이다. 프란체스코 루스키의 경우 개인적인 요구를 전혀 하지 않은 채 가문 전체의 이익을 위해 안토니오 마리아를 지지하고 격려하는 역할을 맡고 있었다. 여러 복잡하고 불편한 상황들로 인해 안토니오 마리아의 결단력이 다소 흔들리던 시점이었다. 1777년 3월 18일 프란체스코 루스키는 안토니오 마리아에게 필리포가 제안한 조건들이 "이성의 규칙을 따르고 있을 뿐만 아니라 가문 공동의 유산 보전에 유리하다"는 내용의 의견서를 보냈지만, 사흘 후 피스토이아에서 화해의 의도라고는 찾아볼 수 없는 답장이 돌아왔다. 안토니오 마리아는 "라니에리가 유언장에서 그가 처분할 권리가 없는 재산들을 처분했기 때문에 그의 유언은 유효하지 않으며, 특히 산탄드레아 디 카프로나의 토지는 레오나르도 브라치의 유언에 따라 가문의 유산으로 남겨진 것"이라고 주장했다. 또한 그는 다음과 같이 덧붙였다. "이 문제를 다른 각도에서 생각해보자면, 특히 젊은 세대의 행동이 나와는 전혀 다를 뿐만 아니라 내가 조카들의 이익을 위해 모든 것을 희생하며 노력했던 이유와도 다릅니다. 나는 그들이 나와 너무나 다르다는 사실에 깊은 슬픔을 느낍니다."

그로부터 몇 년이 지난 1779년 7월 15일 안토니오 마리아는 조카 필리포가 재산을 관리하는 것에 대한 자신의 불만이 중재 위원회에 어느 정도 받아들여졌음에도 불구하고, 조카들이 자신에게 감사의 마음을 갖지 않는다는 불평을 다시 한번 프란체스코 루스키에게 늘어놓았다. 그는 가문을 위한 자신의 노력과 희생을 강조하며, 필리포의 불필요한 낭비에 대해 격렬한 비난을 퍼부었다.

> 이미 내가 수천 번이나 조언했듯이 내 조카들이 자신들의 재산 범위 안에서만 비용을 지출하고, 이전에 우리 세대가 그랬던 것처럼 살았다면 이렇게 좋지 않은 상황에 처하지는 않았을 것입니다. 이 모든 사태의 주된 원인은 장자[필리포]에게 있습니다. 그는 마음대로 가문의 유산을 낭비했을뿐더러 쓸데없는 사치를 부리며 자신이 감당할 수 있는 금액이나 자신이 써야 할 금액의 두 배를 지출했습니다. 그가 좋지 않은 본보기를 보였기 때문에 그의 형제들 역시 내 뜻에 반해 그와 같은 행동을 보였습니다.

안토니오 마리아가 강조했던 가문 공동의 유산 보전에 대한 자신의 기여는 충분히 납득되는 내용이다. 그러나 그와 별개로 그는 여전히 자신의 전통적인 신념을 고수하고 있었다. 그는 가문을 위해 차남 이하의 아들들이 희생하는 상속 체계 자체를 붕괴시키고 있다는 관점에서 필리포에 대한 비판을 제기했다. 다음은 1779년 5월 11일 안토니오 마리아가 프란체스코 루스키에게 보낸 편지의 내용이다.

> 모든 것이 그의 이익을 위해서였습니다. 그는 자신의 형제들을 비참한 상황에 몰아넣었고, 내게도 큰 피해를 입혔습니다. 지난번 당신이 내게 언급했던 비통함의 원인은 바로 여기에 있습니다. 그는 내 형제들의 동의도 받지 않은 채 그리고 내 의사에도 반하여 자의적으로 엄청난 금액을 지출했는데, 이는 그가 감당할 수준을 넘어선 것이었습니다. 그는 자신이 수많은 빚을 졌던 것이 우리 가문의 명예를 지키기 위해서라며 자신의 잘못을 변명하려 했지만, 그가 이끄는 동안 우리 가문은 그 어느 때보다 명예롭지 못했습니다. 1770년부터 나는 우리 가문과 내 조카들을 위해 약 9만 리라 상당의 현금을 지원했지만, 그마저 아무런 도움이 되지 못했습니다. 이에 대해 저는 상세한 메모를 남겨놓았는데, 모두 나의 사재私財를 털어서 지원한 것이었습니다. 제가 이 편지에서 간단히 얘기한 것처럼, 그는 내 이익을 희생시켰을 뿐만 아니라 그보다 나이가 적은 형제들에게도 큰 피해를 입혔습니다. 그의 모략과 기만으로 인해 그의 형제들이 피해를 보고 있는 상황을 나는 무심하게 넘길 수 없습니다. 이것이 내가 느끼는 비통함의 이

유입니다. 그의 형제들이 그로 인해 억압받는 것은 결코 정당하지 않습니다.

안토니오 마리아는 이미 전부터 평생에 걸쳐 자기 삶을 지탱해온 과거의 이상, 즉 가문을 단위로 형제들과 함께하는 연대의 이상을 포기하려는 생각을 가지고 있었다. 그는 나이 일흔이 될 때까지 젊은 시절 형과 함께 매입한 피사의 저택을 자신의 집으로 생각하고 있었지만 실제로 그곳에 거주한 적은 거의 없었다. 물론 사촌인 프란체스코 루스키의 반대가 그에게 얼마간 영향을 미치지 않을 수 없었는데, 특히 이 반대가 경제적인 현실을 근거로 하고 있었기에 더욱 그러했다. 1781년 3월 1일 가문이 소유한 재산을 다시 계산하고 있던 시점에 프란체스코 루스키는 "안타까운 마음으로" 눈앞에 다가온 "공식적인 재산 분할"에 대한 편지를 보냈는데, 여기에 "[이대로 재산이 분할된다면] 조카들이 우리 가문의 일원으로서 품위를 유지하기에 충분한 몫을 가질 수 없다"고 언급했다. 사실 4월 28일에 산출된 계산의 결과는 프란체스코 루스키의 말이 과장은 아니었음을 보여주는데, 이에 따르면 재산 분할 시 형제들 각각의 연간 수입은 안토니오 마리아는 약 276스쿠도, 필리포는 221스쿠도, 루소리오와 알레산드로는 각각 101스쿠도에 불과했다. 이 숫자의 초라함은 같은 해 4월 28일의 합의, 즉 필리포와 루소리오가 "식구가 되어 함께 생활하며" 필리포의 책임 하에 수입과 지출을 공동으로 관리한다는 내용의 합의를 시도하게 만든 주된 원인이었다. 이 합의의 내용은 루소리오가 남긴 개인적인 기록에도 나온다. 1781년 5월 1일 루소리오는 "오늘 아침 가문 내부의 합의에 따라 다시 필리포와 함께 식사를 하게 되었다"고 언급했다.

귀족 가문들이 자산의 분할을 최대한 미루려 했던 이유는 그것이 가문 구성원들 사이의 개인적인 관계가 거의 망가진 상황에서도 가문을 단위로 하는 연대 의식을 그나마 유지할 수 있는 유일한 방편이었기 때문이다. 이들은 아무런 투자나 새로운 사업에 대한 시도 없이 그저 자산으로부터 나오는 수익에 의존해 살아왔으며, 그런 탓에 변화를 꺼리는 경향이 있었다. 그러나 18세기와 19세기 사이에 귀족 가문들의 경험을 돌이켜본다면, 방어적인 재산의 보전에 치중된 선택은 실패로 이어지곤 했다. 스스로를 쇄신하고 성장을 도모했던, 즉 역동적으로 생존을 꾀했던 가문들만이 특히 프랑스 혁명과 같은 거대한 변화 속에서 살아남을 수 있었다. 어쨌든 필리포와 나머지 가문 구성원들 사이에서 생겨난 불화는 이미 형제들끼리의 연대에 기반을 둔 과거의 모델을 연장하거나 유지하는 것이 불가능할 만큼 심각해져 있었다.

1784년 봄 재산 분할 절차가 재개되었고 이에 따라 중재 위원회가 다시 구성되었으며 새로운 감정평가 작업이 시작되었다. 그러나 충분히 예상할 수 있었던 바 이 과정에서 여러 어려움이 새롭게 생겨났고, 이에 따라 감정평가 작업이 완료되는 데는 두 해에 가까운 시간이 소요되었다. 당시 안토니오 마리아와 루소리오는 사실상의 동맹을 형성해 필리포에 맞서고 있었다. 이들은 새로운 중재 결정에 불만을 품고 피사의 행정 법원에 소송을 제기했는데, 이 소송이 기각되었음에도 불구하고 갈등은 계속되었다. 프란체스코 루스키를 필두로 하는 중재 위원회 구성원들이 필리포에게 편파적이라는 의심을 품고 있던 안토니오 마리아와 루소리오는 새로운 인물들로 중재 위원회를 다시 구성할 것을 제안했고, 사안의 민감성을 고려하여 당시 피사시 당국에서 중요한 역할을 맡고 있던 오노프리오 델 모스카와 도나토 삼미니아텔리가 중재 위원회의 새로운 구성원으로 섭외되었다. 이들은 "효과적이고도 끊임없는 노력과 더불어 설득력 있는 태도로 사람들의 마음을 조화롭게 모은 끝에" 타협을 이루어냈다. 그러나 이것으로 문제가 종결되지 않았다. 상황은 오히려 더 복잡해졌는데, 타협이 아직 진행 중이던 1786년 2월 26일 알레산드로가 세상을 떠나며 그가 남긴 몫을 다시 나누기 위한 추가 협상과 조정이 필요해졌기 때문이다.

문제를 최종적인 결론에 이르게 만든 것은 디비시오눔 콘페시오 Divisionum Confessio라는 제목이 붙은 공증 문서였다. 가문 내부의 불화가 시작되고 최소 12년 이상의 불편한 시간을 보낸 후인 1786년 5월 19일 확정된 문서로, 앞서 언급한 중재 위원회의 새로운 구성원들에 대한 묘사 역시 이를 출처로 한다. 어쨌든 이 문서가 규정하는 바에 따라 레오나르도와 그의 아들들이 소유했던 상당한 규모의 재산은 이제 세 덩어리로 쪼개졌다. 첫 번째 가장 큰 덩어리는 레오나르도의 아들들 가운데 한 명인 안토니오 마리아에게 귀속되었다. 여기에는 피렌체에 있는 친척들을 대상으로 하는 5000스쿠도 상당의 채권과 부티 소재 세 채의 농장 가운데 두 채 그리고 피사에 있는 주택이 포함되었다. 두 번째 덩어리는 필리포에게 넘어갔는데, 여기에는 부티에 있는 나머지 농장 한 채, 빌라누오바 디 카프로나에 있는 저택과 부동산, 리보르노에 있는 건물들 그리고 피사의 주택 한 채가 포함되었다. 마지막으로 루소리오가 받은 세 번째 덩어리는 빌라누오바의 나머지 부동산과 피사의 주택 한 채 그리고 레오나르도와 라니에리 신부가 의도했던 장자 상속 계획의 실패를 증명이라도 한 양 필리포가 끝까지 분할 대상에서 제외하려 했던 산탄드레아 디 카프로나의 농장을 포함하고 있었다. 그리고 도시에서 브라치 캄비니 가문의 위상을 상징하는 장소이자 소유권을 둘러싼 가문 내부의 대립이 가장 격렬했던 칸토 알 니키오*의 커다란 저택은 8분의 7이 안토니오 마리아에게, 나머지 8분의 1은 루소리오에게 분할되었다.

1786년 가문의 유산이 분할되었을 당시의 맥락과 심리적 분위기를 고려한다면 이후 가문 구성원들 사이의 개인적 관계에 대한 사료가 거의 남아 있지 않다는 것은 전혀 놀랍지 않다. 그나마 남아 있는 유일한 흔적은 1788년 5월 7일 필리포가 루소리오에게 작성해 보낸 냉랭한 어조의 쪽지 한 장뿐이다. 내용은 다음과 같다. "이미 합의된 대로, 행정 감사관 앞에서 신탁유증과 관련된 사항들을 확정해야 하고 이를 위해 필요한 절차들을 진행해야 한다. 나는 이 일에 대해 잘 알고 있는 파치니에게 내 권한을 위임했다. 만약 대리인을 선임하는 것에 네가 동의한다면, 답장을 통해 알려주기를 바란다. 그렇게 해서 이 일을 마무리 짓도록 하자."

폐허

필리포와 안나의 운명에 대한 이야기는 어떤 면에서 가문의 유산

* 당시 지명은 보르고 알 칸토 델 니키오였다.

분할에 대한 이야기에 붙은 부록처럼 느껴지는데, 이는 단지 두 이야기가 동일한 출처로부터 재구성되었기 때문만은 아니다.

1789년 12월 2일 필리포는 피사를 가로지르는 아르노강 남쪽 산타 크리스티나 교구에 있는 저택 한 채를 새로 구매했다. 이 저택은 중세 피사의 도제doge였던 델라넬로가 소유했던 것으로, 강변의 도로를 바라보고 있는 외관이 상당히 인상적이었다. 주세페 델 테스타 남작은 아직 미성년인 아들을 대신해 저택을 매물로 내놓았고, 법원의 감독하에 경매가 열렸지만, 아직 입찰자가 나타나지 않은 상황이었다. 이 순간 필리포가 공식 감정가로 책정된 3500스쿠도를 제시하며 구매를 제안했다. 사업적인 측면에서 과연 좋은 거래였을까? 법원이 판매를 허용한 이유는 "남작이 다른 지역에 거주하게 되면서 이 저택을 임대하려 했으나 임대가 어려운 저택임을 경험을 통해 알게 되었고, 설령 임차인을 구한다 하더라도 임대료가 저택의 가치에 비해 충분하지 않다고 판단"했기 때문이다. 레오나르도가 살아 있었다면 아마 건물의 정확한 가치를 평가하는 데 도움을 줄 수 있었을 것이다. 사실 이 저택은 건물의 위치가 지닌 가치가 건물 자체의 가치를 크게 웃돌고 있었다. 실제로 필리포는 이 저택을 매입한 직후 대대적인 리모델링 작업을 계획해야만 했다. 주택 매입을 위해 이미 적지 않은 빚을 지고 있던 그는 리모델링을 맡은 업체에 대금을 납부하고자 다시 건물을 저당 잡혀야 했다.

과연 필리포를 자극하여 남은 신중함마저 잃게 만든 것은 누구인가에 대해 우리는 악의적인 추측만 할 수 있을 뿐이다. 필리포가 살던 칸토 알 니키오의 저택은 이미 그의 손을 떠났고,* 레오나르도 생전에 그가 거주하던 메르칸티 거리에 있는 저택으로 돌아가는 것도 고려할 수 없는 상황이었다. 카프로나에 있는 별장의 리모델링 작업은 사실 그리 시급하게 진행해야 하는 일은 아니었다. 그럼에도 불구하고 1790년 1월 12일 필리포는 빌라의 증축과 확장을 위한 자금을 마련하기 위해 카프로나에서 자신이 소유하고 있던 주택을 매각해야만 했다. 필리포 자신의 증언에 따르면 이 주택의 판매 가격은 600스쿠도였으나 실제로 그의 손안에 들어온 것은 200스쿠도에 불과했다. 나머지 400스쿠도는 주택이 매각되기 전에 이미 별장의 증축과 벽체壁體의 개조를 위해 지출해버린 상태였다. 이러한 증언은 당시 안토니오 니콜리니가 카프로나의 별장을 장식하기 위해 제작했던 회화작품 뒤에 숨겨진 이면을 보여준다. 니콜리니의 작품 속에서 필리포의 자녀들은 "스스로 귀족임을 자각하는 교양 있고 생기 넘치는 아이들"로 묘사되었으며, "잔디밭에서 간식을 먹고 말을 타거나 체조 등을 즐기는 유쾌한 모습"으로 등장하고 있었다.

사실 1786년의 재산 분할로 인해 크게 악화되어 있던 필리포의 경제적 상황은 (추후 살펴보겠지만) 이후 안토니오 마리아의 유산 일부를 상속받았음에도 불구하고 여전히 회복될 기미를 보이지 않았다. 오히려 점점 더 불안정한 상황으로 흘러갔다. 필리포는 1786년 그에게 귀속된 가문의 유산과는 별개로 "파치Pazzi"라 불리는 농장과 리보르노에 있는 부동산들을 개인적으로 소유하고 있었다. 이는 그가 결혼할 당시 레오나르도의 딸로 필리우 가문에 시집갔던 이모 로사에게서

* 이 저택은 안토니오 마리아와 루소리오에게 분할 상속되었다.

물려받은 것이었다.

1790년대에 필리포는 전형적인 부채의 악순환에 빠져 있었다. 1792년 6월 10일 필리포는 3년 전에 상환했어야 할 대출금 700스쿠도에 대한 이자를 두 배 가까이 지급했다. 1790년 8월 15일 그는 루카의 카밀라 콘티 오르세티에게 대출금 상환일을 연장해달라고 요청하면서 그 이유에 대해 다음과 같은 설명을 덧붙였다. "저는 아르노강 남쪽에 있는 저택을 매입했고, 이후 약 3000피아스트라*의 비용을 들여 그곳을 리모델링했습니다. 이는 당신의 거래처 사람들에게서도 확인하실 수 있는 사실입니다. 이로 인해 저는 금전적으로 다소 어려운 상황에 빠졌습니다." 이후 필리포에 대한 주변인들의 신뢰가 깨지는 모습이 관찰된다. 1791년 리보르노의 한 사업가가 그에게 담보 대출을 내주기 전 그의 재정 상황이 어떠한지 설명해달라고 요청했고, 그런 요청이 무례하다고 느낀 필리포는 5월 7일 짜증 섞인 어조의 답장을 보냈다. "나는 내 재산에 대해서나 내가 받은 지참금에 대해 설명할 의무가 없고 또 그렇게 하고 싶지도 않습니다. 당신이 나에게 돈을 빌리려 하는 것이 아니기 때문에 그런 정보들이 필요할 이유도 없습니다."

이런 어려운 상황에서도 필리포는 재정적인 문제에만 집중할 수 없었던 것으로 보인다. 안나와 조르지 중위 사이의 대화가 있고 몇 달이 지난 1794년 10월 31일, 필리포는 리보르노의 한 상인에게 서둘러 달라는 당부와 함께 "적어도 성탄절 이전, 즉 다가오는 12월 중순까지" 조끼에 매달 단추 세트를 받고 싶다고 말했다. 그리고 "운송비와

* 피아스트라piastra는 18, 19세기 이탈리아에서 유통되던 은화로 일반적으로 스쿠도와 비슷한 가치로 평가되었다.

수수료 등을 포함한 전체 가격을 미리 알고 싶은데, 유행이 지난 물건에 너무 많은 돈을 쓰고 싶지 않기 때문"이라고 덧붙였다. 그로부터 몇 주가 지나 필리포는 그의 개인적인 상황에 대한 부정적인 정보, 즉 그의 재정 상태가 좋지 않다는 소문으로 인해 공적으로 큰 불운을 겪는다. 당시 필리포는 토스카나 대공 페르디난도 3세에게 제출될 세 명의 공직 후보자 명단에 이름을 올린 상태였다. 그러나 피사의 시 의회가 그를 유일한 적임자로 추천했음에도 불구하고 그는 공직에 부적합하다는 판정과 함께 탈락의 고배를 마시게 된다. 아마도 그가 신뢰할 만한 인물로 보이지 않았기 때문일 것이다. 확실한 것은 안토니오 마리아의 친척이었던 "사촌 푸치니"가 옷 장식 및 단추를 구매하느라 필리포가 그에게 빌렸던 돈과 관련하여 다음과 같은 농담을 건넸다는 사실이다. 푸치니가 장난 섞인 어조를 사용하고 있다는 점과 격의를 차리지 않은 너tu라는 호칭을 사용하고 있다는 점으로 미루어볼 때—필리포는 형제들과도 이러한 호칭을 사용하지 않았다—필리포를 공격하려는 의도는 아니었던 듯하다. "너에게 주었던 첫 두 건의 영수증은 다시 보내줄 테지만 마지막 두 건은 불가능해. 네가 이 영수증을 손에 들고 이미 돈을 상환했다면서 나를 나쁘게 몰아세우지 않았으면 해. 한 가지 나쁜 짓을 하건 두 가지 나쁜 짓을 하건 지옥에 떨어지는 것은 똑같다는 생각은 완전히 잘못되었다는 점을 기억해둬. 만약 네가 돈을 떼어먹는다면 너는 더 뜨거운 지옥에 떨어질 거야. 나 역시 결코 너를 용서하지 않을 거고."

필리포의 상황은 악화 일로를 걷고 있었다. 1795년 6월 6일 필리포는 자신이 소유한 리보르노의 부동산을 1500스쿠도에 매각했지만, 구매자인 리보르노의 상인 조반니 주세페 코치니는 구매 대금의 3분의 2를 필리포가 아닌 1789년 필리포가 산타 크리스티나 교구의 저택을 매입할 당시부터 빚지고 있던 채권자 프란체스코 줄리아니에게 지급했다. 그로부터 두 달이 지난 1795년 8월 4일 피에트로 메코치는 약 200스쿠도의 공예품 구매 대금을 변제하면서, 필리우 가문과 관련된 필리포의 자산에 대해 저당권을 자신의 이름으로 설정했다. 게다가 1801년 10월 15일 리보르노의 상인 미켈레 사라프가 필리포에게 약 100스쿠도의 돈을 대출하며 또 다른 저당권이 설정되었다. 1803년 1월 20일 필리포는 리보르노의 상인이자 금융업자였던 조반니 니콜라 베르톨리에게 "파치"라 불리는 농장을 매각했는데 이는 이미 필리포가 재정적으로 절망적인 위기 상황에 빠져 있음을 보여주는 마지막 징후였다. 농장의 매매가는 1만3000스쿠도였다. 필리포는 그 중 1020스쿠도를 1789년부터 미지급 상태로 남아 있던 델 테스타 가문의 채권을 청산하는 데 써야 했다. 또한 보름스 가문의 미성년 상속자들에게 2371스쿠도, 필리우 가문과 관련된 자산의 채권자들에게 7105스쿠도, 다른 여러 채권자에게 2300스쿠도가 지급되었다. 결국 자신이 소유한 자산의 핵심이라고 할 수 있는 파치 가문의 농장을 매각했음에도 불구하고 실제 필리포의 손에 들어온 돈은 고작 202스쿠도 5리라 4솔도에 불과했다.

루소리오

반항적인 차남

내가 인간들, 아니 더 정확히 말하자면 살아 있는 모든 존재의 끝없는 어리석음에 대해 생각할 때면 그들의 허영과 모순 때문에 웃음이 나온다. 나도 인간인 탓에 그러한 어리석음을 겪었고, 지금도 겪고 있으며, 앞으로도 겪을 것이다. 이를테면 나는 의사도 해봤고, 화가도 해봤고, 병원의 행정관도 해봤고, 건축가도 해봤고, 조각가도 해봤고, 엔지니어도 해봤고, 거지 같은 군수도 해봤다. 지금은 내가 무엇을 하고 있는지도 모르겠다. 아마 앞으로 뭔가 또 다른 어떤 일을 하게 될지도 모른다. 그래서 내 웃음은 사실 나 자신을 향한 것으로 생각해도 좋다.

격식을 차리지 않은 문체로 작성된 위의 구절에서 우리는 루소리오의 신랄한 통찰을 엿볼 수 있다. 이제부터는 가문 내의 갈등을 야기하는 데 있어 가장 중요한 역할을 한 루소리오가 형 필리포가 몰락하는 과정에서는 왜 전혀 등장하지 않았는지, 그리고 그가 왜 지금까지 안나의 무례한 시동생으로만 비춰졌는지 좀더 알아보려 한다.

루소리오는 1816년 11월 8일에 앞서 인용된 구절과 마찬가지로 다소 비꼬는 듯한 문체로 쓴 편지에서 필리포의 장자이자 자신의 조카였던 안토니오에 대해 언급한다. 한때 루소리오는 어린 안토니오가 머리를 다쳐 고향을 떠날 때 걱정하는 마음을 내비치기도 했지만, 이제 어른이 된 안토니오에 대해서는 더 이상 과거와 같은 애정을 보이지 않으며, 그를 그리 높이 평가하지도 않았다. 당시 이미 67세의 나이였던 루소리오는 여전히 유머 감각이 넘치고 직설적이며 순응하지 않는 성격을 유지하고 있었다. 또한 가문의 구성원들 가운데에서는 보기 드물게 지성을 갖춘 인물이었다.

그는 매우 총명하고 머리가 좋았다. 1805년 11월 28일 안토니오는 자신의 형제에게 쓴 편지에서 루소리오를 비판하며 이를 인정했다. "나는 삼촌 루소리오를 마음으로는 신뢰하지 않는다. 그렇더라도 외부의 뱀이 독을 퍼뜨릴 수 없는* 그의 머리는 신뢰한다. 누구도 그의 머리를 따라가지 못한다." 물론 루소리오를 전적으로 심리학적인 관점에서만 묘사하는 것은 오해의 소지가 있을 것이다. 그러나 그의 인격을 역사적인 맥락에서 정의해보는 시도는 가능할 것이다. 삶의 후반부에 이르러 그는 두 세기에 걸쳐 나타난 커다란 변화에 직접적으로 참여할 기회를 갖게 되었다.

* 다른 사람들이 그를 속이려 해도 간파당한다는 사실의 은유다.

루소리오는 정치적인 변화를 열렬히 환영하는 입장에 있진 않았지만, 그렇다고 해서 완강하게 보수적인 태도를 취하지도 않았다. 그는 앞서 인용했던 구절에서처럼 스스로 농담 삼아 "거지 같다"고 표현한 산 줄리아노의 군수를 맡기도 했고, 나폴레옹 지배 시기 여러 위원회의 위원으로 활동하기도 했다. 그는 계몽주의 시대를 살던 사람답게 자유로운 정신으로 세상을 관찰하고 판단을 내렸지만, 그가 작성한 세 개의 유언장 모두에서 그는 자신이 "로마 가톨릭" 신앙에 충실하며 교황과 교회의 전통적인 권위를 인정한다는 것을 의도적으로 강조했다. 그의 말은 언제나 날카롭고 때로는 신랄했지만, 그 말이 결코 다른 사람들에게로만 향한 것은 아니다. 그리고 이따금 계몽된 크리스트교도로서의 모습을 보여준 순간들도 있었다.

루소리오는 스스로 증언했던 것처럼, 다양한 경력으로 인해 흥미를 자아내는 인물이다. 우선 의사로서 그는 1784년부터 약 10년 동안 피사의 도시생활에서 대단히 중요한 공직이었던 통합 병원의 행정관을 역임했다. 앞서 언급했던 토스카나 대공 피에트로 레오폴도의 호평은 바로 이 경력과 연관된다. 또한 루소리오는 직업적인 화가가 아니었음에도 18세기 말 피사의 지역 예술에 중요한 공헌을 했다. 그는 피사의 두오모에 있는 대형 작품들을 모사해 카푸친 수도원에 기증했고, 수년 동안 피사시 당국과 두오모 관리 위원회에서 회화와 조각, 건축 작업을 감독하기도 했다.

요컨대 루소리오는 다양한 재능과 뛰어난 능력을 지닌 사람이었으며, 바로 이 때문에 베카리아가 주장했던 사상, 즉 가문이라는 명목하에 개인의 권리를 희생시키는 관행에 반대하는 사상을 실천하기에 대단히 적합한 인물이기도 했다. 그는 형 필리포가 그랬듯이, 마치 주인을 위해 일하는 노예와 같은 삶에 반기를 들 준비가 되어 있었다. 이와 관련하여 루소리오가 의식을 깨우치는 과정을 보여주는 중요한 기록이 하나 존재한다. 이 기록은 우리로 하여금 그의 사상을 이해할 수 있게 할 뿐 아니라, 그의 사상을 그와 비슷한 강인함을 가졌지만 전혀 다른 신념을 지니고 있던 그의 조부, 즉 가문의 창시자이자 개인을 초월한 가문의 논리를 상징하는 인물이었던 레오나르도의 사상과 비교할 수 있게 만든다. 이 기록이란 바로 루소리오가 작성한, 더 정확히 말하자면 대부분의 분량을 루소리오가 작성한 한 권의 책을 가리킨다. 형수 안나에 대한 비판적인 메모들을 포함하고 있는 이 책은 사실 레오나르도가 생전에 마지막으로 쓴 것이기도 하다. 레오나르도는 세상을 떠나기 얼마 전 이 책을 쓰기 시작했고 이후 조반니 바티스타가 큰 열의 없이 작업을 이어갔다.

1772년 초 조반니 바티스타가 세상을 떠났을 당시만 해도 이 책은 대부분 비어 있었다. 이후 5년 동안 필리포가 겨우 4페이지 정도의 분량을 채워넣었을 뿐이다. 그러다 1777년 6월 5일 드디어 볼로냐에서 학업을 마치고 돌아온 루소리오가 이 책을 본격적으로 다시 쓰기 시작했는데, 아래는 그가 남긴 첫 번째 메모의 내용이다.

> 브라치 가문의 네 형제는 게으름과 부주의로 인해 우리 조상들이 꼼꼼하게 기록해왔던 가문의 연대기를 이어가지 못한 잘못을 저질렀다. 이에 대해 진지하게 반성한 끝에, 나와 내 형 필리포는 피사에서 이 훌륭하고 유익하며 중요한 작업을 이어가기로 결정

했다. 이는 우리 자신뿐만 아니라 후손들에게도 가치 있는 일이 될 것이다. 다만 내가 어떤 내용을 빠뜨리거나 정확하게 기록하지 못한 부분이 있더라도, 그것은 내 실수나 태만 때문이라기보다 단지 내 기억력이 부족하기 때문일 것이다. 이는 우리 모두 인간인 탓에 생길 수 있는 문제다. 우리 주님과 성모 마리아 그리고 성 파스콸레에게 영광 있기를. 아멘.

인용된 메모는 레오나르도가 자신의 책들, 특히 바로 이 책에 붙였던 제목의 형식을 모방한 것임에 틀림없다. 그러나 이러한 사실만으로 루소리오에게 가문의 전통을 이어가려는 의지가 있었다고 볼 수는 없다. 실제로 바로 이어지는 부분에서 그는 가문 내의 연대를 완선히 다른 어조로 기록한다. "오늘은 브라치 가문 구성원 각각의 중재자로 선정된 명망 있는 귀족 가문 출신의 프란체스코 루스키, 게라르도 실바티치 그리고 틸리 변호사가 우리 사이의 이해관계를 조정하기 위해 오기로 한 날이다. 하지만 늘 그랬듯이 결론이 나지 않는 논의가 이어질 게 뻔한 상황에서 지금 이 시간, 즉 프랑스 기준 시로 오후 5시 23분이 되기까지 누구도 모습을 드러내지 않았기 때문에 더 이상 그들을 기다리지 않기로 했다. 아멘." 간단히 말해, 재산 분할 절차는 이미 진행 중이었지만, 이런저런 문제로 계속 지연되고 있었고, 기록을 작성한 당일도 역시 아무런 진전 없이 하루를 보냈다는 이야기였다.

루소리오의 책, 더 정확히 말하자면 그 책의 일부가 특별히 우리의 흥미를 끄는 이유는 바로 책에 드러나는 역설적인 성격 때문이다. 이는 루소리오 자신의 성격과도 부합하는 면이 있다. 이 책은 외형상 과거의 회고록과 같은 형식을 따르지만 그 안에 완전히 새로운 내용을 담고 있는데, 바로 이런 점에서 중세 코무네의 상인들이 작성한 기록과는 확연한 차이를 드러낸다. 가장 주목할 만한 특징은 루소리오가 일상적인 사건들을 지극히 개인적인 시각에서 기록하고 있다는 것인데, 이는 주변 사람들과 쉽게 타협하지 못한 루소리오의 성격이 반영된 것이기도 하다. 다음은 앞서 인용했던 구절 다음에 바로 이어지는 내용이다. "그날 나는 하인 티부르치오와 조반니에게 내 서재의 창문에 덧문을 달아놓으라고 지시했다. 내가 더위를 많이 타기 때문에 조금이라도 시원하게 지내보려는 의도였다. 그런데 이들은 덧문을 다는 데 한 시간이나 걸렸을뿐더러 창틀의 먼지 하나 닦지 않은 채 그대로 덧문만 달아놓았다. 어이가 없었다." 그 뒤에는 다음과 같은 내용이 이어진다. "가사를 돕는 하녀들이 쓸데없이 부엌에 너무 자주 드나드는 것을 막기 위해 그리고 하녀들에게 조금이라도 더 일을 시키기 위해 나는 다음과 같은 규칙을 정했다. 쓸데없이 부엌에 갈 때마다 요리사에게 1콰트리노*씩 내게 했는데, 내가 보기에는 며칠이 지나지 않아 하녀들은 자기 월급을 다 까먹게 될 것이다. 부디 그렇게 되기를."

레오나르도 역시 세상의 불완전함을 예리한 시선으로 바라보던 비판적인 관찰자였으며, 자신이 관찰한 내용을 기록으로 남길 수 있는 끈기와 인내심을 가진 인물이었다. 이러한 점에서 레오나르도와 루소리오는 공통점을 지녔다. 그러나 둘은 서로 다른 시대 맥락에서 살았

* 중세부터 근대까지 이탈리아의 여러 지역에서 사용되던 소액의 화폐 단위다. 콰트리노는 오늘날로 치면 '푼돈'의 의미로 이해될 수도 있는데, 가령 인용된 기록에서 하녀들에게 부과한 1콰트리노는 사실상 전혀 부담되지 않는 상징적인 벌금의 의미로 볼 수 있다.

던 터라 같은 성격적 특징을 지녔더라도 그것이 나타나는 방식은 차이를 보일 수밖에 없었다. 레오나르도의 반응은 언제나 개인적인 이해관계를 넘어서는 가문 내의 도덕적 질서를 지키려는 책임감에서 비롯된 것이었다. 반면 루소리오는 형 필리포나 형수 안나와의 갈등 속에서 점점 더 독립적이고 개인주의적인 성향을 강화시키는 방향으로 움직였다. 심지어 고립된 생활을 추구하는 쪽으로 나아가기도 했다. 게다가 메르칸티 거리의 집이나 상점에 거주하던 레오나르도와 견줄 때, 루소리오는 칸토 알 니키오의 저택에서 자기만의 개인적인 시간을 더 많이 가질 수 있었을 것이다. 기록에 따르면 젊은 시절의 루소리오는 홀로 방 안에 틀어박혀 그림을 그리거나 생각에 잠기는 일이 점점 더 빈번해졌다. 1777년 6월 초부터 그는 후덥지근한 방에서 창작에 몰두하며 홀로 시간을 보내고 있었다.

> 오늘 그러니까 1777년 8월 10일 오후 5시 30분경 나는 내 방에서 그림을 그리다가 액자 주변을 정리하던 중 탁자에 걸려 넘어졌다. 탁자의 서랍을 열려고 했던 건데, 실수로 내가 만든 테라코타 자화상이 바닥에 떨어져 완전히 산산조각 나버렸다. 무려 128조각으로 부서졌는데, 대부분은 아주 작은 조각이었다. 그래도 나는 이 흉상을 최대한 복원하려 해볼 생각이다. 내 후손들에게 세상에서 가장 불행한 남자의 흉상을 남겨주고 싶기 때문이다. 이 자화상은 나와 정말 닮아서 후손들이 나를 바로 알아볼 수 있을 것이다.

루소리오가 작성한 메모의 내용은 상인 귀족들이 써왔던 회고록의 전통적인 틀을 완전히 벗어나 있다. 그가 가문 내의 불행한 갈등으로 인해 격해진 감정을 그대로 메모에 담아내려 했기 때문이다. 앞서 살펴보았던 형수 안나에 대한 평가는 그래도 비교적 차분하고 명확하게 작성한 편이다. 반면 다른 대부분의 메모는 흥분한 상태에서 급히 휘갈겨 쓴 흔적이 역력하다. 글을 썼다가 지우거나 혹은 공백으로 남겨둔 부분도 곧잘 눈에 띈다.

다음은 1777년 7월 22일 루소리오가 자신에게 했던 맹세의 내용이다. "집안에서 온갖 부당한 고통과 학대를 겪은 끝에 전능하신 주님 앞에서 그리고 지금 이곳에 계신 주님 앞에서 맹세한다. 만일 내가 이 맹세를 어긴다면 내 죽음의 순간에 주님의 형벌이 내리기를. 이 맹세가 진실임을 증명하기 위해 내 손으로 직접 이 글 아래 세 개의 십자가를 그린다. † † † 주님, 저를 도우소서."

이처럼 루소리오의 기록은 매우 직설적이고 거친 표현으로 가득한데, 이는 "후손들에게 교훈을 남기기 위한 기록"이라는 전통적인 회고록의 형식에 부합하지 않는다. 그가 남긴 기록은 오히려 자신의 개인적인 감정을 풀어내기 위한 용도에 더 적합해 보인다. 자신에 대한 맹세 이후에는 다음과 같은 기록이 이어진다. "여기저기 사람들에게 잘 보이려고 아첨도 하고 애도 썼지만, 결국 다들 나를 속이고 우롱했다." 1778년 6월 7일에는 다음과 같이 기록한다. "오늘은 그 사람[이름이 생략됨]을 제대로 골탕 먹였다. 물론 정당한 이유에서였다. 아멘." 그리고 다음은 1778년 6월 27일에 기록된 내용이다. "산 줄리아노 테르메의 온천에서 오늘 밤 11시에 돌아왔다. 그곳에 갔던 것은 옴이 의심

되기 때문인데, 아무런 도움이 되지 못했다. 기록해두는데, 갈 때는 건강한 상태였지만, 올 때는 온갖 병에 걸려 있었다. 심지어 치질도 걸렸다. 샤워를 했다가 항문이 터져 엄청난 출혈을 했고, 결국 기절까지 했다. 그러니 후손들에게 말해둔다. 나처럼 건강한 상태일 때 괜히 치료받으러 가지 않기를 바란다."

이처럼 거침없는 표현을 통해 드러나듯이, 그는 강한 개성과 독특한 성격의 소유자였다. 이러한 면을 잘 보여주는 더 긴 분량의 기록이 있다. 이 기록은 루소리오의 섬세한 감정을 드러낼 뿐만 아니라 가문에 대한 그의 생각이 어떻게 변화했는지 뚜렷이 보여주기 때문에 주목할 가치가 있다. 바로 1779년 1월 26일에 작성된 기록으로 피에트로 루스키의 아내가 세상을 떠난 일에 대해 언급하고 있다.

> 나는 24일 일요일 저녁 극장에 있었는데,—결혼 전 이름이 론치오니인—사촌 마리아 마달레나 루스키 부인이 심한 감기에 걸렸고 증세가 평소보다 더 악화되었다는 소식을 들었다. 나중에는 가슴 통증까지 왔다고 한다. 나는 곧바로 의사 톰마시니와 외과 의사 주세페 아바티를 대동하고 그녀를 만나러 갔는데, 상태가 매우 위독했다. 그래서 그녀가 교회의 모든 성사聖事를 받을 수 있도록 준비시켰다. 그리고 정오가 되기 5분 전 그녀는 결국 세상을 떠났다. 나는 마달레나 여사를 마지막 순간까지 곁에서 지켜보았다. 그녀는 끝까지 정신을 붙들며 기도하고 회개하는 모습을 보였고, 특별한 인내와 밝은 태도 그리고 흔들림 없는 마음으로 자신의 고통을 받아들였다. 그녀는 주변의 모든 사람을 만나 한

명 한 명에게 용서를 구하기를 원했다. 간단히 말하자면, 그녀는 참된 크리스트교도로서 세상을 떠났으며, 그녀의 마지막 모습은 곁에 있던 모든 사람을 눈물짓도록 만들었다. 당시 그녀는 임신 7개월 상태였다. 당일 새벽 3시 45분경 딸아이를 출산했는데, 아이가 살아 있다는 것을 전제로 세례를 주었다. 당시 유모는 아이의 심장이 뛰고 있는 것 같다고 말했지만, 사실인지 여부는 확실하지 않다. 내가 확인했을 때 아이는 숨이 멎은 상태였는데, 피부가 짙은 자줏빛을 띠고 있었던 것으로 보아 아마 전날 세상을 떠났을 가능성이 크다. 주님께서 어머니와 딸아이의 영혼을 품에 안아주시기를 기도한다. 그녀는 젊고 아름다운 데다가 성품이 훌륭한 여성이었기 때문에 그녀의 죽음은 도시 전체에 큰 슬픔을 안겨주었다. 한편 나의 제자인 조바키노 볼피가 내가 보는 앞에서 그녀의 데스 마스크를 만들었는데, 나는 그것을 소중하게 간직하고 있다. 이 기억은 우리 가문과는 크게 관계없는 일이지만 내게는 매우 감동적인 일이므로 기록으로 남겨두고 싶다. 그녀는 유언장을 작성하지는 않았지만, 남편에게 자신의 뜻을 직접 전했다고 한다. 내용은 다음과 같다. 그녀는 남편 피에트로 루스키에게 자신이 간직하던 장미 모양 장신구와 500스쿠도의 어음을 남겼다. 장남에게는 100스쿠도의 어음, 장녀에게는 다이아몬드로 제작한 머리핀 여섯 개, 막내딸에게는 루비 목걸이와 석류석 팔찌 몇 개, 시어머니인 라우라 부인께는 리본 장식을 남겼다. 또한 하인들에게도 각각 금화 1체키노를 주었다. 나는 세상을 떠난 후에도 그녀처럼 그렇게 하얗고 아름다운 얼굴은 본 적이 없다. 이상 루소리오 브라치.

앞서 인용된 내용의 구조는 루소리오가 자신에게 영향을 미쳤던 다른 이들의 죽음을 기록할 때 사용한 방식과 유사하다. 먼저 죽음의 고통을, 이어서 고인의 모습을 묘사한다. 그럼에도 여기서 우리는 이전과는 구별되는 사고방식의 흔적을 볼 수 있다. 첫째, 우선 전반적으로 글의 어조가 더 감성적이다. 그러나 루소리오가 사건의 주인공처럼 보인다고 해서 그의 감정이나 태도만을 강조해서는 안 될 것이다. 그는 의사였고, 환자의 유일한 생물학적 친척이었다. 둘째, 이 기록에서 가장 중요한 인물은 사실 가문의 일과는 크게 상관없는 한 명의 여인, 즉 둘째 사촌의 아내가 되는 한 여인이었다. 그럼에도 그녀는 불편한 시누이와는 대조적으로 루소리오의 큰 존경을 받았다. 루소리오 자신도 이 사건이 갖는 의미를 잘 알고 있었다. "이 기억은 내 가문과는 크게 관계없는 일이지만, 내게는 매우 감동적인 일이므로 기록으로 남겨두고 싶다." 이처럼 이 기억의 개인적인 특성을 강조한 그는 특이하게도 말미에 루소리오 브라치라는 이름의 서명을 남겼다.

앞서 살펴봤듯이 레오나르도 역시 매우 뚜렷한 개성을 가진 인물이었다. 따라서 할아버지와 손자, 즉 레오나르도와 루소리오 사이의 차이는 각각이 가진 개성에서 비롯되기보다는 개인과 가문 사이에서 어느 쪽에 더 중점을 두고 있었느냐의 차이라고 할 수 있다. 레오나르도와 달리 루소리오에게 "가문의 일들"은 더 이상 세상의 중심이 아니었다. 루소리오가 살던 시대의 일반적인 사회적·경제적·문화적 환경 그리고 그 속에서 루소리오가 겪은 개인적인 경험들이 그로 하여금 삼촌 안토니오 마리아의 행동을 이끌었던 협력의 논리, 즉 독신으로 남아 가문의 이익을 위해 헌신해야 하는 차남의 역할을 처음부터 거부하도록 만들었다. 가문의 회고록을 이어 쓰려는 루소리오의 시도는 결국 이전 세대와 구별되는 그의 태도를 증명하는 것으로 끝난다. 그는 진행 중인 갈등 상황을 날카롭게 기록했지만 1785년, 즉 재산 분할 절차가 마무리되기 직전에 글쓰기를 멈추었다. 그리고 1790년에 다시 글을 쓰기 시작하는데, 추후 살펴보겠지만 그때는 이미 루소리오가 자기 가정을 꾸리고 살던 시점이었다. 1790년 이후로는 몇 장의 기록만이 남아 있는데, 대부분 실용적인 내용의 짧은 메모들로 이루어져 있다. 그러나 한 가지 특별한 예외가 있는데, 그것은 한 아이의 탄생과 태어난 지 한 달 만에 맞은 아이의 죽음에 대한 기록이었다.

> 1792년 3월 19일. 오늘 오후 5시에 나의 사랑하는 아내 테레사가 아들을 낳았다. 산통을 겪기는 했지만 그래도 무사히 출산을 마쳤다. 조산사는 부초니아라고 불리는 안졸라 노페리였는데, 그녀를 돕기 위해 그녀의 어머니이자 나의 장모 루크레치아 코시 부인 그리고 우리 집안의 다른 여성들 아폴로니아 폰델리와 오타비아 펠로시가 함께 있었다.

> 1792년 3월 20일. 오늘 아침 10시 정각에 내 아들이 가족들과 함께 있는 자리에서 세례를 받았고, 내 아내 테레사의 삼촌인 코시 신부가 세례를 집전했다. 아이의 이름은 조반니 바티스타 주세페 빈첸초 가에타노 라파엘레로 지었다. 대부는 페치올리* 출신의

주세페 필리데이였다. 내가 귀족 출신의 대부를 정하지 않은 것은 격식에서 벗어나고 싶었기 때문이다.

1792년 3월 30일. 오늘 아침 급성 통증을 겪은 나의 사랑하는 아내를 치료하기 위해 의사 카푸치가 집을 방문했다.

1792년 4월 14일. 오늘 밤 12시 반에 나의 사랑하는 아들 조반니 바티스타 주세페가 경련과 장염으로 오랜 시간 고통을 겪다가 세상을 떠났다. 나는 말로 다 표현할 수 없는 슬픔에 잠겼다. "주님께서 주셨고, 주님께서 거두셨으니, 주님의 이름을 찬미합니다."

1792년 4월 15일. 오늘 새벽 1시에 하루 종일 집 안에 안치되어 있던 나의 사랑하는 아들의 시신이 포르타 아 루카** 바깥의 캄포산토에 안장되었다. 프라시 신부와 12명의 참사회원이 산타 아폴로니아 성당에서 장례 예식을 거행한 후 모든 예를 다해 아들의 시신을 배웅했다. 이후 제복을 입은 두 하인이 횃불을 들고 묘지까지 동행했다. 시신은 묘지 입구에서 오른쪽 첫 번째 구역, 중앙 도로의 가운데에 있는 묘지 옆에 안장되었다. 부디 신께서 아이의 부모를 위로하시기를.

* 피사에서 남동쪽으로 약 30킬로미터 떨어진 작은 마을이다.

** 피사 북쪽으로 난 성문을 가리킨다.

어린 조반니 바티스타가 세상을 떠난 것은 토스카나 대공 피에트로 레오폴도의 장례법 개혁안이 시행된 이후의 일이었다. 이에 따라 묘지는 도시 외곽에 마련되었고, 시신은 밤에 운구되었으며, 이름도 잘 보이지 않게 단순한 형태로 매장되었다. 장엄하고 화려한 바로크식 장례 연출에 대해 이성적이고 절제된 계몽주의의 종교성이 승리를 거두었던 순간이다. 이는 루소리오가 남긴 기록에 나타나는 간결하고 차분한 어조와도 잘 어울리는데, 그가 남긴 기록은 고통의 감정이 반드시 과장되고 거창한 표현으로 드러나야만 하는 것은 아님을 보여준다. 루소리오가 조카에게 보낸 편지의 내용으로 미루어보면 조반니 바티스타가 그의 유일한 자식이 아니었음을 알 수 있다. 또 다른 자식을 두었으나 그 역시 오래 살지 못했던 듯하다. 어쨌든 아이가 세상을 떠난 후 루소리오는 회고록에 한 페이지 분량의 내용만 추가했고, 나머지는 공백으로 남겨두었다. 과거의 관념에 따른다면 가문의 기억은 영속적으로 이어지는 것이 당연했겠지만, 조반니 바티스타를 잃은 후 루소리오는 자신이 선택한 가정이라는 작은 울타리에서 벗어나 있는 가문의 연속성에 대해 생각할 이유를 느끼지 못하게 된 것 같다.

선택으로서의 결혼

루소리오는 회고록 작성이 처음으로 중단된 5년 동안 자신의 가정을 꾸렸다. 그는 1789년 테레사와 결혼했는데, 그녀는 피사의 귀족 가문 출신으로 루소리오와 함께 피사시의 예술 자문을 맡았던 조반

빈첸초 코시 델 볼리아의 딸이었다. 당시 루소리오는 40세, 테레사는 22세로 둘 다 충분히 자식을 가질 수 있으리라 기대할 만한 나이였다. 그리고 실제로 자식을 가졌던 사실을 앞서 확인한 바 있다. 루소리오의 결혼은 삼촌 안토니오 마리아의 결혼과는 성격이 매우 달랐다. 안토니오 마리아의 결혼이 차남으로서의 운명을 받아들이는 가운데 이루어진 것이라면, 루소리오에게 결혼은 자신의 미래에 결정적인 영향을 미칠 가능성이 있는 훨씬 더 중요한 결정이었다. 다시 말해 루소리오는 결혼을 통해 앞으로 자기 인생이 나아갈 방향을 결정하게 되었다.

안토니오 마리아는 여기서도 다시 한번 중요한 역할을 수행했다. 1783년 12월 27일, 그는 가문의 재산 분할 문제와 관련하여 필리포가 아닌 루소리오 편을 들기로 결정한 후, 유언장을 작성했다. 그는 신탁유증으로 묶인 가문의 재산에 대해서는 개입하지 않았다. 이에 관한 한 이미 사적인 분할 절차가 진행 중이었을 뿐만 아니라 관련 법률도 개정되고 있는 상황이었다. 대신 필리포에게 그는 자신의 부모에게 물려받은 재산을 남겼는데, 아마 매우 적은 금액이었으리라 추정된다. 반면 루소리오에게 그는 "자신[안토니오 마리아]의 명예로운 노력과 자신이 수행한 임무를 통해 얻은 모든 종류의 자산, 채권 및 현금"을 남겼는데, 이는 분명 필리포가 물려받은 재산보다는 훨씬 더 큰 몫이었다. 과거에는 가문의 이익을 추구했고 이를 위해 장자의 이익을 옹호했던 사람이 이제는 자신의 선택이 마치 특별한 일이라도 되는 양 변명을 늘어놓아야 하는 상황에 이른 것이다.

유언자는 다음과 같이 말한다. 루소리오에게 더 유리한 방식으로 재산의 분할을 결정한 것은 가문의 유산을 분배하는 과정에서 그에게 더 적은 몫이 돌아갔다는 사실을 고려했기 때문이다. 반대로, 필리포는 가문의 유산뿐만 아니라 외부로부터의 지원까지 충분히 받는 상황이었다. 따라서 루소리오가 자신의 신분에 걸맞은 품위를 유지하기 위해서는 더 많은 도움이 필요하다고 판단되었다. 유언자는 그렇게 하기를 원했고, 지금도 그러한 상황이다.

물론 이 시점에 안토니오 마리아가 "외부로부터의 지원"이 필리포의 몰락을 막기에 충분하지 않으리라는 점까지 예측하기는 어려웠을 것이다. 어쨌든 가문의 이익을 추구했던 그가 필리포에게 그렇게까지 불리한 대우를 한 것은 가문 내의 갈등으로 인해 필리포와 그의 아내에 대한 반감이 커졌기 때문이라고 볼 수밖에 없다. 그러나 이게 끝이 아니었다. 그로부터 1년이 지난 1784년 12월 23일 안토니오 마리아는 자신의 의도를 실행으로 옮기기 위한 새로운 결정을 내렸다. 공증 문서의 표현대로 "아버지 레오나르도 브라치 캄비니로부터 물려받은 유산과는 독립적으로 자신의 노력과 개인적인 직업을 통해 직접 만들고 축적했던 재산" 덕분에 안토니오 마리아는 루소리오에게 가문의 규모에 비해 상당히 큰 금액이었던 1만5200스쿠도가 넘는 자산과 더불어 연간 약 800스쿠도의 수입을 물려줄 수 있었다. 말하자면 안토니오 마리아는 자신이 세상을 떠나기 전부터 유언에 명시된 막대한 재산을 자신이 가장 아끼는 조카에게 물려주었던 것이다. 그러나 여기에는 두

가지 조건이 있었다. 첫째, 루소리오가 삼촌을 집에서 정성을 다해 예우하고 보살펴야 한다는 것, 둘째, 결혼할 생각이라면 상대는 반드시 "부계와 모계의 조부모 네 명이 모두 귀족 가문 출신인 여성"이어야 하며 그렇지 않다면 수입의 절반을 형인 필리포에게 양도해야 한다는 것이었다.

다소 간략하게 서술된 이 행위의 전체적인 의미를 이해하기 위해서는 약간의 설명이 필요하다. 안토니오 마리아가 루소리오의 결혼을 촉구했던 것은 일견 가문의 이익을 배신한 행동 같지만, 그럼에도 결혼 상대를 "부계와 모계의 조부모 네 명이 모두 귀족 가문 출신인 여성"으로 제한한 것은 가문의 명예를 지킬 수 있는 선택을 권고한 것이다. 물론 이야기는 이렇게 간단히 끝나지 않는다. 1784년 말 젊은 나이의 루소리오는 이미 여러 해 전부터 자신과 가까운 관계를 유지해왔던 빈첸초 코시의 딸과 결혼할 계획을 세우고 있었다. 당시 18세가 다 된 그녀는 귀족 가문 출신이기는 했지만, "조부모 네 명이 모두 귀족 가문 출신"은 아니었다. 따라서 안토니오 마리아는 루소리오의 결혼을 막으려 했는데, 이는 1787년 12월 27일 그가 세상을 떠나기 직전에 작성했던 마지막 유언장의 내용을 통해 확인된다. 여기서 안토니오 마리아는 그가 루소리오에게 남긴 재산의 액수를 다시 한번 확인하는 것에 더해 1000스쿠도를 추가로 신탁했다. 그러고는 "부계와 모계의 조부모 네 명이 모두 귀족 가문 출신인 여성"이 아니라면 3만 스쿠도의 재산을 가진 여성도 결혼 상대로 인정한다고 명시했다. 이 내용만 봐서는 안토니오 마리아가 상속의 조건을 완화하는 듯 보이지만 사실 그렇지 않았다. 테레사 코시가 이 조건을 충족하기에는 턱없이 부족했기 때문이다. 마지막으로, 안토니오 마리아는 오해를 피하기 위해 루소리오에게 재산을 남긴 자신의 의도를 명확히 밝혔다. "안토니오 마리아는 그저 유산 가운데 루소리오의 몫을 남겼을 뿐, 애초에 그에게 결혼을 강요하려는 의도는 전혀 없었다. 그는 오히려 여러 차례 루소리오에게 결혼하지 말라고 충고했다. 그리고 이는 마지막 유언을 남길 당시에도 마찬가지였다. 형 필리포가 이미 결혼한 데다 다섯 명의 자녀를 두고 있었기 때문에 루소리오까지 결혼할 필요는 없다고 생각한 것이다.

안토니오 마리아는 마지막 유언장을 작성한 지 얼마 지나지 않은 1788년 2월 언제나 그랬듯이 신중하고 품위 있게 자신의 긴 삶을 마무리했다. 한편으로는 필리포의 권리를 제한하는 동시에 다른 한편으로는 루소리오에게 후손이 생기는 것을 막으려 했던 그의 행동은 필리포와 이미 존재하는 그의 자식들 그리고 루소리오 모두의 이익을 도모하기 위함이었다. 물론 민주적인 사고방식이 보편화된 오늘날의 관점에서 볼 때 이러한 결정은 복잡하고 낯설게 느껴지는 게 사실이다. 그러나 안토니오 마리아의 관점에서 보자면, 그는 그저 변함없는 가치를 지키기 위해 노력의 방향을 당시의 상황에 맞춰 조정했을 뿐이다. 그는 한 세대를 건너뛰는 결정, 즉 필리포에게 가문의 재산이나 권위를 물려주지 않는 결정을 내렸지만, 그렇다고 해서 그가 가문의 명예와 이익을 등한시한 것은 아니다. 당대의 법률적 제약*에도 불구하고 그는 사실상 가문의 유산을 보전하기 위한 신탁유증을 시도했고, 이를 위해 차남인 루소리오에게 독신으로 남을 것을 다소 강압적인 방

* 18세기 후반 가문의 유산을 이후 세대를 위해 보전하는 법률적 장치가 제한되거나 혹은 점차 약화되어가는 상황을 의미한다.

식으로 요구했다.

이 모든 상황 속에서도 루소리오의 결혼에 대한 열정은 확고했다. 테레사 코시에 대한 성적인 이끌림이 이러한 열정에 얼마나 큰 영향을 미쳤는지는 정확히 알 수 없지만, 어쨌든 루소리오는 안토니오 마리아가 남긴 많은 유산을 포기하는 것을 감수하고 결혼을 택했고—물론 이후에 그가 자기 몫에 대해 법적인 대응을 할 잠재적 가능성은 있었다—결국 1789년 테레사 코시와 결혼식을 올렸다. 유산을 포기한 것과는 별개로, 루소리오가 이 결혼을 통해 처가로부터 얻는 경제적 이익도 별로 없었다. 그의 장인이 지참금 3000스쿠도 가운데 일부를 지급하기 위해 자신의 토지를 임대했는데, 이로 인해 심각한 재정적 어려움이 시작되었기 때문이다. 한 가지 분명히 해둘 것은 여기서 테레사와의 결혼에 대해 언급하는 것이 사랑이 돈을 이긴다는 메시지를 전달하기 위함은 아니라는 점이다. 그보다는 삼촌 안토니오 마리아가 권유했던 독신생활과는 양립 불가능한 의지, 즉 자신의 가정을 이루고자 하는 확고한 의지가 루소리오에게 있었다는 사실을 강조하기 위함이다.

프랑스의 위대한 작가 스탕달은 이탈리아인들로 하여금 유행하던 치치스베오의 관행을 끝내고, 부부 사이의 친밀함과 가정에 대한 헌신에 기초를 둔 새로운 결혼 문화를 따르게 만든 장본인이 나폴레옹이었다고 여러 차례 언급했다. 여기에 비추어본다면 당대의 전통적인 결혼 방식이나 사회적 관습에 얽매이지 않고, 새로운 가치를 추구하며 자신의 길을 선택했던 루소리오는 윤리적인 측면에서 시대를 앞서나간 인물이었다.

가문에 대한 거부

루소리오와 테레사의 결혼생활이 어떠했는지에 대해서는 알 수 있는 사실이 거의 없지만 그가 유언장에 남긴 몇 가지 단서를 통한 추론은 가능하다. 물론 유언장이라는 문서의 특성상, 일반적으로 거기에 솔직한 감정이나 편견 없는 정보가 담겨 있으리라 기대하긴 어렵겠지만, 루소리오의 꼼꼼한 기록 덕에 어느 정도 그의 생각을 엿보는 것은 가능하다. 루소리오는 1806년 5월 2일, 1816년 5월 31일, 1816년 7월 18일, 총 세 차례에 걸쳐 유언장을 작성했다. 그리고 1818년 12월 31일, 즉 그가 세상을 떠나기 사흘 전 마지막 유언장에 내용을 추가했다. 그의 태도가 변했기 때문에 이렇게 여러 차례 유언장을 수정한 것은 아니다. 그보다는 홀로 남을 테레사의 삶을 더 확실히 보장하려는 의도에서 비롯된 행동이었다. 루소리오는 세 차례 작성된 유언장에서 모두 같은 문구를 사용해 테레사에 대한 배려의 이유를 설명하고 있다. 테레사에 대한 그의 언급은 단순히 "내가 사랑하는 훌륭한 아내"라는 상투적인 표현에 그치지 않는다. 유언장에서 그는 우선 가톨릭 신앙을 고백한 후 새로 제정된 법률에 따라 카푸친 수도원으로 이장된 자녀들의 시신 옆에 자신을 묻어달라고 요청하는데, 테레사에 대한 언급은 장례식 준비에 대한 설명과 함께 등장한다. 다음은 그의 마지막 유언장에 기록된 내용의 일부다.

> 장례식과 연미사에 대해서는 신앙심이 깊은 나의 사랑하는 아내 테레사 코시 델 볼리아에게 전적으로 맡긴다. 그녀는 내가 지정

한 유언 집행인의 도움을 받을 것이며, 나는 그녀가 언제나 그랬듯이 따뜻하고 진실한 부부 간의 사랑을 지금처럼 힘든 상황에서도 이어갈 것이라고 믿는다. 나는 장례식이 사치스럽거나 화려하지 않게, 최대한 간소하게 치러지기를 원한다. 대신 가능하다면 경제적 여건이 허락하는 한도 내에서 가난한 이들에게 자선을 베풀어줄 것을 부탁한다. 또한 내 무덤에 가문의 품위를 유지할 수 있을 만큼의 소박한 대리석 비석을 세우고, 거기에 우리 부부가 항상 서로를 사랑하며 평화롭게 지낸 것, 내가 맡았던 직책과 역할 그리고 예술과 제조업을 지원하기 위한 나의 의지와 노력에 대해 기록해주기를 바란다. 이 모든 요청은 허영심에서 비롯된 것이 아니다. 나는 그것을 혐오한다. 그보다는 부부가 서로 진심으로 사랑하고 도와야 한다는 사실을 상기시키기 위해서, 동료 시민들에게 어려운 환경에서 정직하게 일하며 생계를 유지하는 사람들에게 자선을 베풀 것을 권하기 위해서 그리고 모든 크리스트교 신자가 내 영혼을 위해 기도해주기를 바라는 마음에서 비롯된 것이다.

인용된 구절의 내용은 사회적 박애주의가 19세기 특유의 가부장주의와 결합되던 당대의 맥락과 부합한다. 루소리오의 사적인 삶 역시 마찬가지다. 유언장에서 그는 자신의 가정을 애정 깊고 차분한 한 여성으로 인해 유지되는 내밀하고 평화로운 안식처로 묘사했다. 그저 비극적인 운명 탓에 자녀들과 함께하는 기쁨을 누리지 못했다는 아쉬움만 토로했을 뿐이다. 유언장은 그 성격상 살아 있는 사람들에 대한 자세한 설명을 제공하지는 않는다. 이렇게 볼 때 루소리오가 지난 30여 년 동안 인생을 함께한 아내의 구체적인 성격이나 특징에 대해 별다른 언급을 하지 않은 것은 전혀 놀랍지 않다. 그럼에도 어쨌든 테레사가 아내로서의 역할을 훌륭히 해냈다는 것만큼은 명확해 보인다. 혹은 이는 루소리오가 테레사의 이미지를 자신과 갈등관계에 있던 안나의 이미지, 즉 가문에 해를 끼치는 부정적인 아내의 이미지와 암묵적으로 비교나 대조했기 때문일 수도 있다. 아마 이 과정에서 루소리오가 생각하는 이상적인 결혼생활 모델이 확립되었을 것이다. 물론 이것이 루소리오가 제안했던 모델과 정확하게 일치하지 않을 수도 있다. 그러나 어쨌든 사교라는 새로운 만남의 장 안에서 혼외의 피상적이고 가벼운 관계를 추구했던 당대의 다른 많은 부부의 결혼생활과는 대단히 달랐던 것만은 확실하다.

결혼과 가정생활에 대해 루소리오가 가지고 있던 새로운 생각은 그가 유산 분할을 결정하는 데 대단히 큰 영향을 미쳤다. 물론 그가 내린 결정이 혁명적이라고 할 수는 없겠지만, 루소리오가 상속 문제에 있어 남성 우월주의 전통이 대단히 강한 지역의 특권 계층 출신이라는 점을 고려할 때 결코 그 의미가 과소평가되어서는 안 된다. 이를 더 명확히 이해하려면 그의 조상 레오나르도와 비교해봐야 한다. 레오나르도 역시 반항적인 차남이었다. 그러나 레오나르도의 반항이 새로운 가문의 창건을 위한 것이었다면, 루소리오의 반항은 가문 자체를 근본적으로 거부하기 위한 것이었다.

유언장을 작성할 당시 공증인들은 추후 발생할 여러 상황을 가정해 신중을 기하면서 각 조항의 내용을 추가했다. 그러나 이러한 조치가 유언장의 핵심적인 내용에 변화를 가져온 것은 아니다. 루소리오는 유산의 상속 대상으로 한편으로는 자신의 아내 테레사 코시를, 다른 한편으로는 형 필리포와 그의 두 아들, 즉 안토니오와 카를로를 고려해야 했다. 토스카나의 오랜 전통에 따르면 부계 친족에게 유산 상속의 우선권을 부여해야 했다. 아내에게는 결혼 당시 지참금으로 가져온 금액 이상을 남기지 않는 것이 일반적이었으며, 경우에 따라 아내에 대한 애정의 표시로 약간의 추가적인 혜택만 부여할 수 있을 뿐이었다. 게다가 이번에는 가문이 심각한 위기에 처해 있다는 점 역시 고려되어야 했다. 가문의 이름을 이어갈 잠재적 후계자인 필리포의 두 아들이 아버지의 빚을 청산하기 위해 심각한 재정적 어려움을 겪고 있었기 때문이다. 알다시피 루소리오에게는 자녀가 없었다. 그러나 그는 자신에게 자녀가 없기 때문에 가문의 다른 후손, 즉 조카들에게 재산을 상속해야 한다는 논리로 유언장을 작성하지는 않았다. 1806년, 그러니까 토스카나가 프랑스의 직할령으로 들어가기 전, 그는 에트루리아 섭정이었던 마리아 루이사의 특별 허가를 받아 테레사에게 매우 유리한 조항을 유언장에 포함시켰다. 다시 말해 루소리오는 테레사에게 결혼 당시 그녀가 가져왔던 지참금을 돌려주는 데 그치지 않고, "자유로운" 재산, 즉 신탁유증으로 묶여 있지 않은 루소리오 개인의 재산 가운데 일부를 상속하는 한편, 나머지 일부에 대한 용익권을 부여했던 것이다.

이후 10년은 여러 중요한 사건과 변화로 가득한 격동의 시기였다. 프랑스인들은 토스카나에 프랑스 민법전*을 도입해 신탁유증을 폐지하는 한편 귀족 계층이 내세우던 '가문의 재산'이라는 논리를 강하게 공격했지만, 곧 왕정복고가 이루어지며 과거의 법률과 가부장적인 사고방식이 돌아왔다. 그러나 모든 것이 과거로 회귀하진 않았다. 왕정복고와 더불어 복귀한 토스카나 대공은 신탁유증을 복원시키지 않았다. 그리고 그 덕에 루소리오는 자신이 소유한 재산을 법적으로 자유롭게 관리하고 사용할 수 있는 상황을 맞았다. 반면 1814년 8월 18일에 반포된—유언 없이 이루어지는 상속과 관련된 규정을 담고 있었지만, 상속 제도의 일반적인 원칙과 방향성을 제시하는 모델로 활용되었던—상속 관련 칙령은 귀족 가문의 재산을 보호하기에 적합한 제도적 틀을 마련하는 방향으로 작성된 것이었다. 이 칙령은 재산을 상속하는 데 딸보다 아들의 권리를 우선시하는 한편 아내의 권리를 크게 제한하는 규정을 담고 있었는데, 가령 칙령 27조에는 남편이 사망했을 때 아내는 오로지 그녀가 빈곤을 겪고 있는 처지라야만 남편이 남긴 재산의 4분의 1에 대한 용익권을 가질 수 있다고 명시되어 있었다.

지금까지 설명한 내용이 바로 루소리오가 1816년 두 차례에 걸쳐 유언장을 작성했을 당시의 맥락이다. 짧은 기간에 두 차례나 유언장을 작성한 이유는 첫 번째 유언의 세부 사항 몇 가지를 수정해야 했기 때문이지만, 핵심적이고 중요한 내용은 바뀌지 않았다. 그는 1806년의 유언장에서와 마찬가지로 자신의 조카인 안토니오와 카를로를 상속인으로 지정했지만, 1816년에는 신탁유증에 의해 가문의 유산으로 묶여 있던 부동산과 이자가 발생하는 채권 가운데 자기 몫 일부만을 그들에게 남겼다. 여기서 주목할 점은 루소리오가 조카들에게 남긴 재

* 1804년 나폴레옹의 명으로 제정되고 시행된 법전.

산의 일정 지분을 그들이 가문의 유산을 관리하는 공동 상속자 가운데 한 명이었던 아버지 필리포로부터 물려받았다는 것이다. 다시 말해 새롭게 추가된 재산이 아니라 이미 그들이 일정한 지분을 소유하고 있는 재산이었다는 말이다. 한편 루소리오는 새로 매입한 피사의 저택, 피사 인근의 별장 그리고 이자가 발생하는 많은 새로운 채권과 같은 나머지 재산은 모두 자신의 아내에게 남겼는데, 그녀에게 용익권이 아닌 완전한 소유권을 부여했다. 유언장에 나타나는 재산 분할의 기준은 명확했다. 루소리오는 자신의 조상들이 남성 후손들에게 물려주기로 했던 몫은 건드리지 않았다. 그러나 그는 가문의 전통으로부터 완전히 독립적인 태도로 그리고 1814년 반포된 칙령과는 완전히 반대되는 태도로 자신이 개인적으로 소유한 재산 모두를 자신과 평생을 함께해온 아내에게 남겼다.

여기서 물질적으로나 상징적으로나 대단히 중요한 의미를 갖는 한 가지 사실을 더 짚고 넘어가야 한다. 앞서 설명한 재산 분할의 기준에서 유일하게 예외가 되는 사례로, 루소리오는 왕정복고 이후에도 신탁유증이 복원되지 않은 상황을 십분 활용하여, 산탄드레아 디 카프로나의 농장을 테레사의 몫에 포함시켰다. 이 농장은 본래 1737년 레오나르도가 가문의 장자들에게 상속될 몫을 늘리기 위해 사제인 라니에리에게 관리를 부탁했지만, 이후 1786년의 재산 분할에서 원래 의도와 달리 차남인 루소리오가 물려받았다. 그리고 이제 이 농장은 가문의 손을 완전히 벗어나 테레사의 소유로 넘어간 것이다.

유언상의 어조에는 자신의 아내에 대한 루소리오의 절대적인 애정과 다른 한편 조카들에 대한 (앞으로 살펴보겠지만 사실 장남 안토니오에 대한) 냉담함이 잘 드러나 있다. 그는 조카들이 그들의 숙모, 즉 자기 아내에게 어떤 불만이나 요구도 제기하지 못하도록 했으며, 이를 어긴다면 모든 권리를 잃으리라는 점을 여러 차례 경고했다. 또한 루소리오는 "그[루소리오]가 지극히 사랑하는 아내의 평안과 행복을 더 확실히 보장하기 위해" 법률적 관점에서 매우 독특하면서도 심리적 관점에서 매우 의미심장한 조항을 하나 덧붙였는데, "유언장의 내용에 대해 조금이라도 의문이나 오해가 생기거나 그에 대한 논란이 초래된다면, 비록 아주 사소한 것일지라도 언제나 위에 언급된 테레사 부인에게 호의적으로 해석되어야 한다"는 것이었다. 급기야 그는 테레사 자신과 그녀의 형제 및 다른 친척들을 유언 집행자로 지정하기에 이르렀다.

물론 이러한 조치들도 오늘날 우리 시각에서는 충분하지 않아 보일 수 있다. 사랑하는 아내와 조카들을 같은 선상에서 비교할 수 있을까? 게다가 조카들 가운데 한 명이 마음에 들지 않는 상황에서 말이다. 물론 루소리오가 세상을 떠나기 전 작성한 마지막 유언장에서 병든 자신을 간호한 아내 테레사에게 신탁유증된 가문의 유산으로부터 나오는 수익까지 모두 넘겼다는 사실을 알게 된다면 아마 상황이 좀 다르게 보일 수도 있을 것이다. 그러나 이와 반대로 조카들 가운데 장남 안토니오는 루소리오의 결정이 지나치다는 생각을 처음부터 하고 있었다.

마지막 유언장이 작성되고 몇 달이 지났을 시점에 루소리오와 그의 조카 안토니오가 주고받은 편지의 내용은 둘 사이의 감정적인 갈등을 잘 보여준다. 항상 돈이 되는 일을 찾아다녔던 안토니오는 1816년 10월 22일 삼촌 루소리오에게 편지를 보내, 과거 가문의 공동 재산이었으며 현재 피렌체의 친척들이 장기 임대 형식으로 점유하고 있던 토지를 되찾기 위해 함께 소송을 제기하자고 제안했다. 그러나 루소리오는 10월 30일 안토니오의 제안을 비웃는 내용의 답장을 보냈다. 이에 안토니오는 11월 6일 루소리오에게 다시 편지를 썼다. 그동안 삼촌의 태도를 장난스럽게 받아들이는 듯하던 안토니오는 여기서 결국 진지하게 자신의 불만을 털어놓기 시작했는데, 가장 큰 불만은 바로 루소리오가 가문을 배신했다는 데 있었다.

"후손들의 권리를 침해하거나 그들에게 손해를 끼칠 마음이 전혀 없다"고 말하면서, 동시에 아무 공로도 없는 이에게 선물을 주고 조카들에게 피해를 입히는 것은 모순된 행동처럼 보입니다. 그러니 우리가 원하는 대로 미리 조치를 취해두는 편이 현명하고 무엇보다 지혜로운 선택인 것은 확실합니다. 그렇게 한다면 마지막 순간에 다른 걱정 없이 오로지 오류가 있을 수 없는 주님의 엄정한 심판대 앞에 설 준비만 하면 될 테니까요. 주님께서는 악의적인 조언을 따랐던 일에 대해서도 책임을 물으실 것입니다. 그러니 삼촌께서는 주변에서 조언을 건네는 사람들, 즉 정원사, 요리사 그리고 정직하다고 하는 이와 학식이 풍부하다고 하는 이들의 말이 어떤 결과를 가져오게 될지 잘 생각하셔야만 합니다. 한편 "형제들이 함께 사는 것이 얼마나 좋고 즐거운 일인지"(「시편」 132장 1절) 모두가 경험했을 우리 가문의 품격에 걸맞은 품위를 삼촌께서 유지하실 수 있다면, 이에 대해 가장 먼저 감사를 표해야 할 사람은 우리의 훌륭한 조부 안토니오 마리아일 것입니다.

조부께서는 삼촌이 교부 락탄티우스의 말대로 "조상들의 오랜 혈통에서 태어난" 배우자와 결혼할 수 있도록 800스쿠도가 넘는 수익을 포기하며 지원하셨습니다. 지혜로운 크리스트교도이신 조부께서는 혼인 성사의 신성함 앞에서 본인의 물질적 이익을 따져서는 안 된다고 생각하셨고, 또 체사레 가문과 혼인하려면 그에 어울리는 조건을 갖춰야 한다는 점을 이해하셨기 때문입니다.

이에 대해 루소리오는 11월 8일 다시 안토니오에게 답장을 보내는데, 여기서 그는 소송에 참여해달라는 요청을 거부하는 데 그치지 않고, 경멸에 가까운 어조로 그러한 거부의 배경이 되는 세계관을 드러냈다. 앞서 살펴보았던 루소리오의 철학적 문구, 즉 "나의 웃음은 사실 나 자신을 향한 것으로 생각해도 좋다"는 문구는 자신의 개인주의적 관념이 당대의 사회적 관습과 충돌하는 것임을 루소리오가 충분히 자각하고 있었음을 보여준다. 사실 가문 내의 갈등에 가장 핵심적인 영향을 미친 것은 사교에 적극적이었던 안나나 어떤 물질적 보상 없이 독신을 고수했던 안토니오 마리아가 아니었다. 그보다는 부부 사이의 유대와 가정의 중요성을 강조했던 루소리오였다.

당신*이 내 결정에 동의한다는 사실을 기쁘게 생각하며, 몇 달 전 내가 작성했던 유언장의 내용을 다시 확인하는 바다. 유언장은 내가 예전에 말했던 내용 그대로 작성된 것으로, 그에 대한

* 이 편지에서 루소리오는 자신의 조카를 '너tu'가 아닌 '당신voi'이라는 존칭으로 표현했는데, 이는 둘 사이에 존재하는 친밀감이 그리 크지 않았음을 보여준다.

내 마음은 흔들림이 없다. 당신이 말한 것처럼 오류가 있을 수 없는 주님 앞에서 내 결정을 다시 설명해야 한다 해도 전혀 두렵지 않다. 굳게 믿건대, 주님은 우리 마음 깊은 곳을 들여다보시는 분이며, 진정한 크리스트교도로서 올바른 마음으로 진리에 부합하는 행동을 하는 사람을 구별하는 분이다. 또한 주님께서는 속임수와 위선으로 남을 속이는 사람들도 알고 계실 것이다. 겉으로는 경건하고 도덕적인 척하지만, 실은 바리새인들처럼 거짓된 모습으로 세상을 기만하는 이들을 말한다. 이제 이런 위선자들의 진실이 드러나 모든 사람에게 증오와 조롱, 경멸을 받을 것이다. 겉으로 아무리 경건한 행동을 보이더라도 더 이상 존경을 받지 못할 것이다. 심지어 거리를 지나며 오래된 화장실의 십자가에 입을 맞추는 모습을 보이더라도 마찬가지다.

"형제들이 함께 사는 것이 얼마나 좋고 즐거운 일인지"에 대해서는 두말할 나위 없다. 그리고 그것은 내가 마음 깊은 곳에 가지고 있던 유일한 바람이었다. 그러나 과거부터 이어져 현재까지 지속되는 여러 상황이 그것을 불가능하게 만들었다. 그 결과 서로 다투고 충돌하는 일이 벌어졌고, 당신도 이런 현실을 인정하지 않을 수 없을 것이다. 그러니 이제 "좋고 즐거운 일"은 각자 자신의 방식에 맡기고, 나머지는 주님께 맡기기로 하자.

3부

장자 안토니오와 아타나시오의 정체성

지난 세기의 모든 관행이 1799년이 되어 갑자기 사라진 것은 아니다. 사회적인 관점에서 볼 때 장자 상속은 완전히 사라지지 않았다. 그저 잠시 중단되었을 뿐이다. 40세가 된 한 남성은 바로 이런 생각 속에서 성장했다. 25년이라는 시간은 한 나라의 관습을 완전히 없애기에는 충분하지 않다. 장자 상속은 여전히 모든 사람에게 익숙한 제도다. (…) 장자 상속이 유지되면 한 가문의 유산이 계속해서 안정적으로 유지될 수 있다. 물론 장자 상속에 대해 제기될 수 있는 유일한 비판은 차남 이하의 아들딸들의 자연적 권익을 침해할 수 있다는 것이다. (…) 그러나 장자 상속이 존재한다면 규모가 큰 가문들이 구성원 모두의 이익을 위해 토지 자산을 소유할 수 있게 된다. 모든 정치적 상황에서 토지 경작은 그로부터 열매를 수확할 의무가 있는 한 사람의 손에 맡겨진다. 그로 인해 국가는 행정관과 군인을 보유하여 사회적·정치적 안정을 보장받으며, 상업적 영향력이 있는 계층도 갖게 된다.

이는 국가가 혼란에 빠지는 것을 막아준다. (…) 한 명의 아버지에게서 난 모든 자녀가 재산을 똑같이 나눠 갖는 방식은 얼핏 공평하고 매력적으로 보일 수 있다. 우리가 이것을 부정하는 것은 아니다. 그러나 이러한 재산 분배 방식은 순간적인 이익만 가져다 줄 뿐이다. 그 뒤로는 가장 비극적인 결과들을 초래하며, 혁명의 씨앗을 뿌리게 된다.

이는 1824년 오노레 드 발자크가 출판한 것으로 알려진 『장자 상속에 대하여Du droit d'aînesse』의 한 구절이다. 이 소책자의 집필 목적과 거기에 담긴 내용은 정치사적 맥락에서 아직까지 확실히 규명되지 않은 젊은 시절 발자크의 활동과 연관되어 있다. 어쨌든 여기에 나타나는 장자 상속, 재산 분할, 혁명에 대한 생각은 발자크적 인물로 불러도 손색없을 안토니오 그리고 그의 아들 아타나시오에 대한 이야기를 시작하기에 더없이 좋은 출발점이다. 안토니오는 이 책에서 이미 두 번이나 등장한 바 있다. 첫 번째는 애정 없는 어머니 안나에게 학대받는 소년의 모습이었으며, 두 번째는 그로부터 30여 년이 지난 시점에 아버지 필리포 대에 이르러 무너진 가문의 유산과 지위를 복구하려 시도하면서, 그의 시도를 탐탁지 않아 하는 삼촌 루소리오와 언쟁을 벌이는 조카의 모습이었다. 이 과정에서 안토니오가 보인 모습들은 사실 호감 간다고 하기는 어렵다. 따라서 공정하려면, 그의 긍정적인 면모, 즉 성숙한 나이가 되어 가정에 몰두하려는 한 남성으로서의 모습을 소개할 필요가 있다.

안토니오

남편과 가장

1804년 5월 아버지 필리포가 치명적인 사고를 당했을 때 안토니오의 나이는 28세였다. 그는 철학과 법학, 의학을 공부했지만 학위를 받지는 못했다. 당시 그는 집안일을 맡아 관리하고 있었고—훗날 누군가에게 보낸 편지에서 그가 고백한 내용이 사실이라면—아버지의 낭비와 실수를 바로잡기 위해 노력하고 있었다. 1804년에서 1805년 사이 파산 위기에 직면한 안토니오의 대처는 놀라웠다. 채권자들의 압박이 거세지는 상황에서 삼촌 루소리오는 기대했던 도움을 주지 않았고, 동생 카를로는 그런 상황에 대해 "아무런 고민 없이" 오로지 춤추러 다닐 생각만 하고 있었다. 이때 젊은 가장 안토니오가 내린 결정은 대단히 과감하면서도 대단히 현실적이었다. 그는 도시 귀족으로서의 사치스러운 생활을 포기하고 시골에 있는 가문의 소유지로의 퇴거를 결정했다. 카프로나에 있는 우아한 별장이 아니었다. 그보다 훨씬 더 멀리 떨어진 부티의 주택으로 향했다. 더 정확히 말하자면 카스텔 디 노코가 내려다보이는 언덕 위에 오늘날까지 자리 잡고 있는 작고 투박한 주택으로 거처를 옮겼다.

안토니오는 레오나르도와는 전혀 다른 방식으로 '콘베르사치오네'를 거부한 것이다. 레오나르도는 전통적인 코무네의 상인으로서 언제나 도시에서 생활했지만 그의 후손 안토니오는 시골 귀족으로서 고립된 삶을 살기로 결정했다. 안토니오는 피사를 떠나 시골로 퇴거했던 초기에 자신의 글에 "이 산들" "이 황량한 산들"과 같은 표현을 자주 썼다. 오늘날 이 지역의 평화롭고 아름다운 풍경을 떠올리면 다소 과장된 표현으로 느껴질 수 있지만, 당시의 불편한 도로와 교통 사정 그리고 갑작스러운 생활 방식의 변화가 가져온 심리적 충격을 고려해야 한다.

부티로 퇴거한 것을 단지 물리적 거리가 멀어진 것으로만 이해해서는 안 된다. 스스로 "궁핍한 처지에 떠밀려 모든 친척과 떨어져 이 황량한 산들 속에 자리 잡았다"고 표현했을 정도로 안토니오는 가문 내 친척들과 다른 인적 관계로부터 완전히 단절된 삶을 선택했다. 이것은 그에게 상당히 큰 결단이었다. 안토니오의 어머니와 형제자매는 서로 의지하며 당시의 어려움을 극복해나갔다. 심지어 형 카를로의 결혼 후에도 가족들은 함께 모여 살았다. 그러나 당시 아직 미혼이었던 안토니오는 자기만의 길을 가기로 결정했다. 1805년 4월 14일 그는 따로 이사를 나가면서 부채가 포함된 공동 자산을 형 카를로와 나누었다. 카프로나의 자산을 형에게 넘겨주는 대신 추가적인 금전적 보상을 포함하여 부티의 자산을 자신이 가져갔다. 이후 그는 카스텔 디 노코에 있는 주택에서 홀로 자신의 재산을 관리하며 독립적인 삶을 살아갔다.

안토니오는 한편으로는 안전한 보호막이면서 다른 한편으로는 운신의 폭을 제한하는 울타리였던 가문과 친족의 네트워크를 벗어나기로, 더 나아가 도시의 귀족사회 및 그들의 활동 공간과도 거리를 두기로 결정했는데, 이는 대단히 용감한 선택인 동시에 당대의 관행에 비춰볼 때 대단히 혁신적인 선택이기도 했다. 그리고 그의 결혼은 이러한 선택을 더 확고하게 만들었다. 부티로 퇴거한 때로부터 3년이 지난 1808년 여름, 안토니오는 32세의 나이로 결혼을 결심했다. 부티에 거주할 당시 그는 친척들과 열정적으로 편지를 주고받으며 자신의 삶에 대해 알리곤 했다. 그가 남긴 사본들 가운데서 우리는 8월 20일 콜레 디 발델사에 있는 사촌 아다모 포르티자니에게 보낸 편지를 찾을 수 있는데, 이 편지의 내용은 무엇보다 가문 구성원 사이의 네트워크가 여전히 지속되고 있었다는 사실을 드러내는 동시에 당시 토스카나에도 영향을 미치고 있던 프랑스의 새로운 사상과 법률이 안토니오가 내린 선택의 배경으로 작용하고 있었다는 사실을 잘 보여준다.

> 고모님 그리고 당신[아다모 포르티자니]과 당신의 형제들에게 소식을 전하고자 합니다. 저는 이 지역에서 유력한 가문 출신의 한 여성과 결혼을 하려 합니다. 법이 바뀌어, 귀족들의 세습이 제한되고, 상속 재산의 신탁유증이 폐지되었습니다. 그래서 더 기다릴 필요 없이 제 힘으로 가정을 꾸릴 수 있다고 판단했습니다. 당신과 당신의 가족들도 여러 면에서 제 결정에 만족하실 것이라 생

각합니다. 제 어머니, 삼촌 조반니 바티스타 그리고 다른 친척들도 모두 제 결정을 지지해주셨습니다. 삼촌 루소리오와 숙모 테레사도 제 결정을 기쁘게 받아들이며 앞으로 저와 제 아내를 따듯하게 맞아줄 거라고 약속하셨습니다. 또 다른 친척들도 제 결혼을 반대하거나 그에 대해 문제를 제기하지 않았습니다. 그러니 당신과 당신의 가족들도 제 결정을 응원해주시기를 부탁드립니다.

안토니오가 선택한 여성은 부티 출신의 평민 카롤리나 반티였다. 1809년 2월 17일 안토니오가 사촌 포르티자니에게 쓴 편지의 내용에 따르면, 결혼 당시 그녀는 "현금이 아닌 현물을 가져왔다". 그녀가 가져온 현물이 무엇인지는 기록에 남아 있지 않아 알기 어렵다. 어쨌든 그녀는 원만하고 순종적인 성격의 소유자였고, 이것이 안토니오의 부부관계를 부모 세대의 부부관계와는 매우 다르게 만들었던 듯하다.

안토니오가 남긴 편지 사본들 가운데에는 안토니오와 카롤리나 사이에 존재하는 애정과 친밀함의 정도를 짐작게 하는 두 편의 작은 쪽지가 포함되어 있다. 결혼 전 안토니오가 필리우 가문의 유산 관련 일을 처리하기 위해 리보르노에 다녀왔을 때, 카롤리나는 안토니오에게 자신을 소홀히 한 것에 대한 애정 어린 투정을 부렸다. 이에 안토니오는 1809년 5월 12일 다음과 같이 대꾸했다.

피사 우편국으로부터 자기*가 쓴 소중한 편지를 받았어요. 약속

* 여기서 안토니오가 당시 부부 사이에 일반적으로 사용되던 존칭 "보이voi"가 아닌 애칭 "투tu"로 약혼녀를 부르고 있다는 사실에 유의하자.

대로 어제 서둘러 답장을 보냈으니 확인해보세요. 그런데 우체부 말이 자기한테서 편지를 건네받은 게 아니고 안부 인사만 전해 들었다더군요. 나는 혹시 자기가 편지 내용이 우체부에게 공개되는 것을 꺼렸거나 아니면 봉인되지 않은 편지를 배달시키는 일을 부담스러워했을지 모른다고 생각했어요. 그런 이유로 나는 우체부를 직접 불러 그저 안부 인사만 전한 것이랍니다. 내가 보낸 인사를 잘 받았으리라 믿어요.

그러니 자기한테 신경 쓰지 않았다고 나를 탓하는 것은 좀 부당합니다. 자기에 대한 애정을 이렇게나 확실히 표현했는데 자기가 나를 책망하리라고는 정말이지 예상 못 했어요.

그로부터 3년이 지난 1812년 3월 12일 안토니오와 카롤리나는 어린 딸 디아만테와 함께 지내고 있었다. 이때도 안토니오는 리보르노로 여행을 가게 되었는데, 이번에는 거꾸로 안토니오가 자기 아내를 책망하는 일이 있었다. "당신의 소식 그리고 주님께서 축복하신 우리 아이의 소식을 나에게 늦게 전해준 이유를 들으니, 오히려 오해가 더 깊어지는 것 같아요. 마치 당신이 나보다 다른 사람들에게 더 신경 쓰는 것처럼 보이잖아요."

그로부터 6년이 지난 1818년 1월 6일 카롤리나는 리보르노에 머무르고 있던 안토니오에게 편지 한 통을 보냈다. 여기서 그녀는 다소 서툰 글씨와 어색한 문장으로 남편에게 이런저런 소식들을 전하며, 토지 매입에 대한 자기 의견을 다음과 같이 피력했다. "제가 잊고 얘기를 못 한 게 하나 있는데 바로 아콘치 주세페와 관련된 일이에요. 사람들

말이 피에트로가 파올로 파렌티 소유의 토지를 전부 사들이려 한답니다. 무슨 의미인지 당신도 잘 아시겠죠. 어쨌든 이 기회를 놓치지 마세요. 정말 좋은 기회이니, 빨리 결단을 내리세요." 집안의 가사를 경영하는 안주인이자 순종적인 아내다운 말투로 쓰인 이 편지의 수신인은 "친애하는 바깥어른"으로 명시되어 있으며, 편지에서 카롤리나는 남편을 "당신voi"이라는 존칭으로 불렀다. 그러나 동시에 카롤리나의 편지에는 다음과 같이 가족 간의 소박하고 따뜻한 일상을 엿보게 해주는 구절도 포함되어 있다. "건강히 지내시길 바라요. 우리는 잘 지내고 있습니다. 우리 딸 파올라가 늘 아빠를 찾는군요."

안토니오의 결혼생활에 대해서는 단편적인 증언들만 남아 있을 뿐이나, 그럼에도 그가 당시 유럽 전역에서 크게 유행하던 근대적인 결혼 모델을 따라 생활했다는 사실을 보여주기에는 충분하다. 루소에 의해 제안된 이 모델은 서로 깊은 유대감을 가지고 가정에 헌신하며 살아가는 부부의 모습을 골자로 하고 있었다. 안토니오의 성장기에 해당되는 18세기 말, 이탈리아의 지배 계층 사이에서도 이 새로운 결혼 모델이 널리 퍼지기 시작했고, 곧 일종의 윤리적 기준으로 자리 잡았다. 남편으로서나 아버지로서 안토니오의 태도를 드러내는 증언들은 그가 친척들에게 보낸 편지에서도 찾아볼 수 있다. 편지 내용 가운데 그의 사적인 일상이나 감정을 서술한 부분들은 19세기에 이르러 이전 세기의 '콘베르사치오네'가 부정되고 가정이 삶의 중심이 되는 가치관이 퍼지기 시작한 상황을 대단히 효과적으로 보여준다.

몇 가지 사례만 살펴보자면, 우선 1811년 6월 11일 안토니오는 자신의 누이 루이사 마르게리타에게 다음과 같이 말했다. "새언니도 조카도 이제 몸이 다 나았단다. 신의 은총이지. 조카가 설사를 하고는 있지만 아마 이가 나면서 생기는 증상일 거야." 1812년 12월 22일 자신의 사촌 포르티자니에게는 "아내는 가족을 위해 애쓰고 있습니다. 부디 신의 가호가 있기를 바랍니다. 그녀는 당신의 안부 인사에 감사하고 있고 진심 어린 답례의 인사를 전했습니다. 한편 딸아이는 하도 소란을 피워대 머리가 지끈거릴 지경이니, 그녀가 얼마나 건강하고 활기찬지 짐작할 수 있을 것입니다. 모두 주님의 은총 덕"이라는 말을 전했다. 1817년 6월 13일 또 다른 누이 라우라 테레사에게는 다음과 같은 소식을 전했다. "디아만테는 좀 마르기는 했지만 건강하게 잘 지내고 있어. 그런데 고집이 너만큼이나 세졌어. 그리고 파올라는 무사히 예방접종을 마쳤단다." 끝으로 다음은 1817년 8월 21일 안토니오가 자신의 어머니 안나에게 보낸 편지 내용이다. 안나가 이 편지에 어떤 반응을 보였는지는 알 수 없다. "카롤리나가 어머니께 안부를 전합니다. 그녀는 온천에 다녀왔지만 크게 효과를 본 것 같지는 않습니다. 아직 확실하진 않지만, 다른 이유가 있을 수도 있겠네요. 어쨌든 그녀가 전에 비해 많이 야윈 것은 사실입니다. 제 딸들 가운데 파올라도 이가 나면서 고생한 탓인지 살이 빠졌습니다. 그리고 디아만테는 혼자 편지를 쓰기 시작했는데, 물론 가정교사의 지도를 받고 있기는 하지만 아직 어린 나이라는 점을 감안하면 꽤 잘하고 있는 편 같습니다. 부디 디아만테를 잘 챙겨주시길 바랍니다."

이처럼 안토니오와 가족 구성원들 사이의 친밀감이 잘 드러나는 구절들은 얼마든지 더 찾아 인용할 수 있다. 그러나 여기서는 이런 안토니오가 종종 가족 구성원들에게 강압적인 태도를 보이기도 했다는 사실을 언급하는 편이 더 나을 것이다. 강압적인 태도는 아마 카스텔디 노코에서 가문의 부와 권력을 재건하겠다는 의지에서 비롯되었을 것이다. 즉, 그가 가족 구성원들에게 보인 친밀감은 부차적인 면모에 불과하다. 안토니오는 과거에 비해 더 자연스럽고 공개적으로 애정을 표현했지만, 그럼에도 가족 구성원들에 대한 그의 가부장적 통제는 과거만큼이나, 아니 과거보다 더 강화되었다. 이를 이해하기 위해서는 안토니오의 결혼생활을 부모의 결혼생활과 비교해보는 게 도움이 될 것이다. 이를 통해 우리는 가문 혹은 자녀와 관련된 중요한 결정들에서 카롤리나가 사실상 배제되었다는 점을 알 수 있게 된다. 게다가 젊은 시절의 시어머니가 누렸던 것과 같은 자유를 그녀가 누리지 못했다는 점 또한 확실하다.

가문의 재건자와 그의 누이들

안토니오가 가문의 유산과 특권을 지키기 위해 오랫동안 겪었던 갈등들은 분명 그의 성격에서 나타나는 몇 가지 불편한 특징으로부터 기인하는 것이 사실이다. 그러나 이러한 성격상의 특징들이 단순히 그의 지배욕에서 비롯되었다고 여겨서는 곤란하다. 그보다는 역사적 맥락에서, 즉 앙시앵 레짐 말기의 급격한 시대적 변화 속에서 장자로서의 권위와 역할을 유지하고 재확립하려는 강한 의지로부터 비롯된 것으로 이해되어야 한다. 물론 이러한 의지를 실현하는 것은 쉽지만은 않은 일이었다. “가문의 이익이라는 헛된 우상”에 대한 비판은 이제 무라토리나 베카리아 같은 위대한 사상가들만의 전유물이 아니었다. 프랑스인들이 이탈리아를 점령하면서 귀족 가문의 유산을 보호하던 법적 장치가 모두 무너질 위기에 처했고, 이로 인한 갈등의 여지가 커진 상황이었다.

안토니오의 첫 번째 갈등은 그의 누이들과의 사이에서 벌어졌다. 그의 누이는 모두 네 명, 즉 아말리아, 엘레오노라, 라우라 테레사, 루이사 마르게리타였는데, 그중 갈등에 엮이지 않았던 이는 엘레오노라가 유일했다. 아마 그녀가 1780년에 태어났고, 이미 1804년의 사건 이전 그녀의 부모에 의해 운명이 결정되었기 때문일 것이다. 그녀는 제노바의 귀족 가문 출신인 자코모 스페로니와 결혼했는데, 스페로니 가문은 남매 사이의 갈등에서 중요한 역할을 하게 되는 도리아 가문과 친족관계에 있었다. 엘레오노라가 결혼할 당시 3600스쿠도가 넘는 막대한 지참금의 지급은 부채에 허덕이고 있던 가문의 상속자 안토니오와 카를로 형제의 몫이었다. 안토니오의 증언에 따르면 카를로는 엘레오노라의 결혼에 대해 "다소 지나치게 고집스러운 모습"을 보이고 있었다. 그리고 안토니오 자신도 지참금 지급이라는 자신의 재정적 책임을 늦지 않게 처리해야 하는 상황에 직면해 있었다. 그는 결혼 계약 체결 시 자신의 몫 가운데 절반 이상을 지급했고, 성당에서 혼인성사가 거행된 지 1년이 지나지 않은 1806년 7월 14일에 나머지 금액을 완납했다. 이 과정에서 이자를 포함한 잔금을 독촉받기는 했지만 어쨌든 모든 일을 차질 없이 처리했다. 엘레오노라의 결혼은 가문의 계획에 따라 예정되어 있던 일이다. 맏딸이 아닌 그녀가 선택된 것은 아마 자매들 가운데 가장 매력적이기 때문일 것이다. 안토니오가 "머리는 평범하지만 마음이 훌륭하다"고 평가했던 막내 카를로는 피사에서 어머니와 함께 지내고 있었으며, 엘레오노라를 결혼시키려는 계획에 열정적으로 협조했다. 그러나 카스텔 디 노코에 은거하고 있던 안토니오는 이 결혼에 대해 찬성이든 반대든 자신의 의견을 피력할 여지조차 없었다.

다른 자매들은 좋은 귀족 가문과의 결혼이 계획되어 있던 엘레오노라와는 사정이 완전히 달랐다. 그녀들의 오빠로서 가정과 가문을 책임지고 있던 안토니오는 자신의 누이들을 수녀원에 보내려고 시도했다. 에트루리아 왕국* 시기와 이후 프랑스의 직접 통치 시기를 거치며 귀족들의 특권이 폐지되어가는 상황 속에서도 안토니오는 여전히 귀족 가문의 여성과 차남들을 억압의 대상으로 간주하고 있었다. 그러나 안토니오의 입장에서는 불행하게도 누이들 가운데 오로지 라우라 테레사만이 수녀원에 들어갔는데, 이는 그녀가 어린 시절 겪은 사고로 인해 불구가 되었기 때문이다. 사고의 상세한 경위는 1819년 6월 21일 안토니오가 누군가에게 작성한 편지에 등장한다. 여기서 그는 카프로나에 있는 별장이 과거에 어떤 모습이었는지 설명하며 다음과 같이 덧붙였다. "나의 고모할아버지 조르조가 방 하나를 수공예 작업장으로 썼고, 나는 다른 방에서 잠을 잤습니다. 그리고 지금은 수녀가 된 나의 여동생 라우라 테레사가 다른 여성 한 명과 방을 같이 썼는데, 그 여성이 자신의 연인이 지나가는 모습을 보기 위해 서둘러 창문으로 달려가던 중 라우라 테레사를 아주 뜨거운 물에 빠지게 만들었

* 1801년 나폴레옹이 토스카나 대공국을 멸망시키고 성립시킨 괴뢰 정부. 1807년까지 존속했으며 당시 토스카나의 영토 대부분을 포함하고 있었다.

습니다. 그 사고로 인해 그녀는 불구의 몸이 되었습니다."

맏딸 아말리아와 막내딸 루이사 마르게리타는 프랑스 혁명 이후 변화한 사회적 분위기 속에서 자신들의 목소리를 내기 시작했다. 둘 사이에 나이 차가 나는 만큼 각각의 이야기는 다르게 진행된다. 먼저 아말리아는 아버지가 세상을 떠난 직후부터 피사에 있는 산탄나 보육원에서 나오기 위해 시도했다. 원래대로라면 그녀의 두 남자 형제가 보육원에 지참금을 지급해야 했지만, 1806년 3월 29일 안토니오는 상속받은 유산에 적지 않은 빚이 포함되어 있다는 이유로 지참금 지급을 거절했다. 그는 만일 참을성 없는 누이가 문제를 일으키려 한다면, "싸울 준비가 되어 있다"면서 법적 다툼도 불사하겠다는 입장을 내비쳤다. 그러나 아홉 살이 되던 해부터 보육원에서 자라 이제 스물일곱이 된 아말리아는 전혀 위축되지 않았다. 그녀는 법정에 출석해 자신의 남매들, 그중 특히 안토니오가 "리보르노와 그 인근 지역에 있는 필리우 가문의 유산"을 물려받았으면서도 자기 의무를 소홀히 하고 있다고 항의했다. 그녀는 제노바에 거주하고 있는 엘레오노라와 함께 지내며 그녀의 도움을 받아 결혼할 기회를 찾으려 하고 있었고, 결국 법원으로부터 그녀가 제노바로 이주해 정착하는 데 필요한 비용 일체를 그녀의 남매들이 지급해야 한다는 판결을 얻어내는 데 성공했다.

법원의 명령서가 카스텔 디 노코로 전달된 것은 1806년 크리스마스 휴가 기간의 일이었다. 이는 안토니오를 크게 분노하게 만들었다. 1807년 3월 17일 아말리아가 거둔 또 한 차례의 승리는 그의 분노를 더 증폭시켰는데, 법원에서 아말리아와 루이사 마르게리타가 받을 지참금 액수를 각각 2600스쿠도로 확정한 것이다. 이는 안토니오가 가문의 유산을 건드리지 않은 채 자신이 감당할 수 있다고 생각했던 한도보다 두 배 가까이 많은 금액이었다. 그러나 제노바에서 결혼하려던 아말리아의 계획이 지연되면서 지참금 지급도 늦어졌다. 그동안 아말리아는 자신의 어머니 그리고 카를로와 함께 피사에 머무르며 자신이 미래에 받을 지참금으로부터 발생하는 수익의 일부를 생활비 명목으로 카를로에게 지급하고 있었다. 그러면서 그녀는 안토니오에게는 자신의 방에 가구를 들여놓기 위해 필요한 금전적 지원을 요구했다.

이는 가족 내의 갈등, 특히 안토니오와 나머지 가족 구성원들 사이의 갈등을 더 격화시키는 계기가 되었다. 1807년 8월 3일 어느 정부 관료에게 보낸 편지에서 안토니오는 자신의 불만을 다음과 같이 토로했다. "카를로가 가구 구입을 위한 비용의 절반을 지급했습니다만, [그는 아말리아에게 생활비를 받고 있었으니] 따지고 보면 결국 저만 희생당하는 상황이 되었습니다. 귀하께서는 그녀의 요구가 저를 억압하기 위한 행위에 지나지 않는다는 것을 쉽게 아실 수 있을 것입니다." 또한 그는 자신이 처해 있는 상황의 부당함을 강조하며 이렇게 말했다. "어느 변덕스러운 여성의 편안한 도시생활을 위해 저는 산골에서 예전보다 더 제한된 생활을 해야 합니다. 그간 [아말리아가] 여행을 다니면서 낭비한 돈이면 충분히 방을 꾸미고도 남았을 것입니다. 존경하는 귀하께서 이런 상황을 살피시어 이 거머리 같은 여성이 온갖 수를 다 쓰더라도 제게 정의를 보여주시리라 기대하고 있습니다."

아말리아의 거처 문제에 대한 논쟁이 진행되는 와중에 양측이 마치 약속이라도 한 듯이 카스텔 디 노코로 이주하는 방안을 제안했다. 각자가 상대방을 압박하기 위한 목적으로 현실성이 부족한 것을 알면서도 내놓은 제안이었다. 이 문제와 관련하여 1807년 12월 1일 안토니오가 보낸 편지의 내용은 그가 가문의 장자와 누이들 사이의 관계를 위계적인 것으로 이해하고 있었음을 잘 보여준다.

> 내 집에서 당신에게 내어줄 것은 군용 침대뿐입니다. 시트도 없어요. 누구도 당신을 환영하지는 않을 것입니다. 당신이 카를로와 헤어지는 것을 유감스럽게 생각합니다. 아버지께서 돌아가신 후 당신은 보육원에서 나왔고, 다음에는 자매의 집에서 나왔으며 이제는 남매의 집에서도 나오려 하고 있습니다. 이를 두고 세상 사람들은 분명 당신이 변덕스럽다고 생각할 것입니다. 당신이 금전적 도움을 요구하게 된 것은 결국 당신의 어리석은 여행에서 비롯된 것이고, 그 자체로 잘못된 일입니다. 아무리 악랄한 적이라 하더라도 당신이 우리 형제들에게 보여준 것보다 더 큰 적대감을 드러내지는 않을 것입니다. 그러니 당신이 아무 잘못이 없는 척하기보다는 차라리 우리더러 한쪽 뺨을 맞거든 다른 쪽 뺨도 돌려대라는 복음서의 말씀을 따르라고 요구하십시오. 내가 이 산속에서 나와 함께 살겠다는 당신의 요청을 받아들인다면, 그것은 오로지 성서의 말씀을 존중하는 것 외에 다른 이유는 없을 것입니다. 단, 당신이 신에 대한 두려움을 가지고 평화로운 태도로 이곳에 올 것이며, 제 모든 말에 이의를 제기하지 않고 따른다는 조건 아래에서만 가능할 것입니다. 세부적인 조건들은 이곳에 와서 직접 논의해야 할 것입니다.

물론 그녀는 피사에 남았다. 당시 30세였던 그녀가 여전히 결혼에 대한 희망을 잃지 않고 있었기 때문이다. 그러나 안토니오는 주기적으로 그녀에게 비난을 퍼부었다. 이따금 친밀한 태도를 보이지 않은 것은 아니지만, 안토니오의 비난은 시간이 갈수록 점점 더 무례하고 집요해졌다. 예를 들어 1811년 7월 13일에 보낸 편지에서 그는 다음과 같이 말했다.

> 지참금을 지급하는 문제에 대해서 우리가 우호적인 태도를 취하지 않았다는 것은 전혀 사실이 아닙니다. 엘레오노라의 결혼이 그 증거입니다. 다만 당신이 요구하는 대로 그렇게 서두르고 싶지 않았을 뿐입니다. 게다가 크리스마스 이튿날, 즉 크리스트교도들에게는 너무나 중요한 그날 공무 집행인이 집에 찾아오게 만든 것은 문제 해결에 전혀 도움이 되지 않았어요. 그러니 당신이 현명하다고 여겨 조언을 구하는 자들은 아첨꾼에 불과할 뿐입니다. 상식적인 사람이라면 어머니와 형제자매를 떠나 집안을 혼란스럽게 만들고, 자기 재산을 낭비해가면서 외국으로 남편을 찾으러 다니는 어린 여성의 행동을 지지할 수는 없지 않겠습니까?

안토니오가 이런 설교를 늘어놓은 이유는 그로부터 1년이 지난 시점에 분명하게 드러났다. 제노바에 있던 엘레오노라는 꾸준한 노력 끝에 드디어 아말리아를 프랑스 장교 피에르 루이 모르셀과 결혼시키는 데 성공했다. 당시 모르셀은 제대를 기다리면서 "우리 지역과 그 인근에서 수익성 있는 사업을 찾고 있는" 상황이었다. 1812년 9월 3일 안토니오는 사촌 포르티자니에게 편지를 보내 이 소식을 전하며, 지참금을 지급할 수 있도록 돈을 빌려달라고 요청했지만, 동시에 지참금을 최대한 늦게 그리고 적게 지급할 방법을 찾고 있었다. 안토니오는 이것이 공동의 이익을 위한 일이라며 삼촌 루소리오에게 도움을 요청했지만 거절당했다. 그는 심지어 가난한 소녀들의 지참금을 지원해주는 공공 구호 기관의 문도 두드렸으나 역시 아무런 성과도 얻지 못했다. 그래서 그는 누이의 결혼을 의도적으로 방해 혹은 지연시키려는 시도를 단행하기에 이르렀다. 특히 1812년 9월 16일 아말리아에게 보낸 편지에서 "이탈리아인과 일을 할 때 필요한 인내심"에 대해 언급하며, 미래의 매제가 될 프랑스인의 "조급한 성격", 즉 그가 결혼 계약이 마무리되기 전에 지참금의 일부를 미리 받고 싶어한다는 점을 꼬집어 비난했다. 그러나 아말리아의 결혼은 이미 돌이킬 수 없는 일이었다. 안토니오의 행동은 결국 패배가 확실해진 상황에서의 소극적이고 무의미한 저항에 불과했다. 이미 패배한 싸움을 우아하게 인정하지 못하는 그의 성격적 특징을 드러낸 사례 가운데 하나였다.

1812년 12월 12일 피사의 어느 공증인 앞에서 아말리아는 그녀의 "어머니가 동의"했다는 조건이 붙어 있는 모르셀과의 혼인 계약서에 직접 서명을 완료했다. 더 이상 젊은 나이가 아니었던 아말리아는 나이에 걸맞은 품위 있는 혼수를 마련했지만 40여 년 전 그녀의 어머니가 마련했던 화려한 혼수와는 비교가 안 되는 수준이었다. 그녀는 법원으로부터 인정받은 아버지의 유산 가운데 자기 몫을 지참금으로 실징했다. 또한 안토니오가 고수하던 장사 중심의 상속 원칙에 항의라도 하듯 아말리아와 모르셀은 상호 동의하에 "서로 간의 우정에 대한 확고한 증표로서" 만일 두 사람 사이에 자녀가 없는 상태에서 아말리아가 먼저 세상을 떠난다면, 어머니의 법정 상속분을 제외한 모든 재산이 남편에게 상속되도록 하는 계약을 설정했다. 반대로 남편이 먼저 세상을 떠난다면, 모든 재산은 아말리아가 상속받을 것이다. 그 후 몇 주 동안 지참금 가운데 자신이 지급해야 할 몫을 마련하느라 애를 썼던 카를로와 달리 안토니오는 시간을 벌기 위한 마지막 시도를 멈추지 않았다. 그러나 이는 모르셀이 "매우 긴급한 요청"을 하게 되는 결과를 초래했고, 마침내 12월 23일에는 모르셀이 안토니오를 비코피사노*의 법정으로 소환하기에 이르렀다. 결국 1813년 1월 11일 안토니오는 마지못해 지갑을 열 수밖에 없었다. 그러나 그는 아말리아와 모르셀에게 지급해야 할 1300스쿠도 가운데 약 8분의 1이 채 안 되는 금액만 지급했고, 나머지는 연 5퍼센트의 이자와 함께 6년 안에 모두 갚는다는 약속을 했을 뿐이다.

아말리아가 자신의 권리를 위해 투쟁하는 동안 루이사 마르게리타에게도 그와 비슷한 일이 일어났다. 안토니오는 아말리아보다 한참 나이가 어린 루이사 마르게리타에게 훨씬 더 권위주의적인 태도를 보였다. 25세가 된 아말리아가 피사의 보육원에서 나오기 위해 투쟁하던 1804년 여름, 루이사 마르게리타는 거꾸로 보육원에 들어가야 했다. 안토니오가 프라토에 있는 산 니콜로 수녀원의 관계자와 루이사 마르게리타를 그곳에 들여보내기로 합의했기 때문이다. 당시 또 다른 자매 라우라 테레사 역시 이 수녀원에 머무르고 있었다. 안토니오는 루

* 피사에서 동쪽으로 약 15킬로미터 떨어진 작은 마을.

이사 마르게리타를 임시로 수녀원에 보내는 것이 아닌, 그녀를 평생 그곳에 머무르게 하려는 계획을 세우고 있었다. 그리고 이를 실현하기 위해 안토니오는 그녀의 의지를 꺾고, 더 나아가 그녀의 정체성 자체를 바꾸기 위해 프라토의 수녀원을 관할하는 피스토이아의 주교를 대상으로 복잡한 계략을 꾸몄다. 안토니오는 1804년 10월 26일 그에게 다음과 같은 내용의 편지를 보냈다.

> 유언에 따라 우리 집안이 유산을 물려받게 되었는데, 그로 인해 발생한 의무 가운데 하나로 누이 루이사 마르게리타가 견진성사를 받을 때 그녀의 이름을 바꿔야 합니다. 그녀의 이름은 유언자의 이름을 딴 디아만테가 되어야 합니다. 우리는 이러한 의무를 수녀원에서 같이 지내는 또 다른 누이 라우라 테레사에게도 알렸지만, [루이사 마르게리타에 대한] 그녀의 잘못된 애정으로 인해 문제가 생기지나 않을까 걱정됩니다. 루이사 마르게리타가 라우라 테레사의 비이성적인 저항에 설득당할 가능성이 있기 때문입니다. 그런 까닭에, 존경하는 주교님께 이렇게 귀찮은 요청을 드릴 수밖에 없습니다. 유언이 제대로 이행되지 않는다면 제 가족들에게 큰 불행이 닥칠 것이기에 루이사 마르게리타의 이름이 변경될 수 있도록 도와주시기를 간곡히 부탁드립니다.

위에 인용된 구절에서 말하는 "유언"이란 당연히 1611년 디아만테 캄비니가 남긴 유언을 뜻하지만, 여기서 안토니오가 이 유언에 대해 언급하는 것은 명백히 핑계일 뿐이다. 원칙대로라면 디아만테라는 이름을 물려받는 것은 장녀인 아말리아의 몫이었기 때문이다. 그러나 안토니오는 아말리아에게 그런 요구를 할 생각이 추호도 없었다. 안토니오는 이제 루이사 마르게리타에게 수녀 신분에 걸맞은 새 이름을 부여하기 위해 디아만테 캄비니의 오래된 유언을 구실로 활용했을 뿐이다. 이후 1804년 11월 25일 안토니오는 라우라 테레사에게 편지를 보내 그녀를 직접 꾸짖었다. 사실 그녀는 가문의 이익을 지키기 위해 수녀가 된 것이지만, 안토니오는 앞서 피스토이아의 주교에게 보낸 편지에서 이미 언급된 바 있는 그녀의 "잘못된 애정"이 수녀의 신분에 어울리지 않는다고 격렬하게 비난했다. "수녀의 신분인 당신이 루이사 마르게리타와 의견을 같이하여 디아만테 캄비니의 유언 위반에 대해 제시된 해결책이 쓸모없는 것이라고 믿는다면 이는 명백히 잘못된 행동입니다."

루이사 마르게리타의 이름 변경은 사실 안토니오가 라우라 테레사를 매개로 그녀에게 시도하려 했던 강압적인 교육 계획의 정점에 이른 행위였다. 안토니오는 루이사 마르게리타의 개인적인 성격을 통제하는 것을 넘어—그의 집착하는 강박적인 성격을 보여주기라도 하듯—그녀의 서체까지 바꾸려 했다. 1805년 6월 30일 라우라 테레사에게 보낸 편지에서 안토니오는 젊은 나이에 세상을 떠나 이미 고인이 된 삼촌 알레산드로에 대한 기억을 끄집어내며 서체와 철자법 문제를 다음과 같이 지적했다. "나는 6월 19일에 당신이 보낸 편지를 받았어요. 그 편지 뒤편에는 우리 디아만테가 글씨 연습을 한 흔적이 있더군요. 그녀가 연습을 계속한다면 깔끔한 서체를 쓸 수 있을 것 같습니다. 하지만 첫 글자에 장식적인 곡선을 넣는 습관은 고치도록 해주세요. 고인이 된 우리의 훌륭한 삼촌 알레산드로도 그것을 정말 싫어했죠. (…) 그리고 철자법을 정확히 지킬 수 있도록 가르쳐주세요. 그녀는 Ho를 쓰면서 H가 아닌 K로 시작했는데, 마치 그리스어처럼 보입니다. 이런 실수는 바로잡아야 합니다."

루이사 마르게리타의 이름 변경을 두고 벌어진 논쟁에서 결국 승리는 안토니오가 거두었다. 이후 루이사 마르게리타가 자신의 서명을 스스로 루이사 디아만테 혹은 그냥 디아만테로 하게 되었기 때문이다. 그러나 이후 루이사 마르게리타가 수도생활을 계속할 것인지 아니면 결혼할 것인지의 문제를 두고 벌어진 결정적인 싸움은 안토니오의 패배로 끝나고 말았다. 앞서 언급했듯이, 아말리아와 루이사 마르게리타가 지급받을 지참금의 액수를 확정했던 1807년 3월 17일 법원의 판결은 루이사 마르게리타의 강한 개성을 드러낼 법률적이고도 물질적인 기반을 동시에 제공했다. 1808년 5월 5일 루이사 마르게리타에게 보낸 편지에서 안토니오는 그녀를 여전히 "주님께 고난을 바치는 수녀"처럼 다루었다. 그러나 1809년 8월 21일이 되어 그는 루이사 마르게리타의 장래를 자신이 아닌 카를로가 책임지도록 해야 한다고 압박했고, 결국 그녀는 1810년 여름 가족과 함께 지내기 위해 피사와 카프로나로 돌아오게 되었다.

이렇게 해서 남매들 사이의 이야기는 루이사 마르게리타의 결혼을 막거나 혹은 지연시키기 위해 애쓰는 안토니오의 이야기가 주를 이루는 새로운 장으로 접어든다. 이 새로운 장은 전체적으로 앞서 살펴본 아말리아의 이야기와 비슷하게 진행되지만, 루이사의 활발하고 대담한 성격으로 인해 몇몇 흥미로운 순간을 포함하게 된다. 아래는

1810년 10월 3일 안토니오가 보낸 편지의 내용이다.

> 이전의 편지에서 당신〔루이사 마르게리타〕이 썼던 대담한 표현을 다시 언급하는 것은 무의미하고 쓸모없는 일이 될 것입니다. 다만 "해야 한다"라든가, "원한다" 혹은 "필수적이다"와 같은 명령조 표현들은 당신이 제시한 이유에 설득력을 더하지 못할 뿐 아니라 예의도 아니며, 일반적인 편지 작성의 예법에도 어긋납니다. 물론 내가 완벽한 본보기를 제안하려는 의도는 아니지만, 편지 작성의 모범적인 실례가 필요하다면 빌콩트의 귀족 대신 세비녜 후작 부인을 참고하길 추천합니다. 그녀의 편지 모음을 찾아 차분히 읽어보세요. 실로 읽어볼 만한 가치가 있습니다. 당신은 마법처럼 사람들을 사로잡는 다정함을 배울 수 있을 테고 이는 당신에게 큰 도움이 될 것입니다.

안타깝게도 인용된 구절에 언급된 "대담한 표현들"을 사용한 루이사 마르게리타의 편지는 소실되었지만, 1811년 6월 15일 그녀가 안토니오에게 보낸 편지는 오늘날까지 남아 있다. 이 편지에서 그녀는 안토니오와 카를로 형제가 다양한 방식으로 그녀에게 강요했던 여성으로서의 순종과 복종이라는 의무를 조롱하고 있었다. 예를 들어 그녀는 앞서 살펴본 것처럼 안토니오가 세비녜 후작 부인을 언급하며 여성들의 순종적인 태도를 강조했던 사례나 1811년 6월 11일 안토니오가 편지를 보내 피사에서 자신의 일을 대신 처리하라고 갑작스레 지시했던 사례를 풍자적으로 비난했다. 6월 11일의 편지란 안토니오가 조카가 "설사를 했다"거나 "이가 나고 있다"는 등 집안의 소사에 대해 소식을 전했던 바로 그 편지를 말하는 것이다.

> 맡기신 일은 잘 처리했습니다. (…) 하지만 다시는 제게 이런 일을 맡기지 않으셨으면 좋겠습니다. 이런 것은 여자가 할 수 있는 일이 아니고, 특히 저는 아직 어려서 나이 지긋한 부인들처럼 여기저기 다닐 수가 없습니다. 아시다시피 여성은 바느질하기 위해서 태어난 것이지 이런 일을 하려고 태어난 것이 아닙니다. 이런 일만 빼고는 기꺼이 도와드리겠습니다. 이런 것은 남자들이 해야 할 일입니다. 저는 이런 일로 신경 쓰고 싶지 않습니다. 특히 지금 저는 다른 방식으로 살기 위한 계획을 세우고 있기 때문에, 거기에만 집중해야 합니다. 어떤 계획인지는 곧 말씀드리겠습니다.

인용된 편지의 마지막 구절을 통해 드러나듯이, 루이사 마르게리타는 이미 결혼하려는 의향을 가지고 있었고, 더 이상 그에 대해 논의조차 허용하지 않겠다는 강한 결심을 하고 있었다. 아말리아와 모르셀에게 어쩔 수 없이 지참금의 일부를 지급해야 했던 날로부터 사흘이 지난 1813년 1월 14일, 안토니오는 루이사에게 편지를 보내 가족들에게 안부 인사를 전하며 결혼에 대한 그녀의 결심을 떠보려는 의도의 농담을 던졌다. "어머니에게, 카를로와 엔리케타에게도 안부를 전해주세요. 그리고 수녀가 되는 축복과 행운이 당신과 함께하기를 바라며 이만 줄입니다." 이에 대해 루이사 마르게리타는 자신의 의도를 명확히 밝히기 위한 답장을 보냈는데, 그 답장은 안토니오가 그녀를 심각하게 꾸짖을 정도로 강한 어조로 쓰여 있었다. 다음은 2월 3일 안토니오가 보낸 편지의 내용이다.

> 대부분의 여성이 자기 나이를 감추려고 애쓰는데, 당신은 단지 어머니의 허락 없이 행동할 수 있다는 하찮은 만족감 때문에 나이를 드러내는 것을 자랑스레 여기니 참으로 놀랍기 그지없습니다. 당신의 생각이 정말 그렇다면 그에 대해서는 나중에 다시 이야기해보도록 합시다. 그리고 수녀가 되라고 하는 내 농담 섞인 조언에 대한 당신의 답변을 보니 대단히 흥미롭네요. 진지하게 했던 말은 아닙니다. 만일 당신이 실제로 수녀가 될 수 있었다면 나는 그런 말을 하지 않았을 것이기 때문입니다. 아마 누군가 당신이 있는 수녀원의 고해신부가 된다면 가능한 이야기일지도 모르겠군요.

안토니오는 라우라 테레사에게도 이와 관련된 불평을 늘어놓았던 듯하다. 결국 4월 12일 사태가 일단락되긴 했지만, 늘 그렇듯 안토니오는 그 후에도 과장과 비난이 섞인 불만을 편지에 담곤 했다. 특히 그는 라우라 테레사를 희생양으로 삼거나 혹은 루이사 마르게리타의 공범자로 간주하는 듯한 태도를 보였다. "디아만테가 헛소리를 했다면 충분히 그럴 만하죠. 당신네 여성들은 전부 제정신이 아닌 쓰레기일 뿐이니까요."

1813년 12월 루이사 마르게리타는 폰테데라 출신의 코시모 첸토니와 결혼 계약을 맺으며 자신의 계획을 실현시켰다. 이번에도 안토니오는 지참금의 일부만을 즉시 지급했고, 나머지는 6년 안에 지급하겠다고 약속했다. 지참금 지급 문제에 있어 안토니오는 자신이 원하는 만큼의 합의에 충분히 도달하지 못했다고 여겼고, 자신이 공범자라고 생각했던 라우라 테레사에게 이에 대한 불만을 털어놓았다. 다음은 1814년 5월 1일 프랑스 정권이 몰락한 직후 안토니오가 라우라 테레사에게 보낸 편지의 일부다.

> 디아만테의 결혼에 대해 당신이 내게 말했던 내용을 듣자 하니, 당신은 현재의 법률을 전혀 모를 뿐만 아니라 그녀의 성격도 잊어버린 것 같군요. 우선 현재의 법률로 인해 내게는 결혼에 반대할 권리가 없는 상황입니다. 그리고 그녀의 성격에 대해 말하자면, 그녀가 처음으로 결혼하겠다는 생각을 밝혔을 때, 제게 직접 한마디의 반대도 하지 말라고 했습니다. 반대해봤자 헛수고일 뿐이라고요. 만일 내가 반대했더라도 그녀의 지참금 문제를 둘러싼 소모적인 싸움에 휘말렸을 뿐이겠죠. 나는 그녀의 남편에게 300스쿠도의 지참금을 지급하느라 큰 부담을 안게 되었습니다. 나머지 금액에 대해서는 현재로서 인내심을 갖고 기다리는 수밖에 없습니다.

가문을 이끌어가는 가장으로서 안토니오는 두 차례의 뼈아픈 패배를 연달아 경험한 셈이 되었다. 그러나 그중 적어도 한 번의 패배는 그가 두려워했던 만큼 심각한 결과를 불러오지는 않았다. 인용된 구절에 등장하는 "현재의 법률"이 당시 프랑스 정권의 몰락과 함께 곧 새로운 법률들로 대체되었기 때문이다. 특히 (앞서 루소리오의 유언과 관련하여 언급했던) 1814년 8월 18일의 칙령과 같은 해 11월 15일의 법률이 바로 그 예에 해당된다. 이 두 법률은 복귀한 토스카나 대공국 정부가 제정한 것으로, 남성 중심 상속 제도의 강화, 즉 가문의 유산 가운데 남성 후손들의 몫에 대한 보호를 골자로 하고 있었다. 새로운 법률은 퇴보적 조치임이 분명했지만, 딸들이 가문의 유산으로부터 지참금을 지급받을 권리를 완전히 부정하지는 않았다. 그럼에도 안토니오는 남성 중심 상속 제도의 강화라는 흐름을 십분 활용해 자신의 매부 첸토니에게 지참금 잔액을 지급하지 않으려 했다.

첸토니의 항의에 대해 안토니오는 지참금 지급 방법과 시기에 대한 협상이 진행되던 몇 달 전과 달리 대단히 무례한 태도로 일관했다. 다음은 1814년 12월 16일 안토니오가 첸토니에게 보낸 편지의 내용 가운데 일부다.

> 브라치 가문이 공정하지도 않고 배려심도 없다는 말을 들으니 놀랍습니다. 왜냐하면 브라치 가문에 속한 한 사람이 당신에게 은혜를 베풀었기 때문입니다. 그 은혜는 당신의 공로를 뛰어넘을 뿐만 아니라 당신의 기대를 훨씬 초월하는 것이었습니다. 그로 인해 당신은 대단히 어려운 상황에서 벗어날 수 있었지요. 그러나 잘 생각해보십시오. 잘못된 길로 빠지지 않기 위해서는 가끔 과거를 되돌아보는 것이 도움이 되기도 합니다. 예를 들어 당신이 돈을 중요하게 생각하지 않고, 당신의 결혼이 지참금과는 아무런 상관이 없는 것이라고 주장하면서, 실은 지참금이 결혼의 유일한

이유였음을 스스로 드러낸다면 그것은 분명 잘못된 행동일 것입니다.

이후 계속된 논쟁에서 안토니오는 여러 차례 "현재 시행 중인 법률"에 대해 언급했다. 새로 제정된 법률이 지참금을 둘러싼 분쟁에서 매부에게 불리하게 작용할 수 있다는 점을 암시하며, 자신의 매부를 심리적으로 압박하려들었던 것이다. 동시에 그는 누이 루이사 마르게리타에게 매 분기 지참금 잔액에 대한 이자를 지급하는 과정에서 의도적으로 문제를 일으켰을 뿐만 아니라, 그녀를 조롱하는 듯한 태도를 보이기도 했다. 예를 들어 1817년 10월 8일 안토니오는 누이에게 보낸 편지에서 다음과 같이 말했다. "지참금 잔액을 내가 가지고 있는 것이 당신에게도 유익한 일임을 증명하기 위해서, 내게 굳이 그럴 의무가 있진 않지만 번거로움을 감수하고 당신이 15일에 요청했던 이번 분기 이자를 보냅니다."

결혼 5주년이 되는 1818년 12월 5일, 루이사 마르게리타와 첸토니는 지참금에 대한 채권을 그들과 사업적 관계를 맺고 있던 리날도 안칠로티에게 양도했다. 안칠로티는 곧 이를 회수하기 위한 소송에 착수했는데, 1828년에도 소송은 여전히 진행 중이었다. 안토니오는 결국 지참금 잔액을 지급할 수밖에 없었을 것이다. 그러나 그는 대단히 느긋하게 일을 처리했다. 가문의 재산 보호라는 관점에서 보면 성공적이었다. 즉 안토니오는 자기 몫으로 남겨진 자산에 큰 손실을 입히지 않은 채 문제를 해결했던 것이다.

한편 아말리아와 모르셀 부부 사이의 재산 상속 문제는 대단히 복잡하게 마무리되었는데, 왜냐하면 아말리아가 결혼 후 1년 반 만에 자녀 없이 그리고 유언도 남기지 않은 채 세상을 떠났기 때문이다. 1814년 8월 18일 상속과 관련된 새로운 칙령이 공표된 지 얼마 지나지 않은 시점이었다. 앞서 언급했듯이 아말리아는 결혼할 당시 남편과 상호 간의 재산 증여를 약속했지만, 법적으로는 그녀의 친정 구성원들에게도 상속 재산의 일부가 돌아가야 했다. 이에 대해 카를로는 아말리아의 어머니가 그녀의 유산을 상속받는 것이 당연하다고 주장했는데, 결혼 계약서에 그렇게 명시되어 있었기 때문이다. 그러나 안토니오는 "새로운 법률"이 "남성 중심의 상속 제도"를 따르고 있다는 점을 강조하며, 카를로의 주장을 반박했다. "나는 어머니께서 우리와 마찬가지로 공동 상속인이 되어야 한다는 주장에 동의하지 않습니다." 이후 10월 27일에는 다음과 같이 썼다. "당신[카를로]이 어제 보낸 편지를 방금 받았는데, 당신이 그렇게 주장하고 있지만, 8월 18일 법률의 16조와 19조에 따르면, 어머니께서는 유산의 3분의 1에 대한 용익권만을 갖게 됩니다." 반대의 이유는 분명했다. 안토니오는 11월 24일 카를로에게 다음과 같이 불만을 토로했다. "어머니는 부당하게 당신을 편애하려 하시는 듯합니다. 그리고 당신은 그것을 노리고 행동하는 것 같아요." 실제로 이 불만을 제기한 바로 다음 날, 안나 그라시는 "[아말리아가 남긴 유산의] 상속 지분과 관련된 모든 문제로부터 자유로워지기 위해, 그리고 그녀의 마음을 움직이는 다른 이유들로 인해" 자신의 상속 지분에 대한 모든 권리를 카를로에게 양도했다. 그 대가로 그녀는 기존에 그녀가 거주하고 있던 카프로나의 별장에 있는 몇 개의 방을 계속해서 사용할 권리를 얻었다.

이러한 처리 방식에 대해서 그리고 아말리아의 개인 소지품들을 나누어 갖는 문제에 대해서 어머니와 카를로, 모르셀 사이에 원만한 합의가 이루어졌다. 그리고 이러한 상황은 안토니오로 하여금 적어도 이번만큼은 순응하는 태도를 취하도록 만들었다. 이후 안토니오는 누이의 죽음을 이용해 매형에게 갚아야 할 지참금 잔액을 줄여보려는 생각을 포기했던 것처럼 보인다. 안토니오는 이에 대한 불필요한 논쟁을 피하고, 문제를 신속히 해결하기 위해 매부 모르셀 그리고 (이제 아말리아의 상속자이자 안토니오의 채권자가 된) 동생과의 합의를 시도했다. 안토니오는 1814년 12월 31일 카를로에게 300스쿠도를, 1815년 1월 21일 모르셀에게 6000리라(약 850스쿠도)를 지급했지만, 결국 자신의 어떤 자산도 매각하지 않은 채 문제를 해결했던 것으로 보인다.

가문의 재건자 그리고 그의 동생과 어머니

안토니오와 카를로의 관계는 언제나 순탄했던 적이 없었다. 특히 앞서 살펴본 사례에서처럼 각자가 어머니와 맺고 있던 관계가 서로 달랐다는 사실이 문제를 더 복잡하게 만들었다. 게다가 형 안토니오가 항상 동생인 카를로보다 자신이 우월하다고 생각하며 간섭하려던 것 역시 둘 사이의 관계를 더 어렵게 만드는 요인 가운데 하나였다. 안토니오는 심지어 카를로의 결혼까지 막으려 했다. 삼촌 루소리오도 이러한 시도에 동참하고 있었는데 루소리오의 의도와 안토니오의 의도가 같았는지는 불분명하다. 카를로가 엔리카 카라살리의 아버지와 혼인 계약을 맺고 1100스쿠도의 지참금을 약속받은 후로 닷새가 지난 1805년 1월 12일, 안토니오와 루소리오는 카를로가 속해 있는 부대의 사령관에게 그의 결혼을 막아달라고 청원했다. 심지어 나중에는 대공비에게까지 "이 결혼은 불길하다"는 이유로 같은 내용의 탄원서를 올렸다.

> 그[카를로]의 상관에게도 설명했던 반대의 이유는 이렇습니다. 우선 두 사람의 출신이 동등하지 않다는 것입니다. 엔리카 카라살리는 물론 그녀의 부모도 귀족 가문 출신이 아니며 명예로운 지위도 가져본 적이 없습니다. 반면 우리 가문은 이미 오래전부터 피렌체 공화국의 정무위원priore을 지냈을 뿐만 아니라 토스카나의 여러 유력 가문과 관계를 맺어왔습니다. 또한 두 사람의 나이 차가 크다는 점도 문제입니다. 카를로가 23세인 반면 카라살리는 30세에 가깝습니다. 시간이 지나 초기의 열정이 식고 나면 부부 사이에 불화와 갈등, 심지어 후회와 증오의 감정이 생길 가능성이 매우 높습니다. 게다가 카를로는 독신으로서 지켜야 할 의무를 여러 차례 어겼으며, 이로 인해 건강이 악화된 적도 많습니다. 지금도 그의 건강 상태는 불안정합니다.

이후에는 우리가 충분히 예상할 수 있듯이, 안토니오의 진심에서 우러난 것으로 보이는 누이들의 결혼 문제에 대한 걱정이 이어진다. 그의 걱정은 단지 가문의 재산이 위기에 처해 있다는 경제적인 이유뿐만 아니라 마치 「라 트라비아타」를 연상시키는 사회적 이유에서 비롯된 것이었다.* 탄원서에서 안토니오는 다음과 같이 말한다. "이성을 따르는 사람들은 각자 자신의 행동에 대해 책임을 져야 한다고 생각하겠지만, 현실적으로 볼 때 같은 계층의 사람들끼리도 결혼을 꺼리는 경우가 있는 것이 사실입니다. 특히 가문의 명예에 흠집이 날 수 있는 사람과의 결혼이라면 말입니다."

안토니오의 탄원서는 아무런 효과가 없었다. 그리고 루소리오는 이후 카를로 부부와 좋은 관계를 유지했던 것으로 보인다(부부와 함께 거주하는 과거의 적, 즉 안나와의 관계에 대해서는 기록에 남겨진 바가 없다). 이와 달리 안토니오는 엔리카 카라살리를 끝까지 제수弟嫂로 받아들이지 못했다. 아마 안토니오가 그녀에게 보인 태도를 다른 누군가가 그의 아내 카롤리나에게 보였다면 그는 결코 참지 않았을 것이다. 1813년 1월 1일 루소리오가 아말리아의 지참금을 카를로에게 지급하는 문제를 도왔을 때, 안토니오는 엔리카에게 대단히 무례한 어조로 다음과 같이 언급했다. "결국 여자의 머리카락 한 올이 황소 백 마리를 끌 수 있다는 속담이 맞는다는 것을 인정해야만겠군요." 또한 엔리카가 가문에 들어온 후 이미 오랜 세월이 흐른 1819년 3월 27일 카를로와 금전적인 문제로 다투던 안토니오는 아무런 망설임 없이 그녀를 다음과 같이 비난했다. "(논쟁의 여지가 없는 이야기입니다만) 당신이 카를로와 결혼하기 전에 우리는 사이가 좋았고 서로 완벽하게 잘 통했죠. 그런데 지금 당신 말대로, 지난 14년 동안 우리가 한 번도 의견이 일치한 적이 없었다면, 그 이유는 대체 무엇이겠습니까?"

* 1853년 초연된 베르디의 오페라 「라 트라비아타」에서 주인공 비올레타는 자신의 과거와 사회적 지위에 대한 편견으로 인해 사랑하는 사람과의 관계에 어려움을 겪는다.

안토니오는 카를로의 결혼에 크게 실망했지만, 그가 자식을 두지 않았다는 사실에서 위안을 찾았다. 그는 어머니가 카를로를 편애한다고 느낄 때마다 불만을 토로했다. 다음은 1821년 2월 27일 안토니오가 어머니에게 보낸 편지의 내용이다. "어머니 마음대로 하셔도 좋습니다. 그러나 적어도 우리 둘 다 어머니의 자식이라는 사실은 잊지 말아주십시오. 엄밀히 말하자면 법률이 허용하고 있는 것처럼 용익권이 아니라면 적어도 소유권에서만큼은 저를 조금 더 배려해주셔야 합니다. 제게는 자식이 있으니까요." 안토니오는 카를로에게도 전혀 예의를 차리지 않은 채 자기 생각을 가감 없이 전했는데, 특히 1820년 7월 21일 삼촌 루소리오가 세상을 떠난 뒤 그는 다음과 같이 요청하기도 했다. "세상을 떠난 삼촌 루소리오가 새로 만든 우리 가문의 가계도를 당신이 책임지고 온전한 상태로 나에게 보내기를 바랍니다. 내 아이들의 이름을 거기에 추가하겠습니다. 대신 기존 가계도는 당신이 가져가세요. 거기에는 남은 공간이 없어 더 이상 새로운 가족 구성원의 이름을 기록할 수 없으니까요."

안토니오는 가문의 이익이라는 공동의 목표 아래 모든 갈등이 봉합되리라는 기대를 가지고 있었다. 그러나 이후의 일은 그러한 기대를 완전히 무너뜨리는 방향으로 진행되었다. 1833년 엔리카 카라살리는 세상을 떠나게 된다. 그로부터 8년 후 카를로는 이미 나이가 60세에 이른 데다가 건강마저 좋지 않았음에도 불구하고, 자신보다 스무살 이상 어린 여성과 결혼했고, 그녀와의 사이에서 세 명의 아들을 낳는다. 카를로의 아들들은 삼촌 안토니오와 더 이상 관계를 갖지 않았다. 가문의 재산과 관련된 문제도 이미 정리가 끝난 상태였다. 그러나 어쨌든 그들의 이름이 가문의 전통과 당대의 정치적 맥락을 상징적으로 반영하고 있는 까닭에, 여기서 한 차례 언급하고 넘어갈 가치는 있다. 그들의 이름은 각각 나폴레오네,* 알레산드로 그리고 체사레 루소리오였다. 카를로는 형 안토니오와는 성격과 생활 방식이 매우 달랐을 뿐만 아니라, 각자가 교류하는 이들의 부류에도 큰 차이가 있었다. 카를로는 피사에 거주하는 자유주의자들의 구심점 역할을 했던 엘레나 마스티아니 브루나치 백작 부인과 친분이 있었다. 실제로 1821년 어느 날 저녁 그는 극장의 특별석에 백작 부인과 함께 앉아 있었는데, 그날은 백작 부인이 정부의 첩자 노릇을 하던 한 귀족을 규탄하는 시위에 참여한 날이었다. 카를로가 가문의 이익을 위한 차남으로서의 희생을 받아들이지 않은 이유는 어쩌면 그의 정치적 성향과 관련 있을지도 모른다. 적어도 형 안토니오는 그렇게 믿고 있었다. 그는 "당신[카를로]이 속해 있을지 모르는 어느 단체"에 대해 언급하고 있는 1817년 5월 26일의 편지에서 카를로에게 다음과 같이 말했다. "당신[카를로]의 이런 특이하고 비정한 사고방식이 이제 그리 놀랍지도 않습니다. 왜냐하면 당신은 나를 망가뜨리기 위해서라면 당신 자신이 망가지는 것에 전혀 개의치 않았으니 말이죠. 보아하니 당신의 신념이라는 것은 가문 구성원 사이의 유대를 무시하는 것을 넘어서 오히려 그와 반대되는 행동을 따르라고 요구하는 듯하군요. 안타깝게도 이와 유사한 다른 사례들이 얼마든지 있습니다."

꼭 정치적인 문제가 아니더라도 금전적인 문제를 둘러싼 두 형제

* 나폴레옹의 이탈리아어 표기.

사이의 다툼 역시 1805년의 재산 분할 이후 약 20년 동안 계속되고 있었다. 우선 둘의 지분을 동등하게 맞추기 위해 카를로가 안토니오에게 매년 식량을 제공할 의무가 있었던 데다가 누이들의 지참금을 마련하는 문제, 아버지의 빚 청산과 관련된 소송, 삼촌 루소리오의 유산 분할 문제 등 새로운 갈등들이 계속해서 생겨났다. 이 모든 문제는 결국 극적인 사건 없이 마무리되었지만, 그 과정에서 두 사람의 관계는 점점 더 날카롭고 공격적으로 변해갔으며, 때로는 서로에게 대단히 악의적인 태도를 보이기도 했다. 그럼에도 완전히 관계가 끊기지는 않았고, 어느 정도 서로를 받아들이며 공존을 유지할 수 있었던 것은 각자의 아내들이 중재 역할을 잘 수행했던 덕이다.

오랜 세월 동안 그들이 서로 주고받은 많은 편지는 금전적인 다툼, 노골적인 모욕, 친척들과의 모임 등의 내용을 포함하고 있다. 이런 편지들이 빈번히 오갔다는 사실은 둘의 이해관계가 아무리 충돌하더라도 그것이—비록 애정이 결여되어 있기는 했지만—가족으로서의 친밀함을 완전히 사라지게 하진 못했다는 사실을 보여준다. 1809년 7월 2일, 카를로는 분노에 찬 어조로 안토니오에게 다음과 같은 편지를 썼다. "친애하는 형님. 나는 더 이상 당신의 말도 안 되는 짓거리를 참을 수 없고, 참을 생각도 없습니다. 당신은 계속 터무니없는 핑계만 대면서 당신의 주머니에서 응당 내게 돌려줘야 할 것을 꺼내지 않으려고 하니까요." 1816년 12월 18일 안토니오가 보낸 편지에는 이미 우리에게 익숙한 특유의 비꼬는 화법이 다시 등장한다. "16일에 대체 무슨 험담을 했던 건가요? 정말 당신답군요." 이후에도 이런 식의 불만이 계속됐지만, 1820년 11월 28일의 편지에서는 빚 문제와 관련해 카를로를 꾸짖으며 다음과 같은 소식을 덧붙이기도 했다. “카롤리나가 다시 임신을 했어요. 당신이 대부가 되겠다고 약속했던 것을 잊지 않았겠죠? 이제 그 약속을 지킬 때입니다. 디아만테는 홍역에 걸렸다가 어제 회복되었는데, 지금 파올라도 같은 증상이 의심됩니다. 네메시오는 기생충으로 고생했지만 이제는 괜찮아졌어요. 그리고 나는 건강합니다. 우리 모두 당신과 당신 가족들에게 안부 인사를 전합니다.”

위기에 빠졌지만 여전히 존재하고 있던 가문 이데올로기는 이처럼 터무니없이 서로를 괴롭히는 둘의 행동을 이해하는 데 도움이 된다. 지참금 문제를 해결한 후 안토니오는 그의 누이들과 거의 교류하지 않았던 듯하다. 두말할 나위 없이 그의 프랑스인 매형과도 연락을 끊었다. 그러나 카를로와의 관계는 달랐다. 장자인 안토니오는 자신과 같은 카를로의 성姓 그리고 카를로에게 분할된 재산을 가문의 역사를 구성하는 중요한 일부로 느끼고 있었다. 그는 모든 것이 다시 하나로 합쳐지기를 원하고 있었다. 이것이 바로 두 사람이 계속 교류하면서 가까워졌다 멀어졌다를 반복한 가장 중요한 이유였다. 그 밖에 안나 그라시와 같이 강한 성격을 가진 여성이 카를로의 곁에 있었던 것 역시 또 다른 이유가 될 수 있다. 그녀는 안토니오와 카를로의 관계를 더 긴밀하게 만드는 동시에 갈등의 가능성을 키우는 역할을 했다.

안토니오의 입장에서 어머니 안나가 동생 카를로를 편애한다고 계속 불평했던 것은 분명 삼촌 루소리오가 증언했던 어린 시절의 냉랭한 관계로부터 비롯된 것이겠지만, 그게 전부는 아니었다. 이후에 벌어진 여러 상황 역시 또 다른 이유가 될 수 있었다. 우선 안나는 남편 필리포의 파산 이후 과거 자신이 가져왔던 지참금 4500스쿠도 가운데 겨우 500스쿠도, 그것도 현금이 아닌 500스쿠도 상당의 가치가 있는 물품으로 회복할 수 있었는데, 당시 1808년 2월 29일부터 남은 4000스쿠도에 대한 이자를 분기마다 지급할 의무를 떠안았던 이는 장자 안토니오였다. 그럼에도 불구하고 1810년 7월 12일 안나는 4000스쿠도 상당의 자산에 대한 용익권을 여전히 자신이 보유한 채, 그중 1000스쿠도 상당의 자산을 카를로에게 증여했다. 당시 카를로는 결혼한 지 5년이 지나도록 자녀가 없었던 반면 안토니오에게는 디아만테라는 이름의 딸이 있었음에도 말이다. 또한 1812년 12월 안나는 자신이 세상을 떠난 후 남은 3000스쿠도의 유산을 두 아들에게 반씩 나누어주기로 결정했는데, 이 과정에서 안토니오가 유산을 잘못 사용할 가능성을 차단하기 위해 카를로의 소유권을 법적으로 보호하기 위한 장치를 마련해두었다. 안토니오의 입장에서는 다소 굴욕적으로 느껴질 수도 있는 일이었다.

안토니오는 매 분기 어머니에게 돈을 보내면서 쪽지를 동봉했는데, 거기에 배어 있는 냉담한 어조와 형식적인 존경 뒤에 드러나는 짜증 섞인 태도는 바로 이러한 맥락에서 이해될 수 있을 것이다. 특히 1815년 9월 10일에 보낸 쪽지는 이러한 태도를 잘 보여준다. 안토니오는 가문 내의 계급과 질서를 중시하는 사람이었지만, 어머니로부터 돈의 지급이 늦었다는 꾸중을 들었을 때 짜증을 숨기지 못했다. "제가 이번 분기에 해당되는 돈을 미리 지급해드렸다고 2일에 보낸 편지에서 말씀드렸습니다. 그래서 '기한이 지났다'는 표현은 적절하지 않다는 사실 역시 이미 구두로 설명드렸습니다. 그래도 다음에 또 이런 일이 생기지 않도록 존경의 마음을 담은 이 편지가 참고가 되었으면 좋겠습니다. 우리 어여쁜 디아만테를 잊지 않아주시기를 간곡히 부탁드리고 어머니께 축복이 함께하기를 바라며 이만 인사드립니다." 한편 안토니오는 어머니가 피사에서 동생 카를로와 함께 자신에 대한 음모를 꾸미고 있다는 생각에 사로잡혀 있었다. 그래서 어머니를 카스텔 디 노코로 이주시키려는 시도까지 하게 되는데, 심지어 1815년 3월 3일에는 피사에 있는 자신의 변호사를 통해 그녀에게 납치에 가까운 강압적인 방법을 사용할 계획을 세우게 된다.

> 저는 어머니를 돌보는 것이 제 의무라고 느끼며, 결코 그러한 의무를 소홀히 할 수 없습니다. 만일 계획한 대로 일이 진행된다면, 어머니를 동생에 대한 과도한 편애에서 벗어나게 하는 것만으로도 제게는 충분한 보상이 될 것입니다. (…) 오는 5일 일요일 오전 어머니와 함께 미사에 참석할 수 있도록 계획을 세우십시오. 아마 어머니는 집 근처에 있는 산타 크리스티나 성당이나 마달레나 성당에서 미사를 드릴 것입니다. 미사가 끝난 뒤에는 즉시 안나 그라시*의 집으로 모시고 오십시오. 그리고 그곳에서 제게 돌아오는 것이 최선이라는 점을 이해시키십시오. 만일 어머니가 동의하신다면 바로 이동할 수 있도록 마차를 미리 준비해두겠습니다. 이후의 일은 제가 처리하겠습니다. 어머니는 항상 방 열쇠를 가지고 다니시니 남겨진 물건에 대한 걱정은 하지 않으셔도 됩니다. 우선 어머니를 이쪽으로 모시는 일이 더 중요합니다. 어머니께서 도착

* 어머니와 이름이 같은 어머니의 사촌으로 안토니오와 카를로에게는 오촌 이모가 된다.

하시면 제가 직접 가서 필요한 물건들을 옮기도록 하겠습니다.

위협받는 자신의 권리를 지키기 위해 고립된 채로 버티는 것은 상당히 심각한 심리적 대가를 치르게 되는 행동이다. 안토니오는 온몸으로 그 대가를 치렀던 것으로 보인다. 그리고 그와는 다른 방식으로 그의 주변 사람들까지 대가를 치르게 만들었다. 세월이 흐른 뒤 카를로가 재정적으로 어려운 상황에 처했을 때, 안토니오는 이런 상황을 초래한 것이 카를로 본인 탓이라며 비난했다. 1815년 8월 31일 안토니오는 카를로에게 다음과 같이 말했다. "당신은 나와 대립하면서 나에게 일어날 수 있는 모든 불행뿐만 아니라 스스로의 파멸까지 자초한 셈입니다." 1819년 8월 9일 안토니오가 피사의 어느 변호사에게 보낸 편지의 내용에 따르면 이날까지 카를로는 "별장과 정원 그리고 손바닥만 한 자투리 땅"을 제외한 모든 것을 처분해야 했다. 더 구체적으로 말하자면 5000스쿠도 상당의 토지를 매각했고, 카프로나에 있는 작은 별장을 600스쿠도에 팔아야 했다. 안토니오는 어려움에 처한 동생을 도와줄 생각이 전혀 없었다. 아니, 더 정확하게 말하자면, 오로지 자기 성격에 부합하는 방식으로만 도움의 손길을 내밀었다. 그로부터 1년 반이 지난 1821년 1월 11일 안토니오는 카를로에게 선조 레오나르도가 소유하고 있던 가문의 유산 일부에 대한 용익권을 자신에게 넘겨 달라고 제안했다. 이 용익권은 레오나르도가 피렌체에서 피사로 옮겨와 자기 가문을 창건할 당시 중요한 발판이 되었던 자산이다. 안토니오는 삼촌 루소리오의 결정으로 인해 차남 카를로에게 상속되었던 가문의 유산을 다시 장손 계열 후손들의 소유로 되돌려놓으려 한 것이다.

이후 안토니오의 재산과 관련된 문서들을 검토해본 결과, 카를로는 결국 이 제안을 받아들였던 듯하다. 어쨌든 제안이 있던 뒤로 한 달이 지난 시점에 안토니오는 비코피사노의 어느 변호사에게 자신과의 갈등이 카를로의 재정적 어려움을 초래했다는 주장에 반박하면서, 무심하고 경멸적인 어조로 다음과 같이 말했다. "분명히 말하건대, 이미 파산한 사람한테 내가 무엇을 요구한다고 해서 크게 달라질 것도 없겠죠."

안토니오와 카를로 사이의 마지막 거래 역시 오래된 가문의 유산을 되찾는 일과 연관되어 있었다. 앞서 살펴봤듯이 루소리오는 그의 아내 테레사 코시 델 볼리아에게 산탄드레아 디 카프로나에 있는 농지를 상속했는데, 이 농지는 가문의 유산 가운데 핵심적인 부분으로 오랫동안 여러 사건의 중심이 된 바 있다. 테레사 코시는 루소리오에 비해 가문의 전통과 공동의 이익을 더 존중하는 사람이었다. 1824년 9월 6일 그녀는 "신의 섭리와 고인[루소리오]의 사랑 덕분에 내가 얻은 재산들"을 정리하는 과정에서, 농지를 남편의 가족에게 돌려주기로 결정했고, 안토니오와 카를로 그리고 자매들 가운데 사회적으로 가장 안정된 삶을 살고 있던 엘레오노라에게 동등하게 나누어주었다. 1830년 3월 4일 숙모 테레사 코시가 세상을 떠나고 같은 해 6월 9일 농지에 대한 감정평가가 마무리된 후 엘레오노라와 그녀의 제노바 출신 남편은 즉각 자신들이 받은 몫 가운데 3분의 1을 처분했는데, 안토니오가 이를 2000스쿠도에 사들였다.

카를로는 어려운 상황에서도 끝까지 버텨보려고 노력했던 듯하다. 그러나 1830년 여름부터 그의 빚은 점점 늘어가기 시작했다. 채권자들이 완전히 모르는 사람들은 아니었는데, 예컨대 테레사 코시의 조카와 결혼했던 안토니오 비비아니 후작, 그리고 마스티아니 브루나치가 위원장으로 있던 과학자 바카 베를링기에리 기념비 건립 위원회 등이 포함되어 있었다. 결국 3년 후 카를로는 더 이상 버티지 못하고 자기 몫으로 받은 산탄드레아 디 카프로나의 농지 가운데 3분의 1을 안토니오에게 매각하게 된다. 계약서에 명시된 금액은 1838솔도 3리라 16데나로였지만 안토니오가 실제로 지급한 돈은 122스쿠도 4리라 15데나로에 불과했는데, 이는 그가 카를로의 채무를 떠안았기 때문이다. 물론 안토니오가 이 채무를 즉각 상환한 것은 아니었다.

안토니오는 적당한 시기와 적절한 기회를 기다리며 참을성 있게 그러나 집요하게 사업에 임하는 사람이었다. 이러한 그의 태도는 그가 남긴 편지 사본과 그가 작성한 행정문서 곳곳에 뚜렷이 나타난다. 산탄드레아 디 카프로나의 농지 외에도 그는 재정적 어려움에 처한 사람들로부터 부동산을 저렴하게 사들이는 오래된 방식을 자주 활용했다. 그 대상은 친척과 이웃, 자신의 고용인 등으로, 동생 카를로를 비롯해 부티의 석공 라우렌티노 프레디아니, 1833년 당시 재정난을 겪고 있던 테레사 코시의 남매 피에트로도 포함되어 있었다. 강제로 지급해야 할 상황이 오기 전까지는 단 한 푼도 지급하지 않는 것 역시 안토니오가 자주 활용한 또 다른 일처리 방식이었다. 이에 따라 법적 소송이 꼬리에 꼬리를 물고 이어졌는데, 이것이 마치 문제를 해결하거나 일을 처리하는 과정에서 일어나는 당연한 수순처럼 보일 정도였다.

"저마다 각자의 방식이 있는 법이지요." 1821년 7월 2일 안토니오는 카를로에게 이렇게 말했다. "사소한 것 하나까지 신중하게 생각하는 것이 나의 방식입니다." 그동안 우리가 살펴본 것들을 종합해보면,

안토니오의 방식은 결국 나름의 성과를 가져왔다고 할 수 있다. 그의 재산은 동생 카를로와 비교하면 확연히 차이 났다. 1841년 토스카나의 토지 대장에 따르면 안토니오의 과세액은 연 수익 9000리라를 기준으로 책정되었던 반면 카를로의 과세액은 약 1500리라에 불과했다. 물론 안토니오가 장자로서 필리우 가문의 유산을 물려받은 것은 사실이지만, 그것을 고려하더라도 두 사람의 재정적 격차는 이제 비교가 되지 않을 정도로 커졌다. 연 수익 9000리라를 자산으로 환산하면 약 18만 리라, 즉 2만5000스쿠도가 넘는 금액이 된다. 금융 투자와는 거리가 먼 농촌 지주가 소유한 재산으로서는 상당히 큰 규모이며, 18세기 후반과 19세기 초반 가문의 재산이 분할되고 파산을 겪기 이전과도 견줄 수 있는 수준이었다. 증조부 레오나르도를 가문의 창시자라고 한다면, 안토니오는 "가문의 재건자"라고 불릴 만한 자격이 충분했다.

안토니오의 사업적인 능력은 증조부 레오나르도에 못지않았지만, 레오나르도와 같은 존경을 얻지는 못했다. 레오나르도가 사람들로부터 쉽게 얻어냈던 신뢰와 복종을 안토니오는 종종 복잡한 방법을 사용해서 쟁취해야 했다. 그는 때로 소리를 높여가며 이를 강하게 요구했지만, 대체로 별 효과가 없었다. 심지어 안토니오의 어머니조차 사람들에게 그의 태도를 문제 삼았고, 그래서 그가 탐욕스럽다는 나쁜 평판에 시달리도록 만들었다. 예를 들어 1819년 3월 22일 안토니오가 어머니에게 보낸 편지에는 다음과 같이 쓰여 있었다. "어머니께서 말씀하신 분들께 이 편지를 그대로 보여주세요. 만일 제 행동이 진심으로 좋은 의도에서 비롯된 것이라면, 사람들도 어머니 말씀처럼 제가 탐욕스러운 사람이 아님을 알게 될 것입니다. 그들은 제가 마음의 평화와 안정을 위해서 필요하다면 이익을 기꺼이 포기할 수 있는 사람임을 깨달을 것입니다." 그러나 어머니뿐만이 아니었다. 동생 카를로 역시 1810년 4월 19일 어느 감정평가사에게 보낸 편지에서 그에 대해 매우 부정적으로 이야기한 적이 있다. "그러니까 저는 이전에는 제 형이 공정한 사람이라고 믿었습니다. 그가 혐오스러운 위선의 가면을 쓰고 있을 거라고는 전혀 생각하지 않은 채, 그를 맹목적으로 신뢰했습니다. 그 결과 저는 모든 문제에 있어서 계속 속아왔고, 모든 문제를 제가 손해 보면서 해결해야 했습니다. 형을 법정에 세우고 싶지는 않았습니다. 물론 막대한 비용이 들기 때문이기도 하지만, 가족이 망신당하는 것을 보고 싶지 않아서였습니다."

이것이 어떤 상황이었는지 제대로 이해하려면 1819년 1월 18일 안토니오가 피사에 있는 자신의 회계 담당자에게 보냈던 편지를 인용할 필요가 있다. 이 편지는 삼촌 루소리오가 세상을 떠난 후 2주가 지난 시점에 작성된 것으로, 당시 유언 집행자들이 진행하고 있던 업무, 즉 루소리오의 수입을 조사하는 업무와 관련된 내용이 포함되어 있다. 편지는 이를 더 철저하게 조사해달라는 안토니오의 당부로 끝맺는다.

> 보시다시피 삼촌이 꽤 많은 재산을 가지고 있었던 것은 분명합니다. 그리고 그와 알고 지낸 사람이라면 그가 재산을 함부로 낭비했으리라고 생각하기는 어려울 것입니다. 제가 이렇게 강조하는 이유는 나에게 유언장에 명시된 내용 외에는 당신이 아는 바가 없다고 했기 때문입니다. 문서를 하나하나 면밀하게 살펴보시고, 책 사이에 숨겨진 기록이나 단서가 있지는 않은지 확인해보셔야

합니다. 다시 한번 부탁드립니다. 저 자신을 위해서가 아니라 아이들을 위해서입니다. 저는 유산을 받을 자격이 없으니 괜찮지만, 가문 어르신들의 결정으로 인해 제 아이들이 큰 어려움에 처하게 되었습니다.

많은 사람, 특히 안토니오를 잘 아는 이들이 그를 두고 성격이 좋지 않다는 평가를 내렸던 것이나 그를 불쾌하게 생각했던 것은 사실 놀라운 일도 아니고 그리 중요한 문제도 아니었다. 진짜 중요한 문제는 그가 과거 가문을 이끄는 가장이었던 자신의 선조 레오나르도처럼 행동하려 했다는 것이다. 안토니오가 살던 시대에는—특히 왕정복고가 일어난 이후라 하더라도—사람들이 그런 방식의 사고와 태도를 더 이상 당연한 것으로 받아들이지 않았다.

루소리오가 세상을 떠나기 2년 반 전쯤, 그러니까 유언장을 작성한 직후 그는 안토니오와 격한 감정을 담은 편지를 주고받았다. 우리는 앞서 이 편지의 주요 내용을 이미 살펴봤다. 사실 루소리오와 안토니오가 편지를 교환하게 된 직접적인 계기는 1816년 피렌체 브라치 가문의 마지막 남자 후손인 오노프리오가 자녀가 없는 상태에서 세상을 떠난 사건이었다. 안토니오는 이미 그 전에, 그러니까 1807년 6월 14일 산 로렌초 성당의 한 사제에게 오노프리오의 유산 상속 문제에서 피사의 친족들이 유리한 입장에 설 수 있도록 도와달라고 요청했다.

그는 매우 부유하고, 유일한 후손이며 아내도 자녀도 없습니다. 그래서 우리 가문의 장손 계열 후손이 그의 대에서 끊어질 가능성이 큽니다. 그는 매우 신앙심이 깊지만 크게 총명한 사람은 아니며 산 마르코 성당의 사제들과도 대단히 친숙한 관계를 유지하고 있습니다. (…) 문제 될 수 있는 것은 로피아의 미망인인 그의 누나 프루덴차 부인입니다. 그녀는 자신의 딸과 조카딸 과체시 부인을 위해 유산을 노리고 있는데, 아마 산 마르코 성당 내에 자신을 지지해줄 세력이 있을 것입니다. 그러나 존경하는 신부님께서는 자신의 가문을 돕는 것이 다른 가문을 돕는 것보다 낫다고 그녀를 설득할 수 있으실 것입니다.

이러한 시도는 아무런 성과를 거두지 못했다. 그러나 안토니오는 "자신의 가문을 돕는 것이 다른 가문을 돕는 것보다 낫다"는 원칙에 따라 1816년 10월 22일에는 삼촌 루소리오에게 협조를 요청했다. 그는 처음에는 우호적인 태도로 접근했고, 필요하다면 법적 소송까지 불사하겠다는 태도로 오노프리오가 프루덴차의 딸들에게 남긴 유산을 되찾고 싶어했다. 그는 전부가 아니라면 적어도 "유명한 법학자 페레라의 저서에서 읽은 것처럼 브라치 가문이 협약에 따라 소유하고 있던 토지 임대권"은 반드시 되찾을 수 있다고 확신했다. 안토니오는 종종 법률적 근거를 제시함으로써 자신과 다른 견해를 가진 사람들을 억누르려는 경향을 보이곤 했다. 물론 오늘날의 시각에서는 안토니오가 너무 꼬치꼬치 따지는 것처럼 느껴질 수도 있겠지만, 사실 당대의 기준에서 보면 법률적 근거를 끌어와 장자 계열 후손의 상속권을 주장하는 것은 대단히 흔한 일이었다. 게다가 1814년의 칙령이 이 문제를 둘러싼 소송에서 안토니오의 손을 들어주고 있는 상황이었다.

그러나 사실 안토니오보다 나이가 많고 혁명적인 생각과 거리가 먼 사람들, 예를 들어 오노프리오나 루소리오와 같은 사람들조차 이제는 생각이 달라졌다. 그들이 가문에 대한 애정을 버렸다는 말이 아니다. 그들은 어쩌면 안토니오보다 더 일관성 있는 태도로 가문의 전통과 이익을 추구했다. 그들은 단지 애정의 단위를 가문 전체가 아닌 가족이라는 작은 테두리로 전환했을 뿐이다. 안토니오 역시 카스텔디 노코에서 가족들과 함께 지내던 시절 이와 동일한 변화를 겪었을지 모른다. 어쨌든 안토니오의 협조 요청에 대해 1816년 10월 30일 루소리오가 보인 반응은 이러한 변화를 잘 보여준다. 안토니오의 편지에 언급된 "페레라"는 법학자 베네딕토 페레이라를 말한다. 그러나 법률적 근거에 대한 복잡한 논의를 귀찮아했던 루소리오는 자신의 답장에서 일부러 그의 이름을 "페베라Pevera"로 읽었는데, 이는 와인 통에 와인을 채우는 데 사용하는 큰 깔때기를 의미한다. 이를 통해 루소리오는 법률적 근거를 활용한 안토니오의 주장을 조롱했던 것이다.

> 토지 임대권에 대해서 말하자면, 나는 그 유명한 페베라에게 기꺼이 고개를 숙입니다. (브라치 가문이 토지 임대권을 소유하고 있는 것은) 협약에 따른 것일 뿐만 아니라 합의에 따른 것이기도 하지요. 이에 대해서는 나의 유명한 정원사는 페베라뿐만 아니라 티노Tino와 피아스코Fiasco*에 대해서도 잘 아는 사람인데, 그에게 자문을 구한 결과 유언장에서 명시적으로 제한을 설정해두지

* 티노는 와인을 발효시키거나 저장하는 데 사용되는 나무통을, 피아스코는 주로 짚으로 감싼 와인을 담는 병이다.

않은 이상 각자가 자신의 재산을 자유롭게 처분할 권리가 있다고 하더군요. 그는 티넬로Tinello와 바릴레Barile* 조항을 근거로 확고한 권위를 가지고 그렇게 주장했고, 내 요리사도 카차롤레Cazzarole** 조항을 근거로 관련된 내용을 확인해주었습니다. (…) 마지막으로 얘기하건대, 나는 논쟁을 벌이거나 변호사, 음모를 꾸미는 책략가 혹은 불필요한 문제를 만들어내는 중재인 등을 끌어들여 경고장을 보내는 등의 일에 전혀 관심이 없습니다. 특히 이미 세상을 떠난 사람들을 그들의 무덤에서 혹은 천국이나 지옥에서 다시 끌어내 법정에서 그들과 싸우는 일은 대단히 부끄럽고 비열한 행위이며, 가족 간에는 더더욱 있을 수 없는 일이라고 생각합니다. 예전에도 그저 몇 푼 안 되는 돈 때문에 이런 일이 벌어진 적이 있지만, 결국 사람들에게 조롱받고 경멸을 샀을 뿐입니다. 정직한 사람들의 눈에 그런 일은 그저 웃음거리이자 멸시의 대상이 될 뿐입니다. (…) 이제 나는 평온한 삶을 원합니다. 나이가 들면서 몸이 무거워졌고 힘이 듭니다. 내 자식들은 더 이상 나를 필요로 하지 않습니다. 나는 내 신분에 맞는 품위를 유지하며, 내가 가진 것에 만족하면서 살기 위해 노력하고 있습니다. 욕심을 내려놓고 작은 것들은 포기하면서 말이죠. 돈 몇 푼 더 벌겠다고 스트레스를 받으며 내 삶을 갉아먹고 싶지는 않아요. 혹시 내게 "당신은 자식이 없으니 그런 말을 하는 것"이라고 생각할 수도 있겠지만, 내 말을 믿든 말든 상관하지 않습니다. 단

* 티넬로는 주방에 딸린 식사 공간이며, 바릴레는 오크통이다.

** 카차롤레는 깊고 둥근 형태의 냄비다.

언컨대 자식이 있다더라도 나는 똑같이 말했을 것입니다.

시골 마을의 영주

가문의 유산을 되찾으려는 안토니오의 노력이 단순한 탐욕이나 시대와 동떨어진 욕망에서 비롯된 것이 아니라는 점, 더 나아가 자본주의적인 이익의 추구와도 무관하다는 점을 이해하려면, 가족과 관련되지 않은 다른 문제들에 대해 그가 어떤 행동을 취했는지 살펴볼 필요가 있다. 이는 보수적인 것을 넘어서 반동적인 세계관을 가지고 있었던 안토니오가 자신을 둘러싼 사회적 관계 속에서 자신의 사상을 어떻게 실천했는지와도 연관된 문제다.

과거에 귀족 출신이 아니었던 카롤리나 반티와 결혼할 당시 안토니오는 프랑스 정복자들의 원칙을 받아들이는 듯한 태도를 보였다. 이와 관련하여 1808년 여름 자신의 사촌에게 보낸 편지*의 내용으로 미루어볼 때, 그가 당대의 정치적 상황과 자신의 재정적 어려움을 현실적인 태도로 받아들이고 있었다는 것을 기억할 필요가 있다. 그러나 이러한 태도는 깊은 성찰에서 비롯된 것이 아니라 일시적인 행동에 불과했다. 이듬해인 1809년 11월 1일 그는 피사의 부지사에게 폐지된 성 스테파노 기사단의 휘장을 계속 착용할 수 있게 해달라고 요청했으나 거절당했다. 이어 1810년 4월 5일에는 프랑스 법무부 장관 레니

* 아다모 포르티자니에게 보냈던 편지로, 앞서 내용의 일부를 인용한 바 있다.

에에게 보낼 토스카나의 신탁유증 폐지를 반대하는 청원서를 준비하기까지 했다. 그의 청원서는 "유력 가문들"이 군주의 발 아래에서 "중간 계층"의 역할을 해야 한다는 주장에 기반하고 있었다. 하지만 안토니오는 당시의 군주제, 즉 나폴레옹 체제의 새로운 통치 방식과 가치관을 제대로 이해하지 못하고 있었다. 그런 상태에서 그는 자신의 가문이 겪고 있는 어려움, 즉 아말리아와 루이사 마르게리타의 지참금 마련 문제로 인한 재정적 충격에 대해 강변했다. 안토니오는 법 조항의 단어 하나하나를 집요하게 파고드는 경향이 있었다. 그는 신탁유증의 폐지가 과거로 소급 적용되는 것에 반대하며 다음과 같이 주장했다. "프랑스 민법전 896조는 수증자受贈者, 상속자, 유증자가 제삼자를 위해 재산을 보전하거나 반환할 의무를 지는 조항은 무효가 될 것이라고 규정하고 있습니다. 여기에서 sera, 즉 '될 것이다'라는 표현은 미래 시제로 쓰여 있습니다. 프랑스어 문법을 잘 모르는 사람이라 하더라도 이 표현이 현재나 과거가 아닌 미래의 일을 의미한다는 것은 쉽게 알 수 있습니다."

삼촌 루소리오를 포함해 토스카나의 다른 많은 귀족과 마찬가지로 안토니오도 자신이 좋아하지 않는 정권과 협력해야 하는 상황에 놓였다. 1813년 6월 3일 그는 비코피사노의 시장으로 임명되었다. 그가 취임식에서 했던 연설 내용은 프랑스 정부의 원칙을 잘 반영했다거나 효과적으로 전달한 것도 아니었다. 그는 단지 과거 부티와 비코피사노의 영광을 본받아야 한다고 강조하는 정도로 연설을 마무리했다. "어느 날이든 당신이 이곳과 연을 맺기로 결정한다면, 모범이 되는 위인이 많을 뿐만 아니라 강력한 지원도 얻을 수 있을 테니, 어떠한 경쟁에서도 명예로운 승리를 거둘 수 있을 것입니다." 여기서 "모범이 되는 위인들"이란 피사의 중세 연대기에 기록되어 있는 부티와 비코피사노 출신의 위인들을 가리킨다. 안토니오는 이들에 대해 다음과 같이 언급했다. "시간의 무자비한 흐름은 [그들의 업적이 기록된] 파피루스와 양피지를 소멸시켜버렸지만, 그들의 위대한 업적은 살아남아 오늘날 우리에게 전해지고 있습니다."

그로부터 정확히 1년이 지난 1814년 6월 19일 안토니오는 토스카나 대공의 자리로 돌아온 페르디난도 3세에 대해 비코피사노의 시의원들이 충성을 맹세하는 선서식에서 연설을 하게 되었다. 당시 그는 나폴레옹이 어떤 일들을 했는지 얼마간은 인식하고 있었던 것으로 보이며, 비록 표현이 서툴고 명확하지는 않았지만 이를 전달하려 했던 흔적도 발견된다. 그럼에도 그의 연설에는 알레산드로 만초니가 집필한 운문 「5월 5일Il cinque maggio」*에 나타나는 것과 유사한 긴장감이 담겨 있었다. "우리는 추운 계절이 너무 일찍 찾아왔다는 것, 결정적인 불길이 계속해서 타올랐던 것, 예상치 못한 붕괴가 비밀스럽게 나타났던 것, 여러 겹으로 복잡하게 얽힌 관계들이 계속 유지되었던 것에 대해 생각해야 합니다. 그런 후에야 얼마 전까지 우리 운명을 손아귀에 쥐고 있던 거대한 정치권력의 붕괴가 역사적으로 얼마나 특별하고 드문 사건이었는지 이해할 수 있을 것입니다." 그 외의 연설 내용은 충분히 예상할 수 있듯이 적법한 군주의 복귀에 대한 환호 그리고 그와 더불어 나타난 "교회가 권위를 되찾고 세금을 완화하고 청년 교육이 안

* 1821년 19세기 이탈리아 문학을 대표하는 문학가인 만초니가 쓴 작품으로 나폴레옹의 삶과 그의 업적 그리고 몰락과 죽음에 대해 다루고 있다.

정"되었던 현상에 대한 강조로 특징지을 수 있다. 그는 또한—프랑스 관료제에 대한 반감을 드러내며—"행정 절차가 간소화된 것에 대한 안도"의 한숨을 내쉬었다.

공허한 수사로 가득한 연설 말고 안토니오의 생각이 더 단순하고 구체적으로 드러나는 순간들이 있었다. 그중 하나는 1829년에서 1831년 사이 그가 부티의 리노바티 아카데미의 검열관 역할을 맡았을 때다. 아카데미의 공공 극장에서 상연되는 작품을 사전에 검열하는 것이 그에게 주어진 임무였다. 처음에는 일이 순조롭게 풀리는 듯했다. 1829년 1월 20일 그는 비코피사노의 총독으로부터 비엔티나 극장에서도 같은 역할을 맡아달라는 요청을 받았다. 그러나 얼마 지나지 않아 비엔티나 극단 측에서 지역 출신의 어느 의사를 검열관으로 위촉했다고 통보해왔다. "지역 일은 자체적으로 해결하는 것이 더 편리하다"는 이유였다. 2월 3일 안토니오는 다소 불만스러운 태도로 다음과 같이 답변했다. "진짜 이유는 내가 쉽게 휘둘리는 사람이 아님을 알고 있었기 때문일 것입니다. 그래서 좀더 다루기 쉬운 검열관을 찾았을 것입니다."

다행히 부티의 주민들은 이후 안토니오의 "[아이를 키우는] 부모와 같은 세심한 관심" 덕을 보게 된다. 그는 무엇보다 알피에리*의 비극에 대해 자주 문제를 제기하곤 했다. 특히 성직자에 대한 비판적인 묘사들과 그의 대표작 『사울Saul』에 등장하는 유명한 구절, 즉 "왕좌는 피와 불경함에 물든 자리다"와 같은 표현이 안토니오를 불편하게 만들었

* 피에몬테 아스티 출신의 비극 작가로 18세기 이탈리아 문학을 대표하는 인물 가운데 하나다.

다. 이에 그는 리노바티 아카데미의 사무관에게 열정적인 어조의 항의 서한을 보냈다. "관객들은 그리고 역사를 많이 공부한 사람들은 결국 성직자의 권위를 훼손한 자들이 모두 비참한 최후를 맞이한다는 것을 잘 알고 있습니다. 그런 표현은 내 가치관과 완전히 어긋나며, 특히 지금처럼 훌륭한 군주의 너그럽고 공정한 정부가 통치하는 이 시대에 『사울』 4막 3장에서 굳이 필요하지 않음에도 그런 경구*를 넣은 것은 도저히 용납할 수 없습니다." 또한 그는 『오레스테』**에 등장하는 일부 표현도 수정이 필요하다고 판단했으며, 평소처럼 아카데미의 사무관에게 이를 고치라는 지시가 내려갔다.

> 이 고귀한 문학가가 초기에 반反군주제적 사상을 가지고 있었다는 것은 이미 널리 알려진 사실입니다. 그래서인지 모르겠지만 그의 작품 곳곳에서 공화주의적 열정이 드러나곤 합니다. 그중 하나는 『오레스테』 3막 5장에서 클리타임네스트라가 스트로피우스 왕의 교활함을 비난하며 아이기스토스에게 던지는 대사입니다. "이제 당신도 왕이 되었으니, 왕의 마음이 어떤 것인지 알 것 아니오?" 나는 이 대사를 완전히 삭제해야 한다고 생각합니다. 그래도 이야기의 흐름에는 아무런 영향을 주지 않기 때문에, 그의 대답을 "야만인!"으로 시작하게 만들면 될 것입니다. 또한 이어지는 부분에는 "사랑, 미덕, 신의, 명예는 당신들에게 있어 늘 변하는 것이고 상황에 따라 달라지는 것"이라는 대사가 있습니

* "왕좌는 피와 불경함에 물든 자리"라는 구절을 가리킨다.

** 1783년에 출판된 알피에리의 비극으로 신화 속 인물 오리스테스를 다루고 있다.

다. 여기에서 당신들voi이라는 단어가 모든 왕을 싸잡아 비난하는 표현으로 읽히기 때문에, 대신 "너tu"로 바꾸어 비난을 아이기스토스 한 사람으로 한정하는 것이 좋겠습니다. 이 수정안을 참고하시고, 만일 문제가 발생한다면, 제가 당신과 직접 소통하고 있는 만큼 당신이 책임을 져야 할 것입니다.

안토니오가 맡았던 직책의 공식 명칭은 왕립 검열관regio revisore이었다. 그런 직책을 맡고 있는 사람이 왕권과 성직자를 공격하는 표현들에 대해 관대한 태도를 취할 수 없었다는 것은 쉽게 짐작할 수 있다. 그러나 그가 수호하려 했던 군주제 자체는 역사적으로 모든 사소한 비판이나 공격을 엄격하게 검열하거나 처벌하지 않고, 때로는 너그럽게 넘어가는 방식을 따랐던 체제다. 그럼에도 적어도 한 차례, 알피에리의 경우보다 훨씬 더 민감하고 논란이 될 수 있는 사건에 대해 안토니오는 흔히 하는 말로 "왕보다 더 왕당파적인" 태도를 보였다.

"증오가 얼마나 불가사의한 힘을 발휘할 수 있는가?" 이는 피렌체 미술 아카데미 등에서 역사와 신화를 가르치는 조반니 바티스타 니콜리니의 비극 『안토니오 포스카리니』의 3막 2장에 등장하는 구절입니다. 나는 이 구절을 읽으며 분노를 느꼈습니다. 나는 당신께서 친절하게도 오늘 아침에 제게 보내주신 1827년의 피아티 판본을 읽었습니다. 그러나 내 생각에는 문제가 있는 작품이라고 생각되어 "결과가 가치를 증명한다"*는답변과 함께 그대로 되돌려드립니다. 그렇지만 우리의 자애롭고 지혜로운 군주께서 이 작품의 출판을 허가하셨다면, 그것은 곧 어떤 비판에서도 자유로울 수 있는 영예를 부여받은 것과 다름없을 것입니다.

안토니오는 자신이 행했던 공개 연설이 불필요한 논란을 불러일으키지 않도록 조심해야 한다고 생각했다. 그는 부티에 있는 아카데미의 사무관에게 편지를 보내 "오늘날 젊은이들의 지나치게 격정적인 태도"에 대한 우려를 전했다. 그가 볼 때 1829년에서 1831년 사이 이러한 걱정을 하는 것은 상식에 해당되는 일이었다.** 그러나 더 넓은 시각에서 보면, 안토니오가 왕과 성직자의 권위를 수호했던 것은 개인 신념의 차원을 넘어, 부티라는 작은 사회 안에서 자신의 "절대적 권위"를 유지하기 위한 행동이기도 했다. 1805년 재정적 어려움에 직면하여 외딴곳에서 은둔생활을 택했던 젊은 남성은 이후 나이가 들어감에 따라 지역사회의 존경받는 유지有志로 거듭났다. 그는 지역사회에서 폭넓은 인맥과 후원 체계를 구축하는 데 성공했다. 심지어 그의 업적과 명예를 칭송하는 시인들까지 거느리고 있었다. 덕분에 그의 명예는 청동보다 더 오래도록 지속될 듯 보였다. 카를로 오를란디니는 그를 예찬했던 시인 가운데 한 명이었다. "제가 시인으로서 감히 말씀드리자면 당신은 불멸의 명성을 지닌 위인들과 어깨를 나란히 하고 있습니다. 그들은 세상을 떠난 후에도 사람들에게 본보기를 제공하고 있지 않습니까?"

* "직접 읽어본 결과 마음에 들지 않았다"는 의미다.

** 1829년에서 1831년 사이 유럽 전역에서 정치적 격변이 끊이지 않았다는 점을 염두에 두어야 한다.

카스텔 디 노코의 저택도, 안토니오가 결혼하기 전 그곳에서 거주하며 여러 차례 외로움을 토로했던 곳이지만, 나이가 들어감에 따라 그에게 헌사를 바치는 자들과 그의 호의를 구하는 자들로 북적이는 작은 궁정처럼 변해갔다. 특히 성직자와 수도사들의 왕래가 잦았다. 1840년 1월 30일 피사의 카푸친 수도회에서 안토니오에게 편지를 보내 자선을 위한 기부를 요청하자 그는 수도원장을 다음과 같이 나무랐다. "얼마든지 다른 방법으로 전달할 수 있었을 텐데 말입니다. 폰테데라에서 온 카푸친 수도사가 어제 이곳에서 저녁을 먹었고, 산타 크로체 수도원의 맨발 수도사는 어젯밤 이곳에서 하루를 묵었습니다. 게다가 피사의 카푸친 수녀 둘도 사흘 전 이곳에서 식사를 하고 갔습니다." 이 편지에는 동생 카를로에 대한 언급도 나온다. 1846년 세상을 떠나게 되는 카를로는 당시 이미 병에 걸린 상태였다. 안토니오는 자선을 베푸는 대가로 수도원장에게 다음과 같이 부탁한다. "모든 상황을 잘 알고 있는 수도사와 상의해서 나 대신 중풍을 앓고 있는 내 형제를 방문해주십시오. 그가 영적인 문제나 세속적인 문제를 정리할 수 있도록 도와주셨으면 합니다."

안토니오가 수도사들과 활발하게 교류했던 것은 아마도 그가 자신의 신앙을 실천하는 방식과 관련 있었을 것이다. 그는 다양한 수도회로부터 받은 가입 증서, 면허나 허가증을 열정적으로 수집했고, 성유물, 즉 성인의 유골이나 유품을 대단히 신성한 것으로 여겨 숭배했다. 성유물에 대한 그의 숭배는 단순한 수집욕을 넘어섰다. 예를 들어 1810년 8월 갓 태어난 딸 디아만테가 생명이 위태로운 상황에 처하자 그는 누이 아말리아에게 다음과 같은 내용의 편지를 보냈다. "우리 가문의 수호성인인 성 필리포 네리의 유물을 아기의 목에 걸어주었더니 모두가 그렇게 생각했던 것처럼 기적적으로 회복되었습니다." 이처럼 위급한 상황이 아니라 하더라도 성유물에 대한 그의 관심은 변치 않았다. 1819년 8월 5일에는 카를로에게 다음과 같이 요청하기도 했다. "당신이 말한 성 가에타노의 유물을 구해줄 수 있는 사람과 연결해주세요. 단, 새로 만든 것이 아니라 진짜 성유물이었으면 합니다."

안토니오는 수도사들과는 항상 친밀한 관계를 유지했지만, 교구 사제들과의 관계는 그리 원만하지 않았다. 특히 그가 마치 봉건 영주처럼 자신의 권위를 행사하려들면서 마찰이 심해졌는데, 그가 남긴 기록들로 미루어볼 때, 모든 성직자가 그의 권위를 순순히 받아들이지는 않았던 듯하다. 1832년 8월 비코피사노 시의회에서 벌어진 사건은 안토니오가 지역 성직자들과 갈등을 빚은 대표적인 사례 가운데 하나로, 이를 통해 우리는 안토니오의 도를 넘은 고집과 무례함을 엿볼 수 있다. 안토니오는 시의회에 출석해 부티의 사제 안토니오 파르디니를 공개적으로 비난했는데, 자신이 반대하고 있던 도로 건설을 지지하는 주민들의 청원서에 그가 서명을 했다는 이유였다. 그 자리에서 안토니오는 조롱 섞인 어조로 "그 사람은 미사를 집전하지 않으면 밥도 못 먹는 처지"라고 발언했다. 즉 파르디니 신부가 여기저기서 미사 집전을 의뢰받아 생계를 유지하는 처지임을 강조하며 그의 경제적 궁핍을 비꼰 것이다. 8월 22일 파르디니 신부는 분노에 차 편지를 보내 항의했다. 그는 안토니오에게 어떻게 자신을 두고 미사를 집전하지 않으면 밥도 못 먹는다는 발언을 할 수 있는지 그리고 자신이 언제 카스텔디 노코의 저택에서 그런 모습을 보였는지 따져 물었다. 그는 안토니오의 말을 다음과 같이 반박했다. "예전에 당신은 나의 건강이나 사제로서 나의 신분을 전혀 고려하지 않은 채 그저 변덕스럽고 음흉한 계략에 따라 나를 여행에 끌어들이려 한 적이 있습니다. 결국 당신은 나를 강제로 불러놓고는 한 시간 동안이나 문 앞에서 기다리게 한 뒤 만나주지도 않고 돌려보냈죠." 안토니오는 늘 그래왔듯이 법적인 대응을 시도했다. 그러나 이번에는 전과 달리 특히 크게 분노하며 위협적인 태도를 보였다. 그는 비코피사노의 시 의원 다섯 명으로부터 친필 서명을 받아 자신이 그런 말을 하지 않았다는 공술서를 작성했다. 결국 9월 4일 파르디니 신부가 안토니오에게 사과할 수밖에 없는 상황이 만들어졌다. 그는 안토니오에게 장문의 편지를 보내 자신의 분노 섞인 항의를 철회하며 다음과 같이 간청했다. "부디 과거의 일을 잊어주십시오. 그리고 물론 제가 편지에서 직접적으로 당신을 모욕하는 말을 했던 것은 아니지만 제가 보낸 편지를 돌려주시기 바랍니다." 그러나 안토니오는 파르디니 신부의 요청을 묵살했고, 그의 편지 역시 원본 그대로 보관해두었다.

토지와 밀착된 영주가 마을의 주민과 농민 그리고 성직자들을 가부장적이고 권위적인 태도로 대하는 것은 전혀 특별한 일이 아니었다. 안토니오와 동시대를 살았던 토스카나 귀족들 가운데 가장 개방적이고 가장 지적인 사람들조차 이러한 태도를 어느 정도는 공유하고 있었다. 일간지 『안톨로지아Antoligia』의 발간과 제오르고필리 농업학회의 창설 그리고 대중 교육 운동 등을 주도했던 온건한 자유주의자들을 말하는 것이다. 안토니오는 이들과는 완전히 동떨어진 사고방식의 소유자였다. 특히 그는 사회적 약자들을 돌보려는 의지나 사회를 개선하려는 의도를 전혀 가지고 있지 않았다는 것이 가장 큰 차이점이었다. 오로지 사회적 위계를 유지하고 자신의 권력을 행사하는 데 관심을 기울였을 뿐, 농민이나 하층민들의 삶을 개선하려는 어떠한 노력도 기울이지 않았다.

1835년 안토니오는 자유주의자인 토스카나의 귀족 한 명과 직접 맞설 기회를 갖게 되었다. 상대는 바로 베티노 리카솔리로, 아직 젊은 나이지만 성숙한 태도를 지녔고, 대공국 정부에서 활발한 활동을 펼치던 인물이었다. 당시 리카솔리는 브롤리오의 영지로 이주하기 전이었다. 11월 10일 안토니오에게 편지를 보내 당시 토스카나가 직면해 있던 농업 부문의 위기를 타개하기 위해 설립된 토스카나 양조 회사라는 주식회사에 가입할 것을 제안했다.

> 이 프로젝트는 국가적인 사업이며, 토지를 소유한 모든 사람에게 중요한 일입니다. 이 계획의 시급성에 대해서는 모두가 동의하는 바이지만, 일반 대중의 보수적인 태도와 일부 사람의 소극적인 성향이나 불신 혹은 무관심이 걸림돌이 될 수도 있다고 생각합니다. 사람들은 많은 돈이 엉뚱한 곳에 낭비되는 것을 잘 알면서도 정작 유익한 시도에는 작은 희생조차 기꺼이 감수하려 하지 않기 때문입니다. 그래서 진정으로 조국을 위하는 사람이라면 단순히 금전적인 기여만으로 그쳐서는 안 됩니다. 열정과 신념을 가지고 주변 사람들을 설득함으로써 이 프로젝트의 필요성을 널리 알리는 데 힘써야 합니다. 결국 우리는 마치 복음을 전파하는 사도들처럼 이 일을 반드시 해내는 중요한 사명으로 받아들여야 한

다는 말을 전하고 싶습니다.

리카솔리는 엘리트 계층의 역할을 마치 "복음을 전파하는 사도들"에 비유했다. 안토니오는 결국 신중하고 조심스러운 검토 끝에 그리고 법적인 보장까지 요구하면서 600리라짜리 주식을 하나 매수하긴 했지만, 그것이 리카솔리의 생각에 동의한다는 뜻은 아니었다. 안토니오와 리카솔리는 단순히 이념이 다른 정도를 넘어서 아예 서로 다른 문화적 배경을 가진 탓에 대화 자체가 어려울 정도였다. 심지어 서로 쓰는 언어조차 다르게 느껴질 만큼 완전히 다른 세계에 속한 듯 보였다.

저 또한 귀하의 의견에 전적으로 동의합니다. 일반 대중 전체가 아니더라도, 적어도 제조업에 투자하고 있거나 공장을 운영하는 지주들이 이 프로젝트에 반대할 가능성이 클 것 같다는 우려가 듭니다. 이들은 언제나 보수적인 입장을 지지하는 경향이 있습니다. (…) 만일 정부가 나서서 이 문제를 적극적으로 해결하려 한다면, 저 역시 정책 개선에 충분히 도움이 될 몇 가지 특색 있는 아이디어가 있습니다. 스트라토니쿠스*가 대장장이에게 그랬던 것처럼 "망치질이나 하지 왜 말을 하려드는가?"라고 핀잔을 들을 것 같습니다. 게다가 당신이 리카솔리 가문의 후손임을 잘 알고 있기 때문에 저는 제 의견을 말하기가 조심스러울 수밖에 없습니다. 특히 저는 피렌체의 신학자들이 한결같이 프란체스코 마리아

* 알렉산드로스 시대 아테네 출신의 음악가. 풍자적인 어록으로 잘 알려져 있다.

데 리카솔리를 칭찬한 기록을 본 적이 있는데, 그로부터 매우 깊은 인상을 받았습니다.(Prezziner, Storia dello Studio Fior., Tom. I a 54) "우리는 이 훌륭한 저자의 유익하고도 지적인 저서에 찬사를 보냅니다."

그로부터 2년 후인 1837년 여름, 비코피사노의 총독은 그에게 지역의 실태를 조사하는 사업에 협조해달라는 요청을 보냈다. 이에 안토니오는 8월 4일 겉으로는 공손하지만 실제로는 불만이 가득 담긴 답장을 보냈다. 여기서 그는 조사를 위한 자료 수집에 착수하겠다고 말하면서도 자신의 공적 기여가 충분히 인정받지 못하고 있다는 불만을 장황하게 늘어놓았다. 과거 안토니오는 군주에게 군사 건축과 국민 민병대 그리고 수학의 기원에 대해 상세한 연구 자료를 제공했던 바 있다. 더 최근에는 비코피사노의 경계에 대한 보고서를 작성해 지역사회의 이익에 기여하기도 했다. 이러한 연구는 많은 노력과 희생을 요하는 작업이었고, 안토니오는 그의 공로에 대해 명예 훈장과 금전적 보상을 받기로 예정되어 있었다. 그러나 악의를 품은 어느 관료의 개입 탓에 보상은 무산되고 말았다. 안토니오는 이에 대한 불만을 토로하면서 총독에게 자신의 공적이 제대로 평가받지 못하고 있다는 점을 알리려 했다.

그리므로 미천한 제 능력으로 귀하께서 원하시는 자료를 준비하는 동안, 귀하께 존경을 담아 중요한 요청을 한 가지 드리고 싶습니다. 제 바람은 상급 기관의 권위를 빌려 단순한 감사가 아닌 정당한 보상을 받도록 도와주십사 하는 것입니다. 이는 저 개인의 문제를 넘어, 공공의 이익을 위한 일이라고도 할 수 있습니다. 왜냐하면 학문을 연구하고 배움에 힘쓰는 사람들이 제대로 보상받지 못한다면, 사회적으로도 부정적인 영향을 미칠 것이기 때문입니다. 실제로 제가 가르친 젊은이들조차 "선생님처럼 학문에 몰두하더라도 결국 어떤 명예나 보상은 기대할 수 없는 것입니까?" 라고 묻곤 합니다. 이런 현실을 고려할 때, 결국 학문과 연구에 힘쓰는 사람들이 정당한 보상을 받도록 하는 것이 중요하다고 생각합니다.

8월 11일 안토니오는 마침내 요청받은 보고서를 제출했다. 그런데 보고서의 분량은 불만으로 가득한 편지보다 짧았고 내용 역시 부실하기 짝이 없었다. 통계 자료조차 포함되지 않은 단순한 서술에 불과했다. 즉 안토니오는 보고서를 통해 총독에게 자신의 불만을 다시 한번 드러낸 것이다. 이후 총독이 보고서의 내용에 대해 지적한 것은 당연한 일이었다. 8월 15일 안토니오는 최종적으로 답장을 보냈는데, 여전히 개인적인 불만을 앞세우며 공적인 책임과 분리시켜 생각하지 못하는 모습을 보였다. "귀하께서 제가 정부의 조사에 적극 협력하리라 기대하지 않으셨다는 점은 충분히 이해됩니다. 왜냐하면 돈이 되는 직책이나 명예로운 훈장은 언제나 다른 사람들에게 주어지고, 저 같은 사람은 정당한 보상조차 못 받는 게 현실이기 때문입니다. 상황이 이럴진대, 제게 억지로 이런 일을 시키는 것이 오히려 부당한 일 아니겠습니까?"

세월이 지나면서, 안토니오가 지역에서 가지고 있던 권위는 그의 태도를 점점 더 이기적이고 자기중심적으로 변하게 만들었고, 급기야 안토니오는 사람들이 자신에 대한 존경을 겉으로 드러내주기를 바라기 시작했다. 이에 따라 지역의 행정관이나 성직자들이 안토니오를 초대하는 것은 점점 더 어려운 일이 되었다. 초대장의 형식이 맞지 않거나 표현이 마음에 들지 않으면, 안토니오는 답장을 보내 장황하게 불만을 늘어놓으며 초대를 거절했고, 심지어 앞으로도 좋은 관계를 유지할 생각이 없다는 듯 적대감을 드러내기도 했다. 이런 태도는 나이가 들어가면서 생겨난 과한 자존심 때문이기도 했지만 동시에 그가 가지고 있던 확고한 신념과도 관련 있었다. 그는 태어날 때부터 특권을 가진 사람은 어떤 의무를 수행하지 않더라도 존경을 받아야 하며, 명예는 다른 사람들이 겉으로 인정과 존중의 표현을 해야만 의미 있는 것이라고 생각했다.

안토니오의 특히 군 계급이나 훈장에 대한 이런 집착은 사실 당시 부르주아 계층에게도 흔한 일이었다. 1853년 안토니오는 77세의 나이에 장교로서의 지위를 지키기 위해 전투에 참가했다. 그의 생애 마지막이자 가장 치열한 전투였다. 과거의 귀족들에게 군생활이란 단순한 직업을 넘어 마치 본성과도 같았다. 안토니오 역시 18세기 말 토스카나 대공국의 군대에 잠시 징집된 적이 있는데, 이후 평생에 걸쳐 자신의 정체성을 군인으로 규정했고, "소령"이라 불리기를 원했다. 그는 항상 자신의 군 경력이 다른 사람들에게 인정받지 못할까봐 불안한 마음을 가지고 있었다. 실제로 1820년 토스카나 귀족 자문회의의 담당자가 안토니오에게 계급을 명시하지 않은 채 공문을 보냈을 때, 그는 여러 차례 장문의 편지를 보내 자신이 소령으로 불려야 하는 역사적·도덕적·법적 근거들을 나열했다. 그는 "비록 군대가 해체되었다 하더라도, 과거의 장교는 자신의 계급을 유지할 특권이 있다"고 주장하며, 끝까지 군인의 지위를 인정받고 싶어했다.

> "특권privilegium이란 법률을 배제하는 것*으로, 사적 법률lex priva/privata이라고도 불린다." 『그라티아누스 교령집Decretum』**의 「특권」 항목에 수록된 이시도로***의 언급입니다. 또한 다른 학자들 역시 "특권이란 특정한 개인에게 일반 법률lex communis의 적용을 면제하는 것"이라고 정의하고 있습니다. (…) 사람들이 특권의 유지에 점점 더 관심을 기울이는 이유는 결국 그것이 정당한 것이기 때문입니다. 다시 말해 당신께서 말씀하셨듯이 "특정 개인에게 유리하게 적용되지만, 아무에게도 해를 끼치지 않으며, 비록 일반 법률에 있어 예외를 인정한다고 하더라도 정당한 것"입니다. 마지막으로 이는 사회 전체를 위해 필요한 것이기도 합니다. 일찍이 학식이 뛰어난 베네데토 페레이라****가 『해설Elucidario』***** 제1권 제7절 §233에서 "공익을 위해 그리고 국가의 보전을 위해서 공로가 있는 이들에게 특별한 혜택을 부여하고 의무를 면제하는 것이 매우 유익하다"고 밝힌 바 있습니다.

* 법률의 일부를 특정 개인 혹은 집단에게 적용하지 않는 경우를 의미한다.

** 12세기 볼로냐의 수도사 그라티아누스가 편찬한 교회법령집을 가리킨다.

*** 6세기에서 7세기 사이 세비야의 대주교를 지낸 교회법학자 이시도루스 히스팔렌시스.

**** 16세기 에스파냐 출신 예수회 신학자.

***** 1678년 출판된 베네데토 페레이라의 저작으로 본래 제목은 『도덕 신학 그리고 교회법과 세속법에 대한 해설서Elucidarium sacrae theologiae moralis et juris utriusque』다.

그러나 1853년 정부로부터 내려온 칙령은 이러한 논쟁을 단호하게 정리해버렸다. 간단히 말해, 안토니오에게 그가 부당하게 사용해왔던 직위와 칭호를 포기하라고 명령한 것이다. 아마 특별히 안토니오만을 겨냥한 조치는 아니었을 것이다. 그러나 안토니오 그리고 그와 가까운 동료이자 지지자였던 비코피사노의 교구 사제 산티 아콘치와 피렌체 출신 군의관 프란체스코 본치넬리는 이를 두고 지역 내 반대 세력들의 음모라며 강하게 반발했다. 특히 본치넬리는 부티의 한 저택에서 교구 사제의 동의 아래 반대 세력들이 모여 음험한 정치적 계략을 꾸몄다고 비난했다. 안토니오는 법적인 수단으로 문제를 해결하려 했지만 별다른 성과를 얻지 못했고, 그러는 사이 본치넬리가 대공으로부터 면제 허가를 받아내는 데 성공함으로써 안토니오가 더 이상 '소령'이라는 호칭을 사용하지 못하는 굴욕을 피하도록 만들었다. 이 소식이 전해지자 카스텔 디 노코에서는 성대한 축하 파티가 열렸고 지지자들은 안토니오에게 칭찬을 아끼지 않았다. 5월 10일 본치넬리는 안토니오에게 겸손한 태도로 자신은 별로 한 일이 없다는 내용의 편지를 보냈다. "나는 단지 당신의 공적을 증언하는 한편, 정당한 공적을 무시하고 모욕하는 비열한 자들의 악행에 맞서 싸웠을 뿐입니다. 그들은 일말의 수치심도 없이 정당한 공적을 세운 사람을 모욕했고, 군인 출신 가문을 대표하는 마땅히 존경받아야 할 원로를 능멸했습니다." 같은 날 교구 사제 아콘치 역시 안토니오의 아내 카롤리나에게 다음과 같은 내용의 편지를 보냈다. "선한 사람들이 먼저 시련을 겪게 마련이지만, 주님께서는 결국 이 땅에서도 그들에게 위로를 주십니다. 이번 일은 적들의 박해를 이겨낸 당신 가족의 아름다운 승리입니다."

그러나 군 내부에서는 전혀 다른 방식으로 이 사건을 처리했다. 대공의 면제 허가를 받은 안토니오는 즉시 퇴역 장교로서 군복을 입을 권리까지 요구했다. 이에 대해 5월 15일 최고사령부에서는 피사에 주둔한 군대의 사령관에게 안토니오의 요구를 단호히 거절하는 내용의 편지를 보냈다.

> 안토니오 브라치 데 캄비니 필리우가 비코피사노의 법원에 소송을 제기했으나 그는 결국 패소할 수밖에 없었다. 왜냐하면 그가 지난 50년 동안 스스로 소령이라는 호칭을 사용했음에도 불구하고 실제로 장교 신분이 아니었기 때문이다. 그러나 자애로운 군주의 너그러운 배려 덕에 그는 과거에 그랬던 것처럼 소령이라는 호칭을 계속 사용할 수 있게 된 것이다. 게다가 그는 오랫동안 어떤 군복도 입지 않았던 것으로 확인되었다. 따라서 지금도 굳이 군복을 입을 필요 없이 단순히 '소령'이라 불리는 것만으로 충분할 것이다.

이 소식을 들은 안토니오는 불만이 가득한 반응을 보였지만, 명예를 지키려는 그의 노력에 결정적인 타격을 준 것은 아니었다. 특히 지역사회 내에서의 평판에는 거의 아무런 영향도 미치지 못했다. 그리고 같은 해인 1853년 말 안토니오는 생애에서 가장 명예로운 성취를 이루게 된다. 11월 19일의 칙령에 따라 대공의 의전 담당관으로 임명된 것이다. 그에게 대단히 깊은 만족감을 안겨준 영광스러운 순간이었다. 안토니오가 남긴 기록들 가운데에는 이번 임명과 관련된 방대한 자료들이 정리된 서류철이 포함되어 있다. 그가 의전 담당관으로 임명되었을 당시 사방에서 축하하는 편지들이 쇄도했는데, 그중에는 그의 조카들, 즉 동생 카를로의 자녀들이 보낸 편지도 있었다. 안토니오는 조카들에게 품위 있고 친절한 어조로 답장을 보냈다. 한편 교구 사제 아콘치와 군의관 본치넬리 역시 이번 일에 깊이 관여했던 것으로 보인다. 특히 본치넬리는 피렌체에서 그의 임명을 도운 가장 핵심적인 인물이었다. 임명 이후로 몇 달이 지난 1854년 2월 26일 그는 아콘치를 통해 안토니오에게 특별한 전언을 남겼다. 그날 아콘치는 "궁정 의전 담당관님께"라는 존칭을 사용해 다음과 같은 내용의 편지를 보냈다. "전하께서 당신께 관심을 가지고 자주 이야기하시며, 여전히 당신을 소중하게 기억하고 계십니다." 또한 안토니오에게는 예찬의 어조를 담은 여러 편의 소네트도 헌정되었다. 카를로 오를란디니는 "브라치 가문은 영원히 사라지지 않을 것"이라는 희망을 담은 두 편의 소네트를 헌정했고, 당시 꽤 이름 있는 시인이었던 부티 출신의 피에트로 프레디아니 역시 문학적으로 대단히 세련된 소네트를 남겼는데, 그 내용은 다음과 같다.

먼 옛날, 거만한 아프리카와 믿을 수 없는 트라키아에
피사는 전쟁과 죽음을 가져왔으니
그 용맹함 덕에 무적의 도시라 불렸으며
그 이름이 해안에서 해안으로 퍼져나갔다.
오늘날, 가장 충성스러운 시민이 승리를 거두었으니
그는 기사의 명예를 지닌 자이자
피사의 용맹을 계승한 자로다.

브라치가 마침내 대공의 궁정에 올라
의전 담당관의 지위에 올랐으니
그의 이름이 위대한 인물들 중에서도 빛을 발하도다.
그의 공적을 알아본 정의로운 군주께서
그에게 마땅한 높은 지위를 부여했도다.
그는 한없이 위대하고 한없이 충성스러우며
전쟁에서도 물러섬이 없는 인물이라.
그러니 파르카*여
그의 삶을 더 길게 이어가도록 하라.
그리하여 영광의 화환이
자신의 면류관이 되게 하며
다른 이들을 이롭게 하는 승리가 되도록 하라.

사실 안토니오가 의전 담당관으로 임명된 것은 한때 그의 훌륭한 선조 루소리오가 받은 영예를 가문에 되찾아왔다는 의미가 있었다. 이는 안토니오의 일생에 있어 매우 중요한 성취였는데, 무엇보다 지난 50여 년에 걸쳐 가문의 재산을 복구하고, 나아가 이를 바탕으로 가문의 사회적 지위와 명성을 회복하기 위해 그가 경주해온 노력의 결실과도 같았기 때문이다. 이제 여든에 가까운 한 남자에게 있어 의전 담당관으로 임명된 일은 인생 초반에 겪었던 불운을 극복하고 결국 가문의 대표로서 자신의 지위를 증명해낸 사건이었을 것이다. 그로부터 몇

* 로마 신화에 등장하는 운명의 세 여신 파르카이를 가리킨다.

년 후 세상을 떠나기 직전, 그가 그토록 원한 대로 훈장을 받게 된다. 나폴레옹 3세가 위대한 나폴레옹과 함께 싸웠던 "영광의 동지들"에게 하사하기 위해 만든 것이어서 더 특별한 의미가 있었다.

안토니오는 토스카나 대공국이 멸망하기 1년 전인 1858년 3월 16일 카스텔 디 노코에서 82세의 나이로 세상을 떠났다. 현재 그의 초상화는 남아 있지 않지만 여권에 기재된 인상착의를 통해 그의 모습을 짐작할 수 있다. "나이 37세. 큰 신장. 갈색 머리카락. 갈색 눈썹. 갈색 눈동자. 금발 수염. 높은 이마. 균형 잡힌 코. 보통 크기의 입. 긴 턱. 긴 얼굴형. 창백한 피부색. 기타 신체적으로 특이 사항 없음."

초상화는 없지만 안토니오에 대한 두 가지 상반된 평가가 전해지는데, 첫 번째는 1816년 11월 8일 그의 삼촌 루소리오가 가문의 재산 문제로 갈등을 빚던 와중에 남긴 것이다.

> 당신은 한때 자기 잘난 맛에 사는 위선자였지요. 마치 성인聖人이라도 되는 양, 사소한 일에도 양심의 가책을 느끼는 것처럼 행동하며 교회를 들락거렸지요. 그리고 길가에 있는 십자가마다 입을 맞추며 신앙심이 깊은 척은 혼자 다 했지요. (솔직히 말해서 나는 단 한 번도 당신이 진심이라고 믿은 적이 없습니다.) 그 후 군인이 되어 마치 대포, 폭탄, 요새, 군대, 전투, 정복 같은 일만 생각하는 사람처럼 굴었지요. 그러다 나처럼 결국 더러운 수렁에 빠져들더니, 또 애국심에 불타는 사람 행세를 했지요. 누군가는 아직 당신이 쓴 열정 넘치는 선언문의 복사본을 마치 보물처럼 보관하고 있을 것입니다. 아마 영원히 기억될 증거로 남겠죠. 지금은 또 법

전을 들고 다니며 법률 전문가 행세를 하고, 시와 문학에 빠진 문학가처럼 굴었지요. 마침내 요즘은 돈에 미쳐서는 계속 가난하다 힘들다 불평을 늘어놓으며, 돈 나올 구멍을 찾느라 정신이 없더군요. 그렇지 않나요? 당신이 예전에 썼던 시들을 여기서 인용하면 딱 어울리겠군요.* 결국 우리 전부 미친 사람들입니다. 모순덩어리죠. 그리고 아마 죽을 때까지 이런 모순 속에 살겠죠.

두 번째 평가는 1858년 3월 31일 주간지 『모니토레 토스카노 Monitore Toscano』에 실린 부고 기사다. 당연히 루소리오가 남긴 평가보다는 훨씬 더 점잖고 신중한 어조였다.

〔안토니오는〕 1776년 1월 17일 피사에서 귀족 필리포와 안나 그라시의 아들로 태어났다. 어린 시절부터 학문을 사랑하여 배움에 열중했다. 정치적 격변기에 그는 여러 중요한 임무를 맡아 이를 명예롭게 수행했다. 그 결과 1800년 피사시 정부가 기동대를 조직했을 때 소령으로 임명되었다. 이후 카스텔 디 노코의 저택에 은거하는 동안 여러 마을, 그중에서도 특히 비코피사노에서 공익을 위한 여러 사업에 참여하며 사회적으로 큰 기여를 했다. 1813년 프랑스 정부는 그를 비코피사노의 시장으로 임명했다. 그는 1809년 부티 출신의 카롤리나 반티와 결혼하여 여러 자녀를 두었고, 그들을 품위 있게 교육시켰다. 또한 가문의 재산을 보전

* 여기서 루소리오는 안토니오가 과거에 썼던 시의 내용이 "돈 나올 구멍을 찾느라 정신이 없는" 현재의 모습과 모순된다는 사실을 비꼬고 있다.

하고 부지런히 증식시켰다. 1853년 그는 자애로운 군주에게서 왕실 의전 담당관이라는 명예로운 칭호를 받았고, 이 직책을 충실히 수행하며 군주의 신뢰를 얻었다. 그러나 급성 카타르 열에 걸리면서 자신의 마지막 순간이 다가옴을 직감했다. 그는 신실한 크리스트교도답게 평온한 마음으로 종교 의식을 요청했고, 자녀들과 그의 곁에 있던 사람들을 용기 있게 위로하며 세상을 떠났다. 길지 않은 투병생활 중 그에게 가장 큰 위로가 되었던 것은 프랑스 황제 나폴레옹 3세가 그의 공로를 인정하여 하사한 훈장이었다. 그는 결백하고 정직한 시민이었으며, 깊은 신앙심을 겉으로 과시하지 않는 사람이었다. 그는 사랑이 넘치는 남편이자 아버지였으며, 자애롭고 경건한 사람이었고, 시민으로서의 미덕, 크리스트교도로서의 미덕 그리고 군인으로서의 미덕을 모두 갖춘 타의 모범이 되는 인물이었다. 그의 자녀, 손자 그리고 가족들은 그를 영원히 기억할 것이다.

아타나시오

순종

특히 젊은이들은 사소한 요청에도 선하고 희생적인 일을 충분히 할 수 있다고 생각한다. 연약한 줄기를 지탱하여 갓 피어난 꽃 한 송이가 불어오는 산들바람에 자신의 향기를 실어 보낼 준비를 하고 힘없이 지는 것처럼 말이다. 남들이 수줍게 경의를 보내면서 감탄할 바로 이 순간을, 타산적인 책략은 주의 깊게 염탐하고 있다가, 생각지도 않았던 어떤 목적을 실현하기 위해 갑자기 낚아챈다.

인용된 구절은 만초니의 『약혼자』 10장 도입부에 등장하는 제르트루데의 이야기다. 이를 아타나시오의 이야기와 비교하는 것이 다소 과장되게 느껴질 수 있겠지만 그렇다고 전혀 부적절하다고 할 순 없을 것이다. 제르트루데의 비극은 앙시앵 레짐 하의 귀족들에게 강요되었던 가문의 논리에서 비롯된 것이다. 만초니는 19세기의 시각에서 당시의 억압적인 상황을 효과적으로 조명했다. 특히 인용된 구절에는 젊고 순수한 양심이 순종에 대한 강요와 자아 정체성에 대한 갈망 사이에서 갈등하며 고통을 겪는 상황이 생생히 묘사되어 있는데, 아타나시오가 겪었던 내적 갈등 역시 이와 크게 다르지 않다.

아타나시오는 1834년 7월 5일, 안토니오와 카롤리나가 결혼한 지 25년 만에 얻은 늦둥이 막내아들로 태어났다. 그에게는 어린 시절을 무사히 넘긴 형 하나와 다섯 명의 누나가 있었다. 안토니오가 남긴 편지의 내용에 따르면, 결혼 초기에 가졌던 다른 세 아이는 어린 나이에 세상을 떠나고 말았다. 안토니오는 당시 여러 사람에게 편지를 보내 다소 형식적이고 딱딱한 어조로 자신의 슬픔을 토로했다. 그가 감정이 무딘 사람이었기 때문에 이러한 어조로 편지를 쓴 것은 아닐 테다. 그보다는 편지의 수신인들이 그와 내적으로 친밀한 관계가 아니었기 때문일 것이다. 안토니오는 그들에게 늘 불평을 늘어놓곤 했지만, 결코 약한 모습을 보이고 싶어하지는 않았다. 그는 피사에 있는 친척들에게는 이 사실을 따로 알리지 않았는데, 아마 카롤리나가 시어머니, 첫째 시누이와 계속 연락을 유지하고 있었기 때문일 것이다.

오랫동안 아들이 없는 것은 안토니오에게 큰 걱정거리였다. 어린 나이에 세상을 떠난 “작은 안토니오”에 대한 기억도 그의 머릿속에 강렬히 남아 있었다. 1812년 3월 23일 그는 “작은 안토니오”를 위해 비코피사노의 전임 시장에게 묘비에 특정한 개인을 기리는 문구나 장식의 사용을 금지하는 법에 예외를 인정해달라고 요청했지만 받아들여지지 않았다. 이제 우리는 안토니오의 성격 그리고 그의 사회적 관계에 대해 조금이나마 알고 있기 때문에, 가족에 대한 그의 애정이 가문의 위대함을 강조하는 귀족적 사고방식에 장애가 되지 않았다는 사실이 전혀 놀랍게 느껴지지 않는다. 그는 여성보다 남성이 우월하다고 생각했으며, 종종 편협한 여성혐오적인 태도를 보이기도 했다. 이러한 태도는 특히 수녀였던 누이 라우라 테레사에게 보낸 편지에서 더욱 두드러졌다. 그녀는 안토니오가 유일하게 신뢰했던 가족 구성원이지만 동시에 여성혐오적인 발언의 희생자이기도 했다. 그녀에게 보낸 편지에서 안토니오는 "너희 여자들은 머리가 나쁘다"며 비꼬는 말도 서슴지 않았다.

성년이 될 때까지 무사히 성장할 수 있었던 안토니오의 첫째 아들은 1818년에 태어난 네메시오였다. 그가 태어난 날의 성인 네메시우스로부터 따온 것이지만, 동시에 운명적 복수를 의미하는 그리스어 네메시스Nemesis와도 연결되는 이름이었다. 실제로 안토니오는 12월 10일 라우라 테레사가 보낸 축하 편지에 답장하며 복수심에 찬 승리감마저 느껴질 정도로 다소 거칠고 격한 기쁨의 표현을 쏟아냈다. 그리고 답장의 마지막 부분에는 루소리오가 유언장의 내용을 변경한 것을 꼬집는 논쟁적인 뉘앙스까지 담았다.

> 당신이 30일에 보낸 편지에서 사용한 "나의 기도가 효과가 있다"는 표현은 너무 거만하고 자기 자랑이 심한 말이기 때문에 반드시 이를 속죄해야만 할 것입니다. 그러니 벌로 엉덩이에 6666번 매질을 하세요. 지체 없이 곧바로 시작하고, 시작할 때 나에게 편지를 보내 알려주세요. 내가 횟수를 세어보고 언제 그만둬야 할

지 말해주도록 하겠습니다. 나는 이 내용을 카롤리나에게 전할 것이고, 그녀도 아이들에게 그대로 전할 것이라고 생각합니다. 그리고 네메시오에 대한 이야기는 더 이상 하지 않겠습니다. 수녀들은 나 외의 남자에 대해서는 들을 필요가 없으니까요. 한 가지만 이야기하자면, 내 아들이 태어난 날의 성인인 위대한 순교자 네메시우스는 자주 언급되지 않으므로, 경의를 표하는 것이 옳다고 생각합니다. 내 아들만이 그의 이름을 가지고 있으니 성 네메시우스께서 하늘에서 특별히 더 보살펴주리라 기대합니다. 다만 영적으로가 아닌 현실적인 삶의 조건에 있어서는 큰 기대를 하지 않고 있습니다. 최근에도 네메시오에게 도움을 줄 수 있었던 누군가*가 내린 결정을 보면 그에게 현실적으로 큰 희망이 있어 보이지 않기 때문입니다.

이 편지에는 가족 사이의 친밀한 분위기와 때로는 지나치다 싶은 농담들이 장손 계열 후손을 통해 가문의 재산을 재편하려는 집착과 뒤섞여 있다. 안토니오는 자신을 가문의 가장이라 생각했고 자신의 장자 네메시오를 책임을 다하지 않는 삼촌 루소리오와 대비시켰다. 그는 루소리오를 "고작 방계 가문의 가장일 뿐"이라고 강조하며, 네메시오야말로 가문의 미래와 희망을 짊어질 주역이라고 생각했다. 그렇다고 해서 안토니오가 딸들을 완전히 희생시켰던 것은 아니다. 디아만테, 파올라, 조반나는 적절한 지참금을 들고 결혼했으며, 이시도라는 아버

* 삼촌 루소리오를 가리키는 듯하다.

지의 집에 남았다. 오로지 초에만이 마달레나 루이사라는 이름으로 수녀가 되었다. 그러나 건강하게 자라 16세가 된 네메시오가 이미 가문의 후계자로 자리를 굳힌 상황에서 예상치 못한 늦둥이 아타나시오가 태어났을 때 안토니오는 그를 하나의 문제 요소로 인식하고 있었다.

아타나시오라는 다소 특이한 이름은 초기 교회의 위대한 성인에게서 따온 것인데, 이미 태어났을 때부터 안토니오가 그의 운명을 정해놓으며 이런 이름을 지어준 것인지는 명확하지 않다. 확실한 것은 그의 장래가 결정되는 데 오랜 시간이 걸리지는 않았다는 사실이다. 아타나시오는 열한 살이 되던 1845년 피사 대주교 관구의 신학교에 들어가 성직자의 길을 걷기 시작했다. 1842년 결혼한 네메시오가 장남 안토니오를 비롯해 파우스티노와 다른 아들들을 낳으며 가문을 이어가고 있을 당시였다. 이에 따라 아타나시오는 전통적인 방식대로 "가문의 재산을 지키는 차남 이하 아들"로서의 역할, 즉 장남이 대를 잇는 동안 가문의 재산 보호를 위해 협력하는 역할을 요구받았다. 그러나 아타나시오는 신학교 생활을 달가워하지 않았다. 결국 1848년 그는 신학교를 떠나 루카에 있는 어느 신부의 집에서 공부를 이어갔다. 1848년부터 1850년까지 그는 루카와 카스텔 디 노코 사이를 오가며 중대한 변화를 겪는다. 구체적인 변화의 과정이 어떠했는지는 정확히 알 수 없지만, 그 결과가 매우 결정적이었음은 분명하다. 1850년 9월 8일 아타나시오는 아버지 안토니오가 관계 맺고 있던 루카 소재 라테라노의 아우구스티누스 수도회*의 수사로 들어갔다. 그리고 1851년

* 가톨릭 사제들과 평신도 신분의 수사들로 구성된 수도회로 정식 명칭은 라테라노의 지극히 거룩하신 구세주 성 아우구스티누스 수도회다.

9월 14일 그는 17세를 갓 넘긴 나이에 수도 서원을 하고 정식으로 수도사가 되었다.

아타나시오가 수도원에 입회한 것은 그가 신학교에 들어가는 것보다 더 확실하게 가문의 재산이 분할될 가능성을 차단하는 방법이었다. 사제라면 일단 상속받은 후 그것을 자신의 조카들에게 다시 넘겨주게 되겠지만, 수도사는 애초에 상속받는 것 자체가 불가능했다. 아타나시오는 상속과 관련된 문제를 완전히 해결하기 위해 그가 17세가 되던 날이자 수도 서원을 하기 하루 전 루카의 어느 공증인 앞에 서게 되었다. 그 자리에서 아타나시오는 현재나 앞으로나 아버지의 유산에 대한 모든 권리를 포기하겠다는 내용이 담긴 서류에 서명했다. 이뿐만이 아니었다. 사제는 가문과의 관계를 완전히 끊지는 않는다. 사제는 자신의 이름과 성을 유지하며 보통 자신이 태어난 교구에서 활동한다. 귀족 출신의 신부라면 자기 집 바로 가까운 곳에 머무를 수도 있었다. 반면 수도사는 자신의 과거 정체성을 지우고 새로운 수도 공동체에 속하게 된다. 수도사는 자신의 이름을 바꾸고, 수도회가 명령하는 대로 이탈리아 곳곳을 떠돌며 수도생활을 한다. 결국 수도 서원을 한 이후 아타나시오는 더 이상 아타나시오가 아니었다. 그는 수도사로서 라파엘레라는 새로운 이름을 갖게 되었다. 그는 수도회의 결정에 따라 로마로 떠났다가, 이후 나폴리로 이동했으며, 마지막으로 풀리아 소재 비톤토 수도원으로 보내졌다.

이 모든 과정이 정말로 아타나시오 본인의 종교적 소명에 따른 행위였을까? 이미 늙은이가 된 카롤리나는 막내 아타나시오가 자신의 곁을 떠나는 모습을 보고 깊은 슬픔에 빠졌다. 아타나시오를 비판적인 시각에서 언급하는 어느 사료에는 "어머니가 눈물을 흘리며 그를 곁에 두고 싶어했지만 그럼에도 불구하고 강제로 떠나야만 했다"는 내용이 기록되어 있다. 아타나시오가 수도사가 되어 토스카나를 영영 떠나야 했던 것이 그의 어머니에게 얼마나 큰 충격이었을지는 익히 짐작할 수 있다. 앞서와 같은 사료에 따르면 카롤리나는 아타나시오에게 편지를 보내 "수도 서원은 큰 불행을 가져올 것"이라는 말을 전하기도 했다.

그렇다. 특히 젊은 시절에는 마음이 선하고 희생적인 것처럼 보이는 일에 쉽게 끌리곤 한다. 아타나시오는 따뜻한 마음과 너그러운 성품을 지니고 있었고, 결국 먼 곳으로 떠나야만 하는 운명을 받아들였다. 그리고 이후 다시는 아들을 보지 못했을 어머니 역시 결국 가문의 논리에 순응할 수밖에 없었다. 1856년 3월 7일 카롤리나는 유언장을 작성하면서, 남편 안토니오에게 재산의 용익권을 남겼고, 그녀가 늘 신뢰하던 신부 산티 아콘치를 유언 집행자로 지정했다. 그리고 두 명의 자녀에게 소정의 연금을 남겼는데, 한 명은 수녀가 된 딸이었고 다른 한 명은 아타나시오였다. 물론 유언장에는 그의 이름이 "현재 나폴리 왕국의 비톤토에 거주하고 있는 라테라노의 아우구스티누스 수도회 소속 수도사 라파엘레 브라치"라고 기록되어 있다. 그러나 유일한 상속자로 네메시오만이 지정되었고, 나머지 딸들은 유산 상속에서 완전히 제외되었다. 아타나시오가 유산 상속에서 배제되었다는 사실은 그로부터 2년이 지난 1858년 3월 5일에 더 명확해졌다. 아버지 안토니오가 유언장의 추가 조항을 작성하며, 모든 유산을 네메시오에게 물려줄 것을 확정한 날이었다. 대신 그는 아타나시오, 아니 수도사 라파엘레를 위해 카스텔 디 노코에 있는 저택 안의 방 네 개와 서재를 남겨주었다. "만일 그가 가족들의 저택을 방문하고 싶어한다면 그 공간을 사용하도록 하기 위함"이었다. 그러나 "만일 그가 수도회를 떠난다면, 방은 물론이고 그 안에 있는 모든 것에 대한 권리를 잃게 된다"는 조건이 붙어 있었다.

베카리아의 비판이 제기된 후 한 세기가 넘도록 그리고 만초니의 강력한 고발이 있은 후 25년이 넘도록 가문을 위해 개인을 희생시키는 낡은 논리는 여전히 작동하고 있었다. 아타나시오가 가족들을 떠나야 했던 것 역시 바로 이러한 이유였다. 멀리 떠난 아타나시오는 가족들에게 많은 편지를 보냈다. 불행히도 어머니에게 보낸 편지는 한 통도 남아 있지 않지만, 형 네메시오는 그에게서 받은 편지를 모두 보관하고 있었다. 아타나시오는 점점 더 감정적이며 절박한 어조로 자신의 이야기를 써내려갔다. 처음에는 그저 속마음을 털어놓는 정도였지만 점차 자신의 뜻을 관철시키기 위한 의도로 글의 성격이 변해갔다. 그렇다고 해서 그의 솔직함이 사라진 것은 아니었다.

제르트루데보다 더 억압적인 환경에서 자라난 아타나시오는 처음에는 순종적인 태도로 차남 이하 아들로서의 역할을 받아들였고, 수도사 라파엘레로서의 삶을 열심히 살았다. 1853년 3월 3일 로마에 있던 그는 자신의 누이 이시도라에게 편지 한 통을 보냈다. 이시도라는 다소 침울한 성격을 지닌 소녀로 젊은 나이에 세상을 떠나게 되는데, 어렸을 때부터 병을 앓았던 것으로 보인다. 아타나시오는 수도사들이 하는 설교 조의 말투와 젊은 나이에 가질 수 있는 특유의 잘난 척하는 어조로 그녀에게 수녀원에 들어가라는 조언까지 건넸다.

지난 1월 30일에 네가* 보낸 편지를 읽고 뭔가 알 수 없는 감정을 느꼈는데, 솔직히 말해 그게 큰 위로가 되었어. 그런데 한번 잘 생각해보자. 너는 세상이 너를 힘들게 한다고 말했지. 그렇다면 왜 그 세상을 떠날 결심을 하지 못하는 거니? 혹시 앞으로는 세상이 네게 위로를 주리라 믿는 거니? 사랑하는 누이야. 절대 그런 생각은 하지 말도록 해. 세상은 앞으로 너를 더 괴롭게 만들 거란다. 그리고 무엇보다 주님의 부르심을 거부하지 않도록 주의를 기울이거라. 네가 만약 거부한다면, 너에게 화가 미칠 거야. 영원한 불길 속에서 벌을 받겠지. 그곳에서 네가 영원히 주님의 음성을 거역한 대가를 치를 것이라는 말이란다. 네가 세속적인 삶을 살기로 결정한다 해도 그 끝에 남는 게 무엇일 것 같니? 세상은 결국 너를 지옥의 불길 속에 던져버리겠지. 이것이 세상이 네게 주게 될 "보상"이란다.

같은 해 12월 3일 아타나시오는 나폴리로 떠나게 되었다는 사실을 알리며, 아버지 안토니오가 의전 담당관으로 임명된 것에 대한 축하 인사를 전했다. 그는 자신의 가문이 적대자들에게 공격받고 있던 상황을 의식하면서, 격식 차린 어조로 다음과 같이 말했다. "이 소식을 듣고 정말 기뻤습니다. 이제 시기하는 자들의 오만함도 한풀 꺾이겠군요." 그로부터 일주일이 지난 12월 10일 그는 아버지를 포함한 가족 모두에게 크리스마스 인사를 전하며 자신이 학식 높은 스승 밑

* 아타나시오는 이시도라를 포함한 자신의 형제자매에게 큰 친밀감을 느끼고 있었고, 이에 따라 "당신voi"이 아닌 "너tu"라는 호칭을 사용했다.

에서 본격적으로 신학 공부를 시작하게 되었다는 사실을 알렸다. 그러나 이후 그가 보낸 편지에서 이미 뚜렷한 변화가 포착된다. 1855년 3월 9일 비톤토에 있던 그는 형 네메시오에게 편지를 한 통 보냈는데, 거기서 네메시오를 "사랑하는 형amato fratello"이라고 부르며, 오래도록 기다렸던 형의 편지를 드디어 받아 기쁘다는 말을 전했다. 그러나 막상 편지를 받고 보니 형이 가족의 소식을 거의 하나도 전해주지 않았다는 점에서 서운한 마음이 들었는데, 심지어 그는 다음과 같이 말할 정도였다. "형의 딸 콰르틸라의 병이 나았는지 아니면 주님께서 데려가셨는지조차 모를 지경이야." 아타나시오, 아니 스스로 편지에 서명한 이름에 따르면 라파엘레는 여전히 자신이 가족의 일부라고, 그리고 단지 물리적으로 멀리 떨어진 곳에 있을 뿐 자신이 여전히 가족을 위해 희생하고 있다고 믿었다. 그러나 그가 느끼는 외로움과 불만은 점점 더 커져갔고, 급기야 형에게 자신의 서운함을 토로하기에 이르렀다. "몰페타나 바리 주재 토스카나 영사에게 보낼 추천서를 받고 싶어. 하지만 지난번 나폴리로 보낼 추천서를 부탁했을 때처럼은 하지 않았으면 좋겠어." 아타나시오는 이전에도 형 네메시오에게 추천서를 부탁한 적이 있지만, 네메시오가 이를 들어주지 않았던 듯하다. 아타나시오의 말에서는 형이 자신을 충분히 배려해주지 않는다는 서운함이 묻어나 있다.

그로부터 2년 반이 지났을 무렵, 아타나시오의 마음에 처음 생겨난 작은 균열은 이제 심각한 불안으로 확대되어 있었다. 특히 그가 속한 수도원 내부에서 벌어진 갈등이 그의 불안을 더 깊게 만들었는데, 이는 1857년 12월 14일 비톤토에 있던 아타나시오가 아버지 안토니오에게 보낸 크리스마스 편지에 잘 드러난다. 단순한 인사를 전하기 위한 편지는 아니었다. 그보다는 그가 당시 처해 있던 갈등의 결과에 대해 해명하려는 시도였다. 그는 이제 더 이상 소년이 아니었고, 게다가 어머니도 세상을 떠난 터였다. 그의 편지에는 자신이 수도사로서 했던 맹세와 의무를 강조하는 표현들이 담겨 있지만 그가 진짜 하고 싶었던 말은 따로 있었다. "아버지 저는 더 이상 이곳에 머무르고 싶지 않습니다." 즉 그는 수도사 생활을 이어나가고 싶지 않다는 메시지를 전하려 했던 것이다.

> 제 건강은 모든 면에서 좋습니다. 아버지와 다른 가족들도 모두 건강하시기를 바랍니다. (물론 그럴 만한 충분한 이유를 가지고) 제가 짐작하기로는 누군가 저에 대해 험담하며 터무니없는 소문을 퍼뜨린 것 같습니다. 그러나 저는 제 의무와 책임을 다해야 하며, 과거에도 그랬듯이 제 신념에 따라 행동할 수밖에 없습니다. 저는 주님께 맹세한 규율을 따르고 있으며, 목숨을 걸고서라도 그것을 지킬 것입니다. 제게는 오로지 정당하게 선출된 한 명의 상급자*만 있을 뿐입니다. 저는 그분께만 충성을 다할 것이며 다른 누구에게도 휘둘리지 않을 것입니다. 이것이 제가 선택한 길이고, 제 방식입니다. 저는 제가 어리석은 행동을 하고 있다고 생각하지 않습니다. 비록 다른 사람들이 그렇게 믿고 있다고 해도 말입니다. 아버지께 간곡히 부탁드리겠습니다. 제가 이 편지에 쓴 이

* 수도원장을 가리킨다.

야기를 다른 사람들에게 알리지 말아주십시오. 만일 밖으로 새어나간다면, 그건 제게 큰 상처가 될 것입니다. 이 이야기는 본래 제 상급자에게만 말할 수 있게 되어 있습니다.

감정의 소용돌이에 휩싸인 젊은 아들의 솔직한 고백에 대해 늘 엄격하게 양심을 다듬어온 노련한 아버지는 1857년 12월 17일 카스텔디 노코에서 답장을 보내 가족에 관한 소식을 간단히 전한 뒤 다음과 같은 이야기를 건넸다.

12월 14일에 네가 보낸 편지를 반갑게 잘 받았고, 네가 건넨 따듯한 크리스마스 인사도 고맙게 생각한다. 그리고 나를 포함한 우리 가족 모두 같은 마음으로 너에게 축복의 인사를 전한다. 비록 나 자신의 과거를 돌이켜볼 때, 주님께서 내게는 그런 축복을 허락하지 않으셨던 것 같지만 말이다. 그런데 솔직히 말하면, 나는 네가 보낸 편지가 더 세련된 문장으로 작성되었더라면 기뻤을 것 같구나. 수도원에서는 글을 품위 있게 쓰는 것이 당연한 의무일 텐데 네가 그런 점에 좀더 신경을 썼더라면 좋았을 것이다. 잘 다듬어진 필체는 글의 내용을 더 돋보이게 만드는 중요한 요소 가운데 하나이니 앞으로 글 쓸 때 더 주의를 기울이길 바란다. 게다가 너는 토스카나 출신인데도 네 글에서는 문법적인 오류가 꽤 많이 눈에 띄더구나. 예를 들어 네 편지에 나오는 io mi spero〔나는 희망한다〕는 틀린 표현이란다. 문법적으로 설명하자면, mi, ti, ci, vi와 같은 재귀대명사는 재귀동사 앞에만 올 수 있기

> 때문이다. 그러나 sperare는 재귀동사가 아니라 일반동사이므로 io spero라고 써야 한단다. 다시 말해 네가 쓴 문장은 문법적으로 오류이며 io spero가 올바른 표현이라는 것이다.

아타나시오가 수도원에서 겪고 있던 어려움의 이유는 그로부터 몇 주가 지난 1858년 2월 7일 그가 형 네메시오에게 보낸 편지에서 분명하게 드러난다. 그는 부패한 이전 수도원장의 비리를 교황청의 조사관에게 알린 내부 고발자였다. "조사관이 그 사람에 대해 내게 물었을 때, 나는 그가 수도회를 6000두카토의 빚더미에 앉게 만든 도둑이고, 여자를 밝히는 사람이며, 수도사들에게는 폭군처럼 굴었다고 말할 수밖에 없었어." 그러나 이 일은 오히려 안토니오를 곤경에 처하게 만들었다. 평소 아타나시오를 좋게 생각하지 않던 사람들이 그의 말을 반박하며 공격했고, 급기야 그는 "불경한 수도사"라는 오명까지 뒤집어쓰게 되었던 것이다. 그러나 이 편지에서 아타나시오가 진짜 하고 싶었던 말은 수도원 내부의 갈등에 대한 설명이 아니라 형 네메시오에 대한 불만과 분노였다. 편지에서 아타나시오는 네메시오를 단지 "형"이라는 호칭으로만 불렀을 뿐 어떤 애정 어린 수식어도 사용하지 않았는데, 그 이유는 네메시오가 모든 상황을 알고 있음에도 수도원의 상급자들과 계속해서 편지를 주고받았으며, 아타나시오를 비방하는 이들의 말을 듣고도, 정작 아타나시오 본인에게는 아무 말도 하지 않고 침묵하는 태도를 보였기 때문이다. 다시 말해 아타나시오는 마치 혼자 버려진 듯한 느낌을 받을 정도로 네메시오가 일부러 자신을 소외시키고 있다고 여겼고, 그것이 불만과 분노의 주된 이유였다.

나는 아무것도 두렵지 않아. 그저 수도사로서의 삶을 살아갈 뿐이고, 다른 일들에는 신경 쓰고 싶지 않아. 하지만 형이 침묵한다고 해서 내가 가만히 있을 거라고 생각한다면 오산이야. 나는 그렇게 순진하게 남한테 휘둘릴 사람이 아니야. 나는 브라치 가문의 사람, 즉 굽히지 않는 성격을 가진 사람이고, 형이나 그 밖의 누구도 두렵지 않아. 다만 한 가지 내가 아쉽게 생각하는 것은 형제 사이의 유대가 깨져버렸다는 점이야. 나는 언제나 진심으로 형을 사랑해왔어. 그리고 만약 누군가 내게 형에 대한 험담을 늘어놓았다면 주저 않고 손을 뻗어 그 뻔뻔한 얼굴을 후려쳤을 거야. 하지만 형은 그렇게 하지 않았지. 지금도 나는 마음속으로 여전히 형을 사랑하지만, 겉으로는 더 이상…… 아니, 더는 말하지 않는 게 좋겠어. (…) 지금 내 마음 깊은 곳에서 우러나는 깊은 슬픔과 고통 속에서 이 편지를 쓰고 있어. 내가 진심으로 사랑하는 사람들에게 배신당한 것은 물론이고, 그들에게 비난까지 받아야 하는 현실이 너무 괴롭게 느껴져. 한 가지 더, 나를 사랑한다고 말하는 형이 내 간절한 부탁에도 불구하고 아버지의 소식을 전해주지 않는다는 사실이 나를 더 괴롭게 만들어. 아마 이 편지를 읽고 형이 화를 낼 수도 있고, 내 말을 수도원 상급자들에게 전할 수도 있겠지. 원한다면 그렇게 해도 좋아. 나는 지금 어떤 싸움에도 맞설 준비가 되어 있는 굳건한 성채와 같고, 앞으로 어떤 일이 벌어지든 개의치 않을 거야. 그러니 형, 이제 결정을 내리도록 해. 나에 대한 오해를 지우는 한편 내가 올바른 사람이며 신앙심 깊은 사람임을 인정하고 다른 이들의 험담을 무시하든가 아니면 우리 사이를 영원히 끝내든가. 나는 정말로 형을 미워하고 싶지는 않지만, 친밀했던 관계는 더 이상 유지되기 힘들 것 같아. 형이 이 편지에 대해서 나에게 바로 답장하고, 앞으로도 내가 편지를 보낼 때마다 20일을 넘기지 않고 답장한다면, 나는 형이 내게 저지른 잘못을 뉘우쳤다고 생각할 거야. 그리고 예전처럼 형제로서 진심으로 형을 사랑할 거야. 하지만 형이 나에게 화를 내고, 나에 대한 험담을 한다면 더는 신경 쓰지 않을 거야. 이제 편지를 마치도록 할게. 더 이상 할 말이 없어서는 아니야. 내가 지난 8일 동안 병상에 누워 있다가 이제 겨우 회복한 터라 몸이 피곤하기 때문이야. 다행히 이제 건강이 좋아지고 있어. 나를 헐뜯는 사람들, 내가 불행하길 원하는 사람들이 있지만, 나는 그들을 비웃으며 다시 일어설 거야. 형이 답장을 보내고 싶다면 기다리도록 할게. 그렇지 않으면 이제 우리는 끝이야. [관계가 끝난다면] 나는 상관없지만 형에게는 좋지 않은 일이 될 거야.

아타나시오는 편지 말미에 여전히 라파엘레라는 이름으로 서명을 했다. 그가 수도원 생활을 그만두겠다고 직접적으로 언급한 것은 아니지만, 편지 곳곳에서 자신이 처해 있는 상황에 대한 두려움과 불안의 흔적을 찾아볼 수 있다. 아나타시오의 편지는 카스텔 디 노코의 가족들에게 큰 충격을 주었을 것이다. 편지가 도착하고 며칠이 지난 1858년 3월 5일 공증인의 기록에 따르면 안토니오는 심각한 병을 앓아 침상에 누워 있었지만 정신만은 여전히 또렷한 상태에서 유언의 추가 조항을 작성했는데, 막내 아타나시오를 상속에서 완전히 배제할 것을 다시 한번 확실히 해두기 위함이었다. 당시 안토니오 곁에 누가 있었을지는 쉽게 상상할 수 있다. 이제 가장으로서 가문을 이끌어갈 네메시오가 아버지 곁에서 상황을 지켜보고 있었을 것이다. 이제 마흔살이 된 그는 아내와 아이들을 거느렸고, 가문의 사업과 재산을 관리해야 하는 중요한 위치에 있었다. 그런 중대한 시점에 네메시오는 아타나시오의 반항적인 태도와 불안정한 상황까지 신경 써야 했다. 사실 네메시오야말로 안토니오의 진정한 후계자라고 할 만한 인물이었다. 그는 왕정을 지지하는 반동적인 가톨릭 신자로, 이탈리아 왕국Regno d'Italia*의 성립 이후에도 폐위된 토스카나 대공 가문에 대한 충성을 유지하고 있었다.

공증인이 집을 방문했던 바로 그날, 네메시오는 마침내 아타나시오에게 아버지의 상태가 위독하다는 사실을 알리기로 결심했다. 실제로 안토니오는 그로부터 며칠이 지난 3월 16일에 세상을 떠났다. 그러나 네메시오가 보낸 편지가 비톤토에 도착한 것은 이미 아버지가 세상을 떠나고 사흘이 지난 시점의 일이었다. 네메시오의 편지를 받은 아타나시오는 이전까지 형에게 품고 있던 원망과 불만을 모두 잊을 정도로 강한 가족애에 휩싸였다. 그리고 그가 보낸 답장은 더 이상 이전의 비난과 분노가 아닌 순수한 감정으로 넘쳐흐르고 있었다.

사랑하는 형

3월 5일에 형이 보낸 편지를 3월 19일 오늘이 되어서야 받았어.

* 1861년 성립된 통일 이탈리아 왕국을 가리킨다.

너무나도 혼란스럽고 불안한 마음을 감출 수가 없어. 부디 나의 불길한 예감이 현실이 되지 않기를 바라지만 솔직히 이미 아버지께서 세상을 떠나신 것은 아닌지 두려워. 만일 그렇다면 대체 내가 무슨 죄를 저질렀길래 임종을 앞둔 부모님으로부터 마지막 축복조차 받을 수 없는 거지? 오, 주님, 저에게 다른 어떤 형벌을 내리셔도 좋으니 살아 계신 부모님의 마지막 축복을 허락해주시옵소서! 형, 내 마음의 평온은 오로지 형의 손에 달려 있어. 나는 형이 곧바로 답장을 보내줬으면 좋겠어. 형이 정말 나를 사랑한다면 제발 내게 소식을 전해주기를 바라. 그렇게 한다면 주님께서 은혜를 베푸실 거야. (…) 이 편지를 쓰는 지금 내 마음은 찢어질 듯이 고통스러워. 나는 지금 수도원장과 수도회 총장에게 편지를 써서 가족들을 방문하도록 허가해달라고 요청할 생각이야. 허가가 떨어지는 즉시 가족들 곁으로 갈게. 내가 항상 형을 사랑했던 것처럼, 형도 나를 사랑으로 반겨주기를 바랄게.

동생 라파엘레

편지를 썼던 3월 19일은 아타나시오에게 정말 힘든 날이었을 것이다. 같은 날 비톤토에서 카스텔 디 노코의 네메시오와 연락을 주고받던 수도원장은 네메시오가 너무 순진하게 행동하고 있다고 생각했는지, 그에게 "사람의 마음을 다루는 법"에 대한 조언을 전하려 했다. "오늘 아침 라파엘레 수도사가 당신의 편지를 받았습니다. 아버지가 아프다는 소식을 듣고 크게 동요하더군요. 거의 수도원을 떠나 도망치기 직전의 상태였습니다. 친애하는 네메시오, 앞으로 가족에게 무슨 일이 생기면 나에게 먼저 알려주십시오. 그러면 내가 신중하게, 시간적 여유를 두고 그에게 소식을 전할 방법을 찾아보겠습니다."

어찌됐든—아마 공식적인 허가를 얻지 못한 상태였을지도 모르지만—아타나시오는 결국 토스카나를 향해 떠나는 데 성공했다. 그는 아버지의 집에 한동안 머물렀는데, 그러면서 무려 7년 동안이나 떨어져 지내며 쌓아온 가족에 대한 그리움을 조금이나마 해소하려 했을 것이다. 이는 그가 형 네메시오에게 보낸 마지막 편지에서 다소 격앙된 어조로 솔직하게 털어놓았던 감정이기도 하다. 어린 시절의 추억이 가득한 카스텔 디 노코에서 그리고 부모님의 무덤 곁에서 아타나시오는 감정이 북받쳤을 것이다. 이제 다시 한번 그는 선하고 희생적인 것처럼 보이는 모든 일을 받아들일 준비가 되어 있었다. 그러나 사람들은 이러한 태도를 그저 소극적인 존경의 눈빛으로만 바라보지 않았다.

가족들 사이에서는 이미 하나의 계획이 세워져 있었다. 심지어 수녀원에 있는 이모 라우라 테레사조차 이 계획을 당연시하고 있었다. 사실 가장인 안토니오의 가장 오랜 공모자였던 그녀는 1858년 4월 7일 네메시오에게 편지를 보내 그가 "걱정하고 있는 많은 일"에 대한 염려를 전하며, 다음과 같은 말을 건넸다. "그래도 지금은 동생이 곁에 있다는 소식을 듣고 위안을 얻을 수 있으니 다행이네요. 당신이 모든 일을 정리하기 전까지 그가 당신 곁에 있겠죠."

결국 1858년 5월 7일 비코피사노의 어느 공증인 앞에서 모든 일은 정리되었다. 1851년 아타나시오는 가문의 유산 가운데 자기 몫을 포기하는 계약을 맺었는데, 사실 당시 그는 법적으로 요구되는 연령에 미치지 못한 상태였다. 이에 대해 물론 공식적으로 문제가 제기된 것은 아니지만, 그는 "[계약이] 어떠한 경우든 어떠한 사유로든 항상 완전한 효력을 갖기를 원한다"는 점을 분명히 했다. 그는 마치 오늘 이 계약이 새롭게 체결된 것처럼 이를 갱신함으로써, 향후 발생할 수 있는 모든 법적 논란을 차단하려 했던 것이다. 네메시오는 동생 아타나시오의 순종에 대한 "자신의 호의와 감사의 마음"을 표현하고 싶었다. 그래서 만약 "교황청의 허가를 받아 현재 속해 있는 수도회를 떠나 수도사의 신분에서 세속인의 신분으로 돌아갈 수 있다면" 그에게 매년 지급될 연금의 액수를 기존 560리라에서 2000리라로 늘려주겠다고 약속했다. 이 계약의 증인이 되었던 이는 안토니오의 오랜 친구이자 든든한 지지자였던 교구 사제 산티 아콘치와 군의관 프란체스코 본치넬리였다.

유산의 상속과 분배에 대한 공식적인 계약 외에도 아타나시오의 미래와 관련된 구두 합의가 있었다. 이번에도 아콘치와 본치넬리가 보증인이 되었다. 비톤토로 돌아간 아타나시오는 6월 22일 그곳에서 본치넬리에게 다음과 같은 내용의 편지를 보냈다. "존경하는 프란체스코 귀하. 저를 지지해주시겠다는 약속을 기억하고 있습니다. 지금 저는 도움이 절실한 상황입니다. 간곡히 부탁드립니다." 아타나시오는 여전히 라파엘레라는 이름을 사용하고 있었지만 수도회를 떠나고 싶어 했다. 세속 성직자로 신분을 전환해, 토스카나로 완전히 돌아가는 것이 그의 목표였다. 앞서 살펴보았듯이, 아타나시오가 가문의 유산을 포기하는 계약을 갱신할 당시, 그는 네메시오로부터 앞으로 수도회를 떠날 가능성을 고려해 연금을 인상해주기로 한 약속을 받아낸 바 있다. 또한 아타나시오가 목표를 이루기 위해서는 사제 서품을 받아야 했지만, 당시 수도회에서 이를 쉽게 허락하지 않으리라는 우려가 있었던 터라 그는 가족들로부터 신분 전환을 위해 힘써주겠다는 약속까지 함께 받아둔 상태였다. "약속된 대로" 그는 수도회 총장에게 편지를 보내 "빨리 서품을 받을 수 있게 해달라"고 요청했지만, 수도회는 이를 거부했다. "허가 없이 토스카나로 떠난 것" "그곳에서 지내는 동안 경솔한 행동을 했다는 소문" "옷을 지나치게 화려하게 입고 다닌다는 것"이 이유가 되었다. 아타나시오는 여전히 가족과 친구들이 자신을 도와주리라는 희망을 버리지 않았지만, 마음속 불안감은 점점 더 커져만 갔다.

프란체스코 귀하. 제가 걱정한 일이 결국 현실이 되고 말았습니다. 제가 토스카나에 간 것이 결국 제게 불리하게 작용했고, 큰 희생을 감수하고 되돌아온 것이 오히려 수도회 총장으로 하여금 저의 사제 서품을 막을 구실이 되었습니다. 저는 즉시 총장에게 서신을 보내, 그가 내게서 찾은 결함에 대해 해명하려 합니다. 특히 그가 문제 삼았던 저의 생활 방식이 결코 수도회 규율에 어긋나는 것이 아니었음을 설명하고자 합니다. 그럼에도 저는 총장이 저의 정당한 요청을 받아들이지 않을 것이라고 생각합니다. 그래서 이제 프란체스코 귀하께 간절히 부탁드립니다. 제가 속인이 되도록 힘써주십시오. 저는 이 가혹한 수도회에서 벗어나고 싶습니다. 만일 9월까지 이 저주받은 수도회를 떠날 수 없다면 저는 해외로 가서 선교 활동을 할 생각입니다. 저는 프란체스코 귀하께서 정직하고 신의가 깊으며 명예로운 분이라고 믿기 때문에 솔직하게 말씀드리는 것입니다. 부디 저를 도와주십시오. 감정이 격해진 점에 대해서는 이해해주시길 바랍니다. 지금 제 마음이 너무나 고통스러운 탓입니다. 프란체스코 귀하께서도 아시다시피 저는 형을 위해 모든 것을 희생했습니다. 하지만 간절히 부탁하건대, 이제는 저도 지난 7년 동안 누리지 못했던 최소한의 행복을 찾을 수 있도록 도와주십시오. 저는 다른 어떤 희생도 감수할 수 있습니다. 그러나 수도회에 남는 것만큼은 절대로 받아들일 수 없습니다.

아타나시오는 7월 13일 자신이 수도회를 떠날 수 있도록 도와주겠다던 또 다른 인물, 교구 사제 아콘티에게 비슷한 내용의 편지를 보냈다. 이 편지에서 그는 점점 더 조급해지는 심정을 드러내며 수도회 총장의 반대를 피해가기 위한 구체적인 계획, 즉 토스카나 정부의 개입을 통해 문제를 해결하는 방안에 대해 언급했다. 또한 성직자인 아콘치의 양심을 자극하며, 그가 자신에게 했던 약속을 반드시 지켜야 한다고 강조했다.

불행에 빠진 사람을 도와야 하는 것은 당연한 일입니다. 지금 제 처지가 그렇기에, 오랜 시간 저의 진실한 친구가 되어주신 당신께 도움을 청합니다. 아시다시피 저는 제 형제를 위해 모든 것을 포기했습니다. 그리고 당신과 프란체스코 씨의 권유에 따라 서둘러 가족이 있는 고향을 떠나 수도회에 들어갔습니다. 저는 당신들의 조언이 합리적이라고 생각했기에 기꺼이 따랐습니다. 그리고 수도회에 들어가더라도 곧 다시 돌아올 수 있을 거라고, 또 필요할 때면 언제든 도움을 받을 수 있을 거라고 생각했습니다. 부디 절박한 상황에 놓여 있는 저에게 도움을 주시기를 바랍니다. […] 그렇지 않다면 저는 수도회를 떠나기 위해 어쩔 수 없이 해외로 선교 활동을 떠나는 방법을 선택해야 할지도 모릅니다. 수도회에는 공식적인 해외 선교단이 없기 때문에 만일 제가 해외로 선교 활동을 떠나고자 한다면 교황청의 포교성성Sacra Propaganda Fide으로 지원해야 합니다. 그렇게 되면 저는 완전히 독립적인 신분이 되어 수도회로부터 벗어날 수 있습니다. 물론 제 형이 저를 진정으로 사랑하고 자신의 아이들이 행복하기를 바란다면, 제가 떠나버리는 것이 그에게도 큰 아픔이 될 것입니다. 그러나 저는 이미 결심했습니다. 솔직히 말씀드려 저에게도 이 선택은 고통스럽지만, 더 이상 수도회의 억압을 견딜 수 없기에 저는 이 방법을 택할 수밖에 없습니다. 만일 형이 저와 했던 약속을 지켜준다면 저는 모든 것을 희생할 것이며, 심지어 제 목숨까지 그를 위해 바칠 것입니다. 저는 솔직한 마음을 신부님께 모두 털어놓았습니다. 부디 저를 도와주십시오. 부모 잃은 고아가 신부님께 이렇게 간절히 도움을 요청합니다. 돌아가신 제 어머니께서도 하늘에서 저를 위해 간절히 도움을 구하고 계실지도 모릅니다.

편지를 받은 프란체스코와 아콘치는 아무런 조치도 없이 아타나시오로부터 받은 편지를 그저 네메시오에게 전달했을 뿐이다. 실제로 두 통의 편지 모두 네메시오가 남긴 문서 안에서 발견되었다. 그러나 둘 다 아타나시오가 수도회를 떠나는 일을 서두를 생각은 전혀 없었다. 1858년 8월 아타나시오의 두 번째 편지가 비코피사노에 도착한지 얼마 지나지 않아 네메시오는 도시에서 꽤 이름 있는 변호사 주세페 푼토니를 찾아갔다. 그는 가문의 유산 상속 관련 서류를 검토해달라고 요청했는데, 여기에는 두 차례에 걸쳐 작성된 아타나시오가 상속을 포기한다는 내용의 서류도 포함되어 있었다. 반면 아타나시오의 간절한 호소에 대해서는 계속 무시하며 침묵으로 일관했다. 절망에 빠진 아타나시오는 네메시오에게 직접 편지를 보내 따지기도 했다. 예를 들어 10월 10일의 편지에서 그는 네메시오가 예전에 했던 약속을 다음과 같이 상기시켰다. "형 기억나? 우리가 테르미네 언덕을 오르던 날 형이 이렇게 말했지. 떠나고 싶다면 떠나지만 네가 고난을 겪을 것은 알아두라고. 그 말을 들었을 때, 나는 앞으로 내가 어떤 사람들과 함께 살아가야 할지 잘 알고 있었어. 그런데 그때 형이 분명히 말했지. 명예로운 장교로서 맹세하건대 내가 모든 것을 도와줄 테니 가라고. 프란체스코 씨도 똑같은 말을 했지. 난 그 말을 전적으로 믿었어." 그러나 네메시오는 여전히 아무런 반응도 하지 않았다. 절망스러운 상황에서 아타나시오는 다시 한번 프란체스코에게 도움을 요청했지만, 그 역시 비톤토에서 오는 편지들을 계속 네메시오에게 전달하는 것 외에 별다른 조치를 취하지 않았다. 바로 1858년 11월 5일에 작성된 다음의 편지가 그중 하나였다.

저는 단순히 안부를 묻기 위해 이 편지를 쓰는 것이 아닙니다. 부디 제 부탁을 들어주시기를 바랍니다. 지난 5개월에 걸쳐 저는

> 형에게 예닐곱 통의 편지를 보냈습니다. 저는 가족의 건강과 재정 상황에 대해 알려달라고 했고 50두카토의 환어음을 보내달라고 세 차례나 요청했습니다. 그런데 형은 지난 5개월 동안 단 한 차례 답장을 보냈을 뿐입니다. 그것도 제가 요청한 내용과는 아무 상관 없는 이야기들뿐이었고, 제가 부탁한 돈도 보내주지 않았습니다. 그리하여 프란체스코 귀하께 간절히 부탁드립니다. 형으로 하여금 제게 답장과 함께 환어음을 보내도록 해주십시오.

거기에 어떤 내용이 담겨 있든 편지는 존재 자체만으로 누군가의 부재를 메워주는 역할을 한다. 다시 말해 선물과 마찬가지로 편지를 주고받는 행위 자체가 관계를 지속시키는 역할을 한다. 서로 멀리 떨어져 있더라도 편지를 주고받는다면 가족들 사이의 유대는 지속될 수 있다. 멀리 떨어진 풀리아에서 아타나시오는 간절하고도 끈질기게 가족과의 연결을 유지하고자 노력했다. 그러나 네메시오는 이를 철저히 거부했다. 네메시오는 단순히 아타나시오의 요청을 무시하는 것을 넘어, 아타나시오와의 관계 자체를 끊으려 했던 것이다. 네메시오의 차가운 침묵과 그가 뒤에서 벌인 온갖 조작 및 회피는 결국 가족 안에서 아타나시오라는 존재 자체를 지워버리려는 시도로 귀결된다.

그로부터 1년이 지난 1859년 9월 8일 아타나시오는 드디어 그가 오랫동안 바라던 사제 서품을 받으며 조금이나마 마음의 안정을 되찾는다. 그는 여전히 비톤토에 머물렀지만, 그래도 어느 정도는 수도회의 통제에서 벗어나 스스로 미사를 집전하고 아이들을 가르치며 지낼 수 있었다. 그러나 토스카나로 돌아가기 위한 노력은 허사로 끝났고, 가족과 다시 가까워지려는 시도 역시 실패로 돌아갔다. 네메시오는 지난 1년 동안 아타나시오에게 단 한 통의 편지를 보냈을 뿐인데, 그것도 연금 수령 확인서를 보내달라는 요청이 전부였다. 그럼에도 아타나시오는 끝까지 포기하지 않고, 간절한 호소를 담아 마지막으로 다시 한번 형에게 편지를 보냈다. 다음은 1859년 11월 25일 아타나시오가 보낸 편지의 일부다. 여기서 그는 형과의 관계를 회복하고 싶다는 뜻을 거듭 강조하며 마지막으로 다음과 같이 간절하게 항의했다.

> 형은 나에게 아무런 소식도 전해주지 않는구나. 형 자신과 우리 가족들 소식 말이야. 그저 형이 빈치에 다녀왔다는 말만 썼을 뿐, 조반나가 어떻게 지내고 있는지 전혀 말이 없었잖아. 대체 왜 이렇게 변한 거야? 주님께서 모든 것을 잘 이끌어주시기를 바랄 뿐이야. 그리고 편지를 쓸 때, 안토니오*가 아직 살아 있는지 아니면 세상을 떠난 건지도 좀 알려줘. 벌써 2년 동안이나 나에게 편지 한 통 보내지 않았거든. 혹시 상황이 안 좋아져서 그런 걸까? 그러니 형이 괜찮다면, 나 대신 따끔하게 한마디 해줘. 그리고 내가 준 모자를 아직 가지고 있는지 물어봐줘, 내게는 중요한 일이라서 그래. 끝으로 형은 어떻게 지내는지도 알고 싶어. 형이 그렇게 기다리던 연금 수령 확인서를 동봉할게. 이제 만족하지?

* 이미 세상을 떠난 네메시오와 아타나시오의 아버지 안토니오를 가리키는 것이 아님에 유의할 것.

반항

그로부터 1년이 지난 1860년 갑작스러운 반전이 일어났다. 아니 그렇다기보다는 이미 오래전부터 쌓여온 일이 폭발한 것일 수도 있다. 이번 일에 대해서 우리는 아타나시오가 보낸 편지가 아니라, 수녀원과 고위 성직자들의 저택에서 들려오는 충격과 분노로 얼룩진 반응을 통해 그 경위를 파악할 수 있다. 고모 라우라 테레사는 아직 정확한 사정을 알지 못한 상태에서 12월 24일 네메시오에게 다음과 같은 내용의 편지를 썼다. "당신이 큰 충격을 받았다는 소식을 듣고 대단히 안타까운 마음이 들었습니다. 그러나 그 이유가 무엇인지조차 알 수 없다는 사실이 나를 더 괴롭게 하는군요." 반면 상황을 잘 알고 있던 누이 초에, 즉 마달레나 루이사 수녀 역시 같은 날 다음과 같은 편지를 보냈다. "정말 큰 충격이었습니다. 저 불쌍한 사람[아타나시오]이 다혈질이라는 것은 알고 있었지만, 설마 이렇게 극단적인 일까지 저지를 줄은 전혀 몰랐습니다." 심지어 1861년 1월 4일 어느 추기경은 네메시오가 보낸 연말 인사에 다음과 같이 답했다. "길을 잘못 든 사람이 제발 정신을 차리고 뉘우치는 일이 올해의 마지막 기쁨이 되기를 바랍니다."

폭풍의 전조는 사실 1860년 초부터 나타나고 있었다. 아타나시오가 네메시오에게 보낸 편지의 횟수가 점점 줄어들고 있었고, 내용의 분위기도 확연히 달라져 체념과 실망, 날선 비난 그리고 형을 향한 도전의 말투가 담기기 시작했다. 예를 들어 6월 19일 그는 한때 자신이 직접 수녀원에 보내라고 한 적 있는 누이 이시도라에 대해 다음과 같이 말했다. "그 아이를 수녀원에 보낸 것은 형의 잘못이야. 그 아이의 성격과는 전혀 맞지 않는 일이었고, 결국 내가 말한 대로 된 거지. 결국 그 아이는 수녀원을 나올 수밖에 없었잖아." 사실 그 이전 5월 15일에도 아타나시오는 형에게 훨씬 더 공격적이고 비판적인 어조로 편지를 썼다. "형은 분명 내 일에 전혀 관심이 없다고 하겠지. 이제 나도 형에게 그렇게 말할 거야. 형에게 내가 필요했던 것은 단 한 번, 1858년 5월 7일뿐이었어. 하지만 기억해둬. 또 다른 5월 7일이 오게 될 거야." 두 형제 사이의 갈등은 이제 정면충돌 직전까지 와 있었다. 그리고 이 갈등은 가족 내부의 문제를 넘어 당시 리소르지멘토risorgimento* 라는 역사적 사건과 맞물리며 더 극적인 전개를 맞게 되었다. 가리발디가 시칠리아를 떠나 남부 이탈리아를 가로질러 북상을 시작했을 때, 아타나시오는 수도복 대신 붉은 셔츠camicie rosse** 를 입은 채 혁명의 한복판으로 뛰어든 것이다.

젊은 시절의 열정에서 비롯된 충동적인 선택이었을까? 수도원에서 홀로 지내는 동안 서서히 생겨난 이념적 각성이었을까? 그도 아니라면 외부 힘을 빌려 자신의 과거와 완전히 결별하려 했던 것일까? 정확한 내막은 알 수 없다. 하지만 어쩌면 이런 질문들 자체가 별로 의미 없을지 모른다. 중요한 점은 아타나시오의 선택이 순간적인 감정이나 충동이 아니라 자신의 경험을 바탕으로 내린 결정이라는 것이다. 아타나시오는 자기 삶 속에서 이전 사회의 규칙과 관습들, 특히 새로운 이탈리아가 도전하고 있던 낡은 사회의 부조리를 몸소 체험했다. 가리발디의 의용대에 가담하는 선택은 성직자에게 강요되던 복종의 계율과

* 19세기에 전개되었던 이탈리아 통일운동.

** 가리발디를 따르던 의용대는 붉은 셔츠를 입고 있었다.

가족으로부터의 소외라는 이중의 억압을 한 번에 벗어나게 하는 돌파구로 작용한 것이다.

그는 카푸아와 가르가노에서 전투에 참가했다. 이렇게 첫 번째 군사 원정을 마친 후, 아타나시오는 예전처럼 정신적으로 불안정할뿐더러 독립적인 결단을 내리지 못하는 소년이 아닌 자기 확신이 넘치고 결단력 있는 청년으로 세상에 모습을 드러냈다. 자기 삶을 되찾은 아타나시오는 과거 자신이 어쩔 수 없이 포기해야 했던 가문의 재산까지 되찾으려 했다. 그는 형 네메시오에게 자신의 요구를 분명하고 단호하게 전달했다. 1861년 2월 25일 짧지만 흔들림 없는 어조로 작성된 편지에는 그의 마지막 요청이 담겨 있다. 이 편지의 서명에는 그가 수 년 동안 정체성을 도둑질당하며 잃어버렸던 본래의 이름 아타나시오가 다시 등장한다.

네메시오는 재산 반환 요청을 거부했고, 그 결과 1861년 3월 13일, 아타나시오는 피사 법원에 소송을 제기했다. 소송의 목적은 바로 수도 서원과 상속 포기 서약의 무효화였다. 1862년 5월 23일 아타나시오의 변호사 로부스티아노 모로솔리는 진술서를 통해 문제의 본질을 정면으로 지적했다. "과거에는 귀족적 편견에 사로잡힌 아버지들이 유혹과 강요를 통해 자녀들을 수도원으로 보내는 잘못된 관행이 있었다." 그러나 실제 법적인 쟁점은 언제나 그렇듯이 단순하지 않았다.

모든 쟁점이 하나의 법률, 즉 1775년 5월 1일에 제정된 토스카나 대공국의 개혁 법안으로 귀결되고 있었다. 교회의 면책 특권을 제한하고 수도 서원을 규제하는 내용을 골자로 하는 법안이었다. 그에 따르면 수도 서원을 하려면 적어도 만 24세 이상의 나이여야 했고, 그 외 특정한 조건들을 충족해야 했다. 아타나시오의 변호사였던 모로솔리는 이 법률에 따라 당시 17세였던 아타나시오의 수도 서원은 무효이며, 1851년과 1858년의 상속 포기 선언도 원천적으로 무효가 되어야 한다고 주장했다. 이에 대해 네메시오 측 변호사 주세페 푼토니는 네메시오의 요청으로 피렌체의 또 다른 변호사 빈첸초 란드리니에게 자문을 구한 후, 다음과 같이 반박했다. 해당 법률은 법률의 위반자를 처벌하기 위한 것이며, 행위 자체를 무효로 만들지는 않는다. 설사 수도 서원이 무효라고 하더라도 상속 포기 선언은 여전히 유효하다. 그것은 성직자의 신분과는 무관하게 내린 결정이었기 때문이다. 그들은 여전히 아타나시오를 라파엘레 신부라고 불렀으며, 그가 자신의 수도 서원이 무효가 될 가능성이 있음을 스스로 인지하고 있었음에도, 형을 위해 자발적으로 재산 상속을 포기했던 것이라고 주장했다.

법률적 논쟁에 대해서 더 세부적으로 언급하지는 않을 것이다. 양측 다 익숙한 주장과 논리를 내세웠을 것이다. 사실 재판의 전개 과정에 대해서는 단편적인 사실들만 알 수 있을 뿐이다. 예를 들어 1861년 9월 네메시오가 합의 의사를 내비치자, 아타나시오는 두 통의 짧은 편지를 보내 그와의 대화를 시도했다. 또한 카스텔 디 노코의 가족들이 아타나시오의 움직임을 감시하려 했던 정황도 포착된다. 한편 아타나시오는 그사이에도 가리발디를 따라 1862년 8월 아스프로몬테 전투에 참여한 후, 시에나의 어느 학교에서 교사로 일하고 있었다. 그의 동태를 지켜보던 변호사 푼토니는 1862년 11월 6일경 아타나시오가 결혼을 계획하고 있다는 정보까지 파악하고 있었다. 어쨌든 1863년 3월

31일 피사 법원은 아타나시오에게 유리한 판결을 내렸다. 여기에 네메시오가 불복하고 항소를 제기함에 따라 루카에서 새로운 재판이 열리는데, 네메시오가 남긴 기록들이 재판의 배경에 대한 자세한 설명을 제공한다.

재판이 시작된 1863년 4월 16일부터 푼토니는 예전부터 자신이 가지고 있던 생각들을 설명한 후 여전히 그 생각이 변치 않았다는 점을 네메시오에게 강조했다.

> 라파엘레 신부에 대한 재판에서 특별히 달라지는 점은 없습니다. 나는 포기하지 않고 계속해서 알아보고 또 알아보고 있지만, 결국 수없이 말했듯이, 이 재판은 우리에게 유리하게도 불리하게도 판결이 나올 수 있는 사건이라는 점을 인정해야만 합니다. 누구도 결과에 대해 확신할 수 없고, 마음을 놓을 수도 없는 상황입니다. 판결문이 정식으로 나오면 그때 가서 더 정확하게 판단할 수 있을 것입니다. 그리고 다시 한번 말하지만 만일 원만한 합의가 이루어지지 못한다면 나는 항소심에서 최선을 다해 싸울 생각입니다. 그렇지만 지금까지 계속 그래왔듯이 앞으로도 나는 당사자들 사이의 원만한 합의를 통해 문제를 해결하는 방법을 추천드립니다.

푼토니는 재판이 진행되는 내내 이러한 입장을 고수했다. 1863년 9월 17일 그는 네메시오에게 절차상의 "아주 작은 이득"이 있었다고 알리면서, 서둘러 다음과 같이 덧붙였다. "정말로 작은 이득입니다. 너무 기대하지 마시고 언제나 합의를 우선으로 생각하십시오." 그리고 1864년 11월 1일 자신이 작성한 의견서를 인쇄해서 네메시오에게 보내며 다음과 같이 언급했다. "당신도 알고 계시리라 믿습니다만, 저는 최선을 다했습니다. 앞으로도 계속 말씀드리겠지만 합의하는 것이 가장 좋습니다. 위험 부담이 너무 큽니다."

다른 사람들도 네메시오에게 같은 조언을 건넸다. 그의 지인 가운데 보치라는 이름의 참사회원은 1864년 6월 6일 그에게 항소를 철회하고 합의를 간곡하게 종용하는 내용의 편지를 보냈다. 보치는 네메시오가 패소했을 경우 지급해야 할 금액보다 훨씬 더 적은 금액을 주고 끝내는 조건의 합의를 제안했다. 보치의 편지는 당시 가문의 형편이 그리 나쁘지 않았음을 암시한다는 점에서 흥미롭다. "푸토니가 말한 것처럼 아타나시오가 2만4000스쿠도의 권리를 요구했지만, 현금으로든 자산으로든 1만2000스쿠도나 1만3000스쿠도만 주고 끝낼 수 있다면, 그것은 당신의 사회적 체면을 깎는 일도 아닐뿐더러, 지금 상황에서는 훌륭한 거래라고 생각됩니다." 한편 이 편지는 또 하나의 흥미로운 사실, 즉 그것은 네메시오가 아타나시오를 여전히 예전처럼 대하려는 고집을 부림에 따라 주변 사람들로부터 점점 고립되기 시작했음을 보여준다. 이와 관련하여 보치는 다음과 같이 언급했다. "이번이 마지막이 될 수도 있겠지만 어쨌든 제가 당신의 가족들과 나누어왔던 우정 때문에 동생 아타나시오와의 화해를 다시 한번 진심으로 권해드리고 싶습니다." 그러나 네메시오는 보치의 조언을 받아들이지 않았는데, 이는 당시 그의 행동만 봐도 익히 짐작할 수 있는 바다. 네메시오는 피사에 있는 프란체스코회 수도사들에게 과거 수도원을 "탈출했다가" 나중에 되돌아온 동료 수도사에 대해 캐묻고 있었다. 그가 어떤 질문을 했는지 정확히 알 수는 없지만 1864년 4월 13일 그가 정보 제공자로부터 받은 답장에는 종교적 서약을 어긴 사람이 법적 처벌의 대상이 될 수 있는지에 대한 문장이 포함되어 있었다. "그 일과 관련하여 법적으로 문제 삼을 만한 것은 전혀 없습니다."

네메시오에게 편지를 보내거나 조언을 건네는 사람들은 그가 아버지에게서 물려받은 카스텔 디 노코의 작은 왕국을 둘러싼 세상이 이제 예전과는 달라졌다는 사실을 알리려 했다. 심지어 길라르디니 신부처럼 신앙심이 깊은 성직자도 마찬가지였다. 그는 1865년 1월 30일 "대주교청에서 공짜로 받아 보관해온 성유물을 이제야 당신에게 보냈다"는 사실을 알리면서, 푼토니의 변론서를 보고 자신이 아는 어느 변호사가 "깊은 감명"을 받았다는 말을 함께 전했다. 그러나 길라르디니에 따르면 그 변호사는 다음과 같이 덧붙였다. "정말로 재판부가 공정하다면 네메시오가 이기는 것이 당연합니다. 그러나 불행히도 이 소송은 상대편의 입장이 지금의 시대정신이나 여론에 너무 잘 들어맞습니다. 그런 흐름은 때때로 사람의 판단을 흔들어 정의에 해가 되는 길을 따라가도록 만들 수 있습니다."

네메시오가 여러 사람에게서 받은 편지를 살펴보면 판결 시점이 가까워오면서 법률 외적인 요소가 재판의 결과에 영향을 미치리라는 우려가 점점 더 빈번하게 제기되고 있다는 점을 알게 된다. 길라르디니 신부도 이에 대해 다시 언급했다. 그는 두 명의 변호사와 다시 이야기를 나눈 뒤 1865년 12월 15일 다음과 같은 말을 전했다. "정당한 사유가 있음에도 불구하고, 요즘 시대 분위기 때문에 결과가 좋지 않을 수 있다는 걱정이 듭니다." 푼토니 역시 같은 우려를 더 직접적이고 단호한 어조로 전달했다. 재판 결과를 초조하게 기다리고 있던 그는 12월 9일 네메시오가 피렌체의 변호사 란드리니에게 따로 자문을 구한 것을 두고 자신을 신뢰하지 않는 것 아니냐는 불만을 신경질적으로 표출하기도 했다.

> 이제 판사들은 더 이상 아무 말도 하지 않습니다. 그들은 이미 결론을 내렸고, 따라서 변호인단의 역할도 끝났다고들 합니다. 그러나 제가 슬쩍 전해 들은 바에 따르면 재판부는 당신 동생의 재산을 빼앗는 결정을 내심 꺼림칙하게 생각하고 있습니다. 이런 얘기가 도는 것은 대단히 불길한 신호일 수 있습니다. 오늘 저녁에 내가 받은 편지에서도 같은 얘기가 또 들려왔습니다. 이제 결과를 지켜보는 수밖에 없습니다. 제가 계속 권했던 합의를 끝내 받아들이지 않은 것에 대해 당신이 후회하는 일이 없기를 주님께 간청드립니다. 만일 정말 결과가 좋지 않게 나온다면 "반드시 승소한다"고 장담했던 변호사 란드리니가 무슨 할 말이 있겠습니까? 그는 아치 가문 사건을 예로 들며 우리 사건과 똑같다고 했지만, 사실 두 사건은 전혀 다릅니다. 저는 관련된 판례나 근거를 정확하게 찾아내 당신과 아주 가까운 지인에게 그중 일부를 직접 보여주었습니다. 하지만 요즘 시대 분위기에서 그런 논리가 과연 통할 수 있을까요?

인용된 편지에 등장하는 "동생의 재산을 빼앗는 결정"이나 "요즘 시대 분위기"와 같은 말들은 법률적 논리와는 동떨어진 판단이다. 사실 이번 사건에서 양측이 제시한 법적 근거가 무엇이었는지 오늘날 명확히 가늠하기는 어렵지만, 어쨌든 네메시오 주변의 인물들이 감지했듯이, 이 재판에 법률적 논리와는 별개로 당대의 사회적 분위기가 강하게 작용한 것은 사실이었다. 네메시오와 아타나시오 사이에 분쟁이 벌어진 시기는 가리발디의 혁명이 시도되고 이탈리아 왕국이 탄생하며 국가와 교회 사이의 대립이 극에 달했던 때와 같다. 더 큰 틀에서 이러한 사회 전체의 갈등은 당연히 형제 사이의 재판과도 무관하지 않았다. 게다가 이 시기에는 새로운 민법전이 한창 마련되고 있었다. 이 법전은 담당 장관의 이름을 따서 피사넬리 법전이라 불렸는데, 왕정복고 시기의 보수적인 법률에 비해 프랑스 혁명기의 평등주의 정신에 훨씬 더 가까운 내용을 담고 있었다.

이러한 분위기는 단순히 배경으로서만 존재하지 않았다. 루카에서 진행 중이던 재판의 전개에 결정적인 영향을 미쳤다. 1864년 1월 12일 네메시오의 한 친구는 항소를 멈추라는 편지를 보냈는데, 항소가 오히려 역효과를 불러올 수 있다는 우려 때문이었다. 네메시오의 친구가 한 조언은 당시 피렌체에서 발간되던 일간지 『라 나치오네La Nazione』에 실린 시에나발發 짧은 기사와 연관되어 있었다. 그 기사에는 반동적 세력이 주도했던—기사에서 B. C.라는 익명의 이름으로 표기된—아타나시오에 대한 탄압의 시도가 실패로 끝났다는 내용이 담겨 있었는데, 반동적 세력에는 당시 교육부 장관이자 명망 있는 역사학자였던 미켈레 아마리도 포함되어 있었다. 네메시오의 친구는 이 기사의 내용을 그대로 편지에 적어 보냈다.

올해 시 당국이 일을 정말 잘하고 있다는 것을 보여주는 이야기를 하나 들려드리겠습니다. 공립 중학교에서 교사로 재직하는 B. C.라는 사람이 있는데, 젊은 가리발디의 지지자이고, 조금 충격적일 수 있지만 수도원을 떠난 전 수도자입니다. 누군가 아마리 장관에게 이 사람을 "도덕적으로 문제가 있고, 무능하다고" 비밀스럽게 고발했는데, 장관은 이 고발을 그대로 받아들여 시 당국에 해고 명령을 내렸습니다. 그런데 시 당국은 장관의 명령을 거부하며 다음과 같이 답변했습니다. "우리 시의 예산으로 급여를 주는 직원에 대한 판단은 우리가 직접 한다." 그리고 B. C.는 자신이 아무런 문제도 일으킨 적이 없으며, 현재 유산 상속과 관련된 소송이 진행 중이기에 오히려 성직자들과 자신의 형에게 탄압을 받고 있는 것 같다고 밝혔습니다. 이 사건을 보면 지금 성직자 세력의 영향력이 얼마나 깊숙이 뻗어 있는지 그리고 그들이 어떤 식으로 탄압을 자행하는지 잘 알 수 있습니다. 시에나 사람 모두가 시청의 결정에 열렬한 박수를 보냈는데, 왜냐하면 그들은 상황이 실제로 어떻게 돌아가는지 잘 알고 있었기 때문입니다.

판결이 가까워진 1865년 11월 25일 시에나 이탈리아 통일 위원회가 발간하는 『일요민중신문Foglio della Domenica per il Popoli』은 아타나시오가 이제 자유로운 몸으로 오스투니 기숙학교의 교장으로 임명되어 다시 풀리아로 돌아가게 된 일과 관련하여 다음과 같은 논평을 실었다.

이 소식은 우리를 대단히 기쁘게 한다. 그 사람 자체도 존경받을 만할 뿐 아니라 그에게 주어진 역할도 큰 의미가 있다. 그는 자신의 목숨보다 더 소중히 여기는 자유의 원칙을 위해 피 흘리며 싸운 인물이다. 이번 인사는 자유와 조국을 위한 또 하나의 명예로운 승리이기도 하다. 게다가 우리가 이번 일을 축하해야 하는 또 다른 이유가 있다. 바로 브라치 가문의 남성[아타나시오]을 끊임없이 공격해온 위선적인 성직자 집단이 다시 한번 패배했기 때문이다. 성직자 집단은 그가 미신적이고 광신적인 신앙과는 다른 입장을 지녔다는 이유로 그를 박해해왔다. 이제 그런 관념들은 고대의 신화나 전설로 치부되어야 마땅하다. 그들은 건전한 신앙심이 아닌 맹목적인 광신에 사로잡혀 있을뿐더러, 신앙심이란 인도적이고 이타적인 감정임에도 불구하고 대중의 무지한 성향을 이용하여 정의와 정직함을 향한 증오와 복수심을 조장해왔다. 심지어 오늘날에도 그들은 진보적인 사람들을 과거처럼 종교재판에 회부하여 감옥에 가두고 화형대에 세우고 싶어할지 모른다. 하지만 그런 시대는 역사의 뒤안길로 영원히 사라졌다. 그런 시대는 종교적 불관용이 지배하던 수치스러운 시대로 역사에 기록되었으며, 영원히 잊히지 않을 흑역사로 남을 것이다.

이런 논평은 여론을 자극하는 것은 물론이고 나아가 판결을 앞둔 판사들에게 부담으로 작용할 수 있다. 그러나 한 가지 분명히 해두어야 할 사실은 네메시오 역시 그가 시도했던 온갖 술수를 제쳐놓고 보더라도 감정적 대립을 부추기는 데 있어 결코 적잖은 책임이 있다는 것이다. 길라르디니의 지인이었던 어느 변호사가 "깊은 감명"을 받았다고 평한, 1864년 9월 30일자로 푼토니가 법원에 제출한 변론서의 내용은 단순히 차가운 법리적 분석에 그치지 않는다. 여기서 푼토니는 아타나시오 쪽에서 먼저 제기했던 이념적·도덕적 비난에 정면으로 맞서 그것을 풍자적으로 조롱하고 반박하려 시도했다. 결과론적인 이야기지만 이 변론서는 신중한 성격의 푼토니답지 않은 실수였다고 볼 수 있다.

「성주城主, Il Signor del Castello」라는 제목 아래 푼토니는 아타나시오 쪽에서 그려낸 아버지의 모습을 우스꽝스럽게 비웃고 조롱하려 했다.

> 여기서 등장하는 인물은 자식들의 존경을 받는 아버지가 아니라 카스텔 디 노코의 주인인 안토니오 브라치입니다. 그가 앉은 큰 의자 주위를 작은 궁정이 둘러싸고 있습니다. 사람들은 부티의 밤나무 그늘 아래에 천막을 치고 그 앞에서 머리를 숙이며 군대처럼 복종합니다. 마치 십자군 시대에서 튀어나온 중세의 귀족처럼 가문의 명예와 재산을 지키려는 완고한 사고에 사로잡힌 인물로 그려져 있습니다. 그는 차남[아타나시오]으로 하여금 세상과 연을 끊게 만들고, 모든 재산을 장남에게 상속함으로써 가문의 위세를 유지하려 했던 사람처럼 묘사되어 있습니다.

푼토니는 [아타나시오가] 수도복을 입게 되는 과정과 관련하여, 여성 특유의 감정적인 연약함이 결국 사회 질서를 흔들 수도 있다고 말하며, 안토니오처럼 심지가 강한 가장이 아들이 집을 떠난다는 사실에 절망하여, 눈물을 흘리고 매달리는 아내 카롤리나의 말을 들었어야 한다는 주장이 얼마나 터무니없는 것인지를 비꼬듯 강조했다.

> 그러니까 이렇게 말하는 셈입니다. 어머니의 눈물에 마음이 약해진 아버지가 자신의 아들이 아무 생각 없이 부티를 떠돌아다니거나 혹은 루카로 보내서 아무런 보호 없이 도시의 유혹과 위험에 노출되도록 내버려두어야 했다는 것입니다. 그렇지 않다면 적어도 그를 […] 1848년에 터져나온 후 곧 방종으로 치달았던 '자유롭고 과격한 사상'을 지닌 인물에게 맡겨야 했다는 것입니다. 앞으로는 자식들이 아버지에게 어떤 권리를 요구할 수 있는지 분명히 알게 된 셈입니다.

이후 [아타나시오가] 수도원을 떠나는 이야기가 시작되며, 지금까지의 풍자적인 어조는 격렬한 비난조로 전환된다. 그리고 끝에 가서는 결국 반민족적인 어조로까지 이어진다. "불과 얼마 전까지만 해도 피 한 방울 볼 수 없는 희생 제의를 올렸던 사람이 이제는 자신의 손에 형제들의 피를 묻히고 있습니다. 얼마 전까지 정통성 있는 군주들의 손을 잡았던 사람이 이제는 그들을 진흙탕에 쓰러뜨리려 하고 있습니다." 이어지는 글에서 푼토니는 자신도 모르게 가리발디를 따라나선 아타나시오의 행동을 마치 뜨거운 자유와 해방의 열정처럼 강조하게 된다.

그의 결정은 깊은 고민의 결과도 아니고, 주체적이며 단호한 선택도 아니었습니다. 그가 인생의 방향을 바꾼 것은 그저 하나의 우연한 사건, 즉 가리발디의 군대가 나폴리 왕국에 진입한 사건으로 인한 것이었습니다. 만일 전쟁의 나팔 소리가 울려 퍼지지 않았다면 라파엘레 신부는 여전히 비톤토의 성당에서 수도사와 사제의 신분으로 지내고 있었을 테고, 옛 군주들의 초상 앞에 무릎 꿇고 머리를 조아리는 보수적인 인물로 남아 있었을 것입니다. 그러나 가리발디의 검광劍光은 그로 하여금 수도복을 옷걸이에 걸어둔 채 수도원을 나서도록 만들었습니다. 그리고 문을 나설 때 그는 전혀 다른 사람이 되어 있었습니다. 얼굴도 생각도, 종교적·정치적 신념도 완전히 바뀌어 있었다는 말입니다. 이러한 변화가 마치 두꺼운 옷을 가벼운 옷으로 갈아입는 것처럼 너무나 쉽게 일어났습니다.

푼토니의 변론서에서 가장 아쉽게 느껴지는 것은 아타나시오가 상속을 포기하고 성직자의 길을 택한 것이 과연 자기 의지에 따른 결정이었는지를 다루는 방식이었다. 이 문제는 이번 재판의 가장 중요하고도 민감한 쟁점이었고, 따라서 어떤 식으로 다루더라도 비판을 피하기 어려웠던 것도 사실이다. 아버지 안토니오와 형 네메시오가 그에게 끊임없이 인내하고 받아들일 것을 종용한 증언들이 명확하게 존재했기 때문에, 그가 수도원 생활을 원치 않았다는 사실을 부정하기는 어려웠다. 따라서 푼토니는 논의의 초점을 다른 방향으로 돌릴 필요가 있었다. 그는 1858년 5월 7일 아타나시오가 상속을 포기했던 것이 그가 성직자 신분이기 때문이 아니라 형에 대한 애정에서 비롯된 자발적 선택이었음을 강조했다. 왜냐하면 아타나시오의 수도 서원이 법적으로 무효인 탓에 그것을 근거로 상속 포기 선언을 정당화할 수는 없었기 때문이다.

> 라파엘레 신부 자신의 생각이 아무리 확고했다 하더라도 그가 누구에게도 조언을 구하지 않았다고 생각하기는 어렵습니다. 많은 법률가 가운데 능력이 부족한 사람을 만났다고 하더라도, 심지어 만초니의 소설에 등장하는 아체카가르불리* 같은 엉터리 변호사를 만났다고 하더라도 분명히 수도 서원은 만 24세가 지나야 효력이 있다고 조언했을 것입니다. 이는 1858년 5월 7일 아타나시오가 상속 포기 서류에 서명할 당시 자리에 있었던 비코피사노의 교구 사제(아콘치)와 군의관 본치넬리, 공증인, 그 밖의 다른 증인 모두 알고 있었던 사실입니다.

루카의 판사들 역시 재판 기록을 검토하는 과정에서 아타나시오를 설득하는 데 있어 아콘치와 본치넬리가 핵심적인 역할을 했다는 사실을 인지하고 있었을 터였다. 이런 상황에서 푼토니가 변론에서 그들의 이름을 직접 거론한 것은 자기 발등을 찍는 행위였다. 그러나 그보다 더 큰 실수는 명망 있는 작가 만초니를 인용한 것이었다. 사실 만초니뿐만이 아니었다. 푼토니는 몽테뉴, 베카리아, 심지어 볼테르까지

* 만초니의 대표작 『약혼자』에 등장하는 레코 출신의 변호사로 엉뚱한 말만 늘어놓는 인물로 묘사된다.

끌어들였는데, 안타깝게도 모두 아타나시오 쪽의 주장을 뒷받침할 만한 내용이었다. 자신의 의뢰인 네메시오에게 계속해서 화해를 권유했지만 받아들여지지 않고 있는 상황에서 푼토니는 판사들의 비위를 맞추기 위해 당대의 시대정신에 부합하는 발언을 했던 것으로 보인다. 그러나 사건 자체의 맥락에서만 보자면, 제르트루데라는 인물을 창조했던 만초니였다면 오히려 푼토니를 아체카가르불리에 빗댔을지 모른다는 생각을 지울 수 없다.

1865년 12월 18일에 판결이 내려졌다. 판결문에는 당연히 네메시오의 항소를 기각하는 법적인 사유가 명시되어 있었다. 그에 더해 아타나시오의 내면을 들여다보는 듯한 내용도 두어 페이지에 걸쳐 등장한다. 1858년 5월 7일 아타나시오가 수도생활을 포기하는 과정과 관련하여 법원이 확인한 문서들에는 형제 간의 애정을 알 수 있는 어떠한 친밀감이나 다정함의 흔적조차 보이지 않았다. 그보다는 오히려 네메시오가 근엄한 어조로, 때로는 신랄하고 불쾌한 방식으로 아타나시오의 경솔한 행실을 꾸짖는 모습이 드러나 있었다. 게다가 아타나시오의 친구였던 어느 성직자는 아무 거리낌 없이 그를 "귀족 가문의 야망에 희생된 제물"이라고 말하며 동정심을 보이기도 했다. 이 모든 증언은 아타나시오가 수도생활을 하는 동안 느꼈던 고통을 잘 보여준다. 그리고 이는 수도 서원이 아타나시오의 자발적 선택이 아니었다는 증거로 받아들여졌다. 만일 아타나시오가 수도 서원을 진심으로 원했다면 자유를 되찾게 해달라고 요청할 이유도 없었을 것이다.

아타나시오는 재판에서 승소했다. 그리고 이 승리와 함께 우리 이야기도 끝을 맺게 된다. 우리 눈에 이 사건은 선善이 악惡을 이긴 작은 승리처럼 보인다. 네메시오는 아버지의 유산을 아타나시오와 나누는 것을 받아들일 수밖에 없었다. 여러 차례의 난항과 조정이 있었지만 결국 1866년 3월 17일 분할 절차는 마무리되었고 공증인을 통해 공식적으로 기록되었다. 그러나 형제 사이의 갈등까지 사라진 것은 아니었다. 네메시오는 법적 절차를 고의적으로 지연시켰고, 교회 측에서도 1866년 여름까지 암암리에 방해를 시도했다. 심지어 네메시오는 아타나시오의 결혼을 막기 위해 공공기관에 몰래 사람을 보내 뒤를 캐는 일까지 했는데, 마치 끝까지 아타나시오에게 차남으로서의 희생을 강요하려는 듯한 행동이었다.

그러던 중 1866년 6월 10일 아타나시오는 바리에서 형 네메시오에게 군인다운 문체로 쓰인 짤막한 편지 한 통을 보냈다. "나의 형에게. 나는 자원입대해. 비밀 유언장을 작성해서 이곳 바리 오레피치 거리의 공증인 니콜라 비토 콜렐라에게 맡겨두었어. 모두에게 안부를 전해줘. 동생 아타나시오. 추신: 이 모든 내용을 파올라에게도 꼭 알려주기를 바라." 편지를 보내기 전날 아타나시오는 제3차 독립전쟁, 즉 "조국 이탈리아의 자유를 위한 마지막 전투"에 가리발디의 의용대로 참전하는 결정을 내린 후 유언장을 작성했다. 그는 네메시오의 자식들에게는 아무것도 남기지 않았다. 대신 코르시 가문의 남성과 결혼한 여동생 조반나의 아들을 상속자로 지정했다. 또한 다른 여동생들과 자신의 약혼녀를 위한 유산도 따로 남겼고, 부티의 초등학교 교사에게 매년 연금을 지급하도록 했는데, 그가 성직자 신분이 아니어야 한다는 조건을 설정했다. 마지막으로 "가리발디의 붉은 셔츠를 입고, 가슴에 훈장을 단 채로 어머니의 무덤에 같이 묻어달라"는 부탁의 말도 남겼다.

우리 이야기의 결말로 이보다 더 잘 어울리는 장면을 연출하기는 힘들 것이다. 공적인 면에 있어서나 사적인 삶에 있어서나 아타나시오와 네메시오는 각각 "진보"와 "보수"의 상징처럼 보인다. 두 형제에게는 한 편의 극적인 드라마와 같은 일이 펼쳐졌던 1866년 3월 29일 아타나시오는 네메시오에게 편지를 보내 다음과 같이 선언한다. "독일인들에 대해서 우리 자유주의자들은 (형은 반동주의자이지만) '그들이 다시 알프스를 넘는다면 우리는 다시 형제가 될 거야'라고 말을 하지. 나도 형에게 말해둘게. '나의 것을 돌려준다면, 우리도 다시 형제가 될 거야.'" 지금까지 우리는 억압받는 젊은이인 아타나시오의 입장에 감정을 이입하고 있었다. 이제 한발 뒤로 물러서서 그가 왜 가문의 기대를 저버리고 자신만의 길을 선택했는지, 그러한 행동이 가진 의미는 무엇인지에 대해 생각해볼 차례다. 우리 이해에 도움이 되는 자료가 있다. 1865년 12월 28일, 즉 아타나시오가 재판에서 승소한 바로 다음 날 오스투니*에서 네메시오에게 보냈던 편지로, 여전히 약간은 날이 서 있지만 동시에 따뜻한 진심이 담긴 내용이었다.

> 사랑하는 형에게. 이달 24일 형이 보낸 편지를 오늘 아침에야 받고 정말 깜짝 놀랐어. 예전에는 형이 나를 없는 사람 취급했지만 이제 이렇게 먼 남부까지 편지를 보내다니 뜻밖이었어. 형의 마음은 고맙게 받도록 할게. 하지만 그런 마음은 훨씬 더 일찍 필요했어. 형이 상황을 지금 이렇게까지 몰고 오지 않았더라면 내가

* 이탈리아 남부 풀리아주의 작은 도시.

이렇게 고통받을 필요도 없었겠지. 형의 변덕 때문에 나는 엄청난 비용을 지출한 데다 고생은 고생대로 하고 마음속 깊이 상처를 받았어. 루카 왕립 법원의 정당한 판결문이 나오고서야 형은 나를 직접 만나고 싶다고 하는데, 알다시피 오스투니는 이탈리아 최남단에 있는 마을이잖아. 우리 사이의 거리는 거의 1000킬로미터나 되고, 뒷마당에서 산책을 하듯이 쉽게 갈 수 있는 거리가 아니잖아. 내가 마음먹는다고 쉽게 만날 수 있는 상황이 아님을 이해해주길 바랄게. 게다가 나는 정부에서 일하고 있고 앞으로 내가 직접 만들려고 하는 기관의 책임자이기도 해. 그래서 내 마음대로 움직일 수 있는 처지가 아니야. 내가 이런 사정들을 늘어놓는다고 해서 이 갈등의 원인이 나에게 있다고 오해하지 않았으면 좋겠어. 형도 잘 알겠지만, 나는 과거에 여러 번 화해를 시도했고, 그때마다 형의 아들 파우스티노를 내게 보내달라고 요청했지. 나는 애정을 담아 그 아이를 잘 교육할 생각이었고, 주님께서 그 아이에게 주신 훌륭한 재능을 마음껏 펼치도록 도와주고 싶었어. 왜냐하면 형의 큰아들이 그랬듯이 다른 환경에서라면 그 재능이 꺾일 수도 있기 때문이었어. 형의 아이들이 잘못된 길로 가게 된 것은 내 책임이 아니야. 형에게 엉터리로 조언했던 사람들 탓이지. 그들은 자신들이 틀렸다는 사실이 들통났기 때문에 예전처럼 형에게 "잘하고 있으니 계속 그렇게 하라"는 말을 감히 꺼내지 못하는 거야. (…) 내 말이 좀 거칠게 들릴 수도 있지만 진짜 문제는 형의 고집스럽고 변덕스러운 태도야. 형은 한 번도 가족 간의 애정을 보여준 적이 없잖아. 오히려 도무지 이해할 수 없는 차별적인 태도만 보였지. 형의 아이들이 잘못된 길로 가게 된 것은 내 말을 듣지 않았기 때문이야. 나는 형에게 솔직하고 진심어린 조언을 해줄 수 있는 유일한 사람이야. 지금 형 곁에 있는 사람들은 형을 속이고 조종하려 하고 있어. 그들에게서 벗어나야 해. (…) 형, 이제 미움을 내려놓고 어머니를 생각해서라도 내가 하는 말을 들어줬으면 좋겠어. 솔직히 말해서 그동안 형 때문에 내가 얼마나 힘들고 가난하게 살았는지 형도 잘 알잖아. 형이 과거의 잘못을 인정한다면 나는 기꺼이 형을 용서할 수 있어. 나는 재판에서 이겼다고 해서 거만하게 굴고 싶지 않아. 이제 형 차례야. 형의 진심을 말해줘. 형의 생각이 공정하고 진실하다면, 내가 형의 아이들이 무너지기를 바라는 사람이 아니라 형의 가족들이 행복하기를 바라는 사람이라는 것을 알게 될 거야. (…) 마지막으로 할 말이 있는데, 내 이름은 아타나시오야. 그러니 앞으로 편지나 다른 문서에서 내 이름을 똑바로 써주기를 바랄게. 예전에는 형이 나를 다른 이름으로 불렀을지 모르지만, 이제는 제대로 된 이름으로 불러줘. 그래야만 형이 나를 우리 부모님의 아들이자 정당한 상속자로 인정할 준비가 되었다는 것을 느낄 수 있을 테니까.

개인적인 반항과 정치적인 혁명은 마치 과거와 완전히 결별하고자 하는 아타나시오의 의도를 더 뚜렷하게 부각하는 장치와 같다. 그는 자신이 누구이며 어떤 삶을 추구하는지 강하게 호소하고, 가족이나 사회와 같은 집단보다 개인의 권리를 앞세웠다. 물론 이러한 인상은 사실이지만, 거기엔 우리가 놓쳐서는 안 될 중요한 뉘앙스가 하나 담겨 있다. 그것은 바로 처음부터 끝까지 아타나시오의 투쟁은 가족의 일원으로서 인정받기 위한 마음에서 비롯되었다는 것이다. 이러한 마음은 위에 인용된 구절에 등장하는 진심 어린 말들에서도 잘 드러난다.

이런 의미에서 볼 때, 가문의 논리를 거부하려 했던 아타나시오의 시도는 그의 증조부 루소리오에 비해 훨씬 더 과감했지만, 그렇다고 해서 그가 가장 근본적인 뿌리까지 완전히 부정했던 것은 아니다. 실제로 1866년 6월 9일 바리에서 작성한 유언장에서 그는 조카 안토니오 코르시를 상속인으로 지정하면서 자신의 성 브라치를 함께 쓰라는 조건을 덧붙였다. 전쟁이 끝난 뒤 결혼한 그는 같은 해 10월 15일에 새 유언장을 작성했는데, 거기서도 여전히 자신에게 자식이 없을 경우 안토니오를 상속인으로 지정하면서, 브라치라는 성을 유지할 것을 조건으로 내걸었다. 그리고 아내에게는 법적으로 보장된 액수 외에 나머지 재산에 대한 용익권만 남겼을 뿐이다. 다시 말해, 아타나시오는 가문이 이어져야 한다는 생각과 더불어 가문 내에서 남녀의 역할이 구분되어야 한다는 생각을 함께 가지고 있었던 것이다.

레오나르도가 자신의 가문을 창건했을 때부터 훑어왔던 우리 이야기는 이제 결말에 이르렀다. 분명히 말해두건대, 예전처럼 권리와 의무가 한쪽으로 치우친 구조가 이제 바뀌었고, 사람들이 자신의 성향이나 희망을 실현할 가능성은 더 커졌다. 이것은 중요한 성과가 아닐 수 없다. 이전처럼 가문의 이름과 명예만을 위한 엄격하고 폐쇄적인 행동 양식은 더 이상 유일한 기준이 아니었다. 이러한 변화는 가문 내에서 약자에 해당되는 구성원들의 삶을 개선하는 규정이 포함된 나폴레옹 법전이나 피사넬리 법전과 같은 법적·제도적 진보의 산물이기도 하다. 물론 그렇다고 해서 완전한 평등이 달성되었다거나 완전히 자유로운 선택이 실현되었다고 볼 수는 없다. 그러나 분명히 뭔가는 달라졌다. 아타나시오가 온몸으로 겪었던 가문 내의 이해관계, 감정의 대립, 자유에 대한 열망, 복종의 태도나 저항의 모습은 이제 과거 다른 시대의 이야기가 되어버렸다.

출처에 대한 설명

서문에 언급했듯이, 이 책의 내용은 기본적으로 브라치 캄비니 가문의 문서보관소에 소장되어 있던 기록들을 토대로 한다. 오늘날에는 피사 국립문서보관소ASPi에 소장되어 있는데, 1934년 네메시오의 막내아들이 기록 일체를 국가에 기증한 덕분이다. 전체 기록은 총 199개의 묶음으로 구성되어 있다. 일부는 연대순으로 잘 정리된 회고록과 서신의 사본이고 나머지는 제대로 정리되지 않은 다양한 문서 조각들인데, 번호도 없고 내용도 뒤섞여 있어, 기존의 색인만으로는 파악하기가 쉽지 않다. (이 목록은 현재 플라비아 부치에로 박사가 다시 정리 중이다.) 이러한 상황을 고려할 때, 나는 책의 본문에 각주를 달아놓는다고 해서 내용의 신뢰성이 크게 향상되는 것도 아니고 단지 이야기의 흐름을 방해할 뿐이라고 판단했다. 다만 이어지는 페이지에서 관심 있는 독자들을 위해 사료의 출처를 따로 정리해두었다. 가능한 한 정확하게 기재하려 노력했지만 때로 문서 번호 외에 단지 "흩어진 문서들carte sparse"이라고 표기할 수밖에 없기도 했다. 물론 브라치 캄비니 가문의 문서 외에 다른 자료들을 활용했을 때는 그것을 어디에서 찾을 수 있는지 밝혀두었다.

참고문헌에 대한 설명은 장별로 구분되어 있다. 각 장에서는 앞서 설명했던 사료의 출처 외에도 그때마다 필요하다고 여겨지는 참고문헌에 관한 간략한 정보가 함께 제시되어 있다. 사실 가문의 역사에 대해서는 이탈리아만 놓고 보더라도 훌륭한 연구가 정말 많지만 책의 성격상 모든 자료를 인용할 수는 없었다. 대신 집필하면서 특정한 정보를 얻는 데 도움이 되었거나 혹은 내 생각과 해석에 영향을 준 읽을거리들만 골라서 언급했다는 사실을 밝혀둔다.

어느 인물의 전기를 재구성하는 경우, 어느 정도까지가 의미 있는 재구성인지에 대해 나는 피에르 부르디외의 짧지만 인상적인 글을 참고했다. Pierre Bourdieu, "L'illusion biographique", in *Actes de la recherche en sciences sociales*, giugno, 1986, pp. 62-63, pp. 69-72. 가문 혹은 가족이 이익 중심의 공동체에서 애정 중심의 공동체로 진화했다는 관점에 대한 비판으로는 E. P. 톰프슨의 연구가 대단히 인상 깊었다. Edward Palmer Thompson, "Happy Families", nel suo *Making History. Writings on History and Culture*, The New Press, New York 1994, pp. 299-309. 이와 관련된 또 다른 자료로는 Hans Medick e David Warren Sabean, *Interest and Emotion. Essays on the Study of Family and Kinship*, Editions de la Maison des Sciences de l'Homme e Cambridge UP, Paris 1984가 참고할 만하다.

이탈리아의 가문이나 가족이 겪은 변화에 대한 종합적인 시각의 연구로는 다음을 참고했다. Marzio Barbagli, *Sotto lo stesso tetto. Mutamenti della famiglia in Italia dal XV al XX secolo*, (1984), Il Mulino, Bologna 1996. 19세기를 앙시앵 레짐의 연속으로 보는 견해는 다음의 연구에 잘 설명되어 있다. Paolo Macry, *Ottocento. Famiglia, élites e patrimoni a Napoli*, Einaudi, Torino 1988. 그 밖에 이 책을 집필하면서 브라치 캄비니 가문의 기록에 남아 있는 것

처럼 부지불식간에 장자 중심의 시각으로 이야기를 해석하게 될 위험에서 벗어나고자 참고한 다음의 연구들이 있다. Renata Ago, "Ruoli familiari e statuto giuridico", in *Quaderni Storici*, 1995, 88, pp. 111-133; Giovanni Levi, "Famiglia e parentela: qualche tema di riflessione", nel volume a cura di Marzio Barbagli e David I. Kertzer, *Storia della famiglia italiana 1750-1950*, Il Mulino, Bologna 1992, pp. 307-321. 또한 브라치 캄비니 가문의 유산 상속 과정을 더 일반적인 틀에서 이해하는 데 있어 알베르토 M. 반티의 글이 도움이 되었다. Alberto M. Banti, "I proprietari terrieri nell'Italia centro-settentrionale", nella *Storia dell'agricoltura italiana in età contemporanea*, a cura di Piero Bevilacqua, vol. II, Marsilio, Venezia 1990, pp. 45-103.

더 구체적인 시각에서 토스카나의 사례에 대한 신뢰할 만한 연구로는 Andrea Moroni, *Antica gente e subiti guadagni. Patrimoni aristocratici fiorentini nell'800*, Olschki, Firenze 1997; Carlo Pazzagli, *Nobiltà civile e sangue blu. Il patriziato volterrano alla fine dell'età moderna*, Olschki, Firenze 1996가 있다. 그 밖에 파올로 말라니마의 여러 중요한 연구 가운데 이 책에서 다루는 가문의 역사와 관련해서는 다음의 연구가 특히 흥미롭다. Paolo Malanima, "L'economia dei nobili a Firenze nei secoli XVII e XVIII", in *Società e Storia*, 1991, 54, pp. 829-848; Id., "L'economia toscana nell'età di Cosimo III", nel volume a cura di Franco Angiolini, Vieri Becagli e Marcello Verga, *La Toscana nell'età di*

Cosimo III, Edifir, Firenze 1993, pp. 3-17.

근대 피사의 사례에 대한 연구는 양적으로 계속 증가하는 추세인데, 특히 참고할 만한 문헌은 다음과 같다. Rita Mazzei, *Pisa medicea. L'economia cittadina da Ferdinando I a Cosimo III*, Olschki, Firenze 1991; Danilo Barsanti, *Pisa in età leopoldina. Le vicende della comunità, la politica amministrativa, il ruolo sociale dell'Ordine di S. Stefano*, ETS, Pisa 1995; Id., "Pisa in età napoleonica. La nascita della nuova 'mairie', la soppressione dell'Ordine di S. Stefano, la sopravvivenza della vecchia classe dirigente", ETS, Pisa 1999; A cura dell'ASPi, *Una città tra provincia e mutamento. Società, cultura e istituzioni a Pisa nell'età della Restaurazione*, Giardini, Pisa 1985.

1부 레오나르도: 가문의 시조

레오나르도가 살던 세계를 재구성하는 데 있어서는 오토 브루너의 선집에 수록된 다음의 글이 결정적인 도움이 되었다. Otto Brunner, "La 'Casa come complesso' e l'antica 'economica' europea", in *Per una nuova storia costituzionale e sociale*, a cura di Pierangelo Schiera, Vita e Pensiero, Milano 1970, pp. 133-164. 피렌체의 브라치 가문에 대해서는 다음을 참고했다. Luigi Borgia, "Notizie storiche, genealogie, insegne araldiche delle famiglie proprietarie del palazzo Neroni", in a cura di Paola Benigni, *Palazzo Neroni a Firenze*, Edifir, Firenze 1996, pp. 75-110(85-90).

레오나르도와 그의 형제들 사이의 갈등, 형수와의 분쟁, 그 이전의 사건들은 가문의 문서보관소에 소장된 기록 가운데 특히 가문의 가계도를 포함하고 있는 n. 120 그리고 "Bracci Cambini e Pupilli Bracci"라는 제목이 붙은 n. 19를 통해 재구성했다. 디아만테 캄비니의 유언장 사본은 n. 121에 포함되어 있는데, 일간지 『일 콘템포라네오』의 표지로 겉을 말아서 감싼 문서들 사이에서 확인할 수 있다. n. 36에서 n. 50까지는 레오나르도가 남긴 15권의 회고록인데, 문서 번호가 역순으로 매겨져 있어 첫 번째 권이 n. 50, 마지막 권이 n. 36이다. 본문에서 인용한 문구들은 연대순으로 기록을 살펴보면 쉽게 찾을 수 있으며, 전체 제목이 인용된 것은 n. 42에 해당된다. 날짜의 오기에 대한 설명은 n. 48, p. 85에 등장한다. 회고록 작성이 유행하던 시기에 대해서는 이미 방대한 참고문헌이 축적되어 있다. 그중 나는 크리스티안 클라피슈 쥐베르의 논문들을 추천하고자 한다. 해당 논문들은 Christiane Klapisch-Zuber, *La famiglia e le donne nel Rinascimento a Firenze*, Laterza, Roma-Bari 1988에 수록되어 있다.

레오나르도의 성격과 관련되는 몇 가지 주제에 대해 더 깊이 살펴볼 수 있는 문헌들도 있는데, 피사 외곽의 토지 매입에 대해서는 다음을 참고할 수 있다. Andrea Menzione, "Proprietari, contadini, comunità rurali nei secoli XVI-XVIII", in *San Giuliano Terme. La storia, il territorio*, Giardini, Pisa 1990, pp. 379-415. 한편 치

치스베오에 대한 논의와 성서에 등장하는 이상적인 아내이자 어머니의 화신으로서 보나 루스키의 이미지에 대한 논의는 다음 두 저서에 언급되어 있다. Luciano Guerci, *La discussione sulla donna nell'Italia del Settecento*, Tirrenia, Torino 1987; Id., *La sposa obbediente. Donna e matrimonio nella discussione dell'Italia del Settecento*, Torino, Tirrenia, 1988.

압살롬의 머리카락에 대한 문제는 오귀스탱 칼메의 저작에서 언급된다. Augustin Calmet, *Histoire de l'Ancien et du Nouveau Testament*, Emery, Paris 1718, vol. I, p. 480. 한편 프랑스인들의 타락에 대한 무라토리의 평가는 Antonio Muratori, *Annali d'Italia dal principio dell'era volgare sino all'anno 1749*, vol. XII, Pasquali, Milano 1749, p. 49에 등장한다.

야코포 필리우와 그의 가족들에 대해서는 다음의 논문이 참고가 된다. Cristiana Malaguzzi Valery, "La commenda stefaniana come strumento di ascesa sociale. L'esempio di Livorno agli inizi del XVIII secolo", in *Nuovi Studi Livornesi*, VII, 1999, pp. 59-100(61-68).

레오나르도 유언장의 사본은 부록 형식으로 덧붙여진 부분을 포함해 앞서 언급했던 일간지 『일 콘템포라네오』로 겉을 말아서 감싼 문서에 보존되어 있으며, 라니에리와 관련된 메모는 제본되지 않은 소책자 형태로 n. 52에 들어 있다. 레오나르도의 묘비에 새겨진 비문의 내용은 산 세폴크로 성당에서 확인할 수 있으며, 다음의 글에도 수록되어 있다. Maria Antonietta Di Paco Triglia, *La chiesa del Santo*

Sepolcro di Pisa, Offset Grafica, Pisa 1986, p. 88.

2부 안토니오 마리아와 안나의 사교 그리고 루소리오의 결혼

콘베르사치오네에 대해 더 알고 싶다면 다음 스테판 퓌졸Stéphane Pujol의 글이 출발점이 될 것이다. *Dictionnaire européen des Lumières*, diretto da Michel Delon, Presses Universitaires de France, Paris 1997, pp. 259-263. 피사의 사례에 대해서는 다음의 연구를 추천한다. Andrea Addobbati, "Il Casino dei nobili di Pisa", in *Bollettino Storico Pisano*, 1993, 62, pp. 277-307. 과거 스탄초네 델레 콤메디에와 이를 대체할 새로운 극장에 대한 정보는 Fabrizio Sainati, *Teatro Rossi. Lo splendore e l'abbandono*, Pacini, Pisa 1997에서 확인할 수 있다.

안토니오 마리아의 소책자는 가문의 문서보관소에 소장된 기록들 가운데 n. 35에 해당되며, 이 경우에도 본문에서 인용한 문구들은 연대순으로 정리되어 있다. 프랑스어로 쓰인 문헌들을 해석하는 데는 올리비에 루숑Olivier Rouchon의 도움이 매우 컸다. 이에 감사를 표한다. 1742년 3월 21일(피렌체력에 따르면 1741년) 형제들 간에 맺은 협정, 이후 1763년 5월 5일에 체결된 또 다른 협정은 앞서 언급된 일간지 『일 콘템포라네오』로 겉을 말아서 감싼 n. 121에 사본 형태로 보존되어 있다. 형제들의 부동산 거래 내역은 n. 9, n. 129(다섯 번째 묶음, 회청색 폴더)를 통해 재구성할 수 있다. 안토니오 마리아가 화가 템

페스티와 도나티에게 의뢰했던 작업의 내용은 n. 9, doc. 23에서 확인할 수 있으며, 인테리어 장식은 Giovanna Rasario, "La decorazione degli interni pisani nel '700", in a cura di Roberto Paolo Ciardi, *Settecento pisano. Pittura e scultura a Pisa nel secolo XVIII*, Cassa di Risparmio, Pisa 1990, pp. 149-184(181)에 언급되어 있다. 조반니 바티스타의 결혼 계약서 및 안토니오 마리아와의 협정은 n. 8에 연대순으로 정리되어 있으며, 조반니 바티스타로 하여금 별거 중인 아내에게 금전을 지급하도록 명령하는 판결문의 사본은 n. 181에 보존되어 있고, 그 밖에 몇 가지 추가 정보는 n. 69의 64r, 72v, 74v면에서 확인할 수 있다. 조반니 바티스타의 유언장에 덧붙여진 부속 문서 및 라니에리의 두 번째 유언장은 모두 일간지 『일 콘템포라네오』로 겉을 말아서 감싼 n. 121에 보존되어 있다. 라니에리의 첫 번째 유언장에 대해서는 후손들이 필사본을 남기지 않았지만 피렌체 국립문서보관소ASFi의 공증기록부 n. 27522, 79r-80v에 있는 공증인 코시모 브라치니의 기록을 통해 확인할 수 있다. 안토니오 마리아와 조카 알레산드로 사이의 관계를 보여주는 기록들은 n. 112에 있는 "Alessandro di Gio. Battista"라는 제목의 서류철에 보관되어 있다.

안나에 대해서는 그녀의 남편이 쓴 편지들이 가문의 문서보관소 기록 n. 58에 보존되어 있다. 그들의 결혼 계약서는 피렌체 국립문서보관소의 공증기록부 n. 28682, 156r-158v에 있는 공증인 가에타노 파치니의 기록을 통해 확인할 수 있다. 이야기 속 농지와 관련된 내용은 n. 71과 n. 95번에서 언급되며, 필리포가 안나에게 준 선물 목록은 n. 173에서 찾을 수 있다. 결혼과 치치스베오에 대해서는 Luca De

Biase, *Amore di Stato, Sellerio*, Palermo 1992와 더불어 다음 필자의 논문이 참고할 만하다. Roberto Bizzocchi, "Cicisbei. La morale italiana", in *Storica*, n. 9, 1997, pp. 69-90.

재산 분할과 관련된 문서들은, 앞서 여러 차례 언급된 일간지 『일 콘템포라네오』로 겉을 말아서 감싼 n. 121에 번호 없이 무질서하게 보존되어 있다. 여기에는 1774~1776년 작성된 감정서, 동산動産에 대한 평가서, 안토니오 마리아가 프란체스코 루스키에게 보낸 편지들도 포함되어 있다. 한편 루스키가 안토니오 마리아에게 보낸 편지 그리고 1781년 4월에 이루어진 합의와 관련된 문서들은 n. 122에 들어 있으며, 1786년 5월 19일의 최종적인 재산 분할 관련 문서는 n. 23에서 찾을 수 있다. 재산 목록에 대한 구체적인 정보를 얻으려면 피사 시국의 수로관리청 등록 문서와 비교해보는 것이 유용하다. 이 문서들은 피사 국립문서보관소에 소장되어 있으며 등록번호는 다음과 같다. n. 2604, 118r-125v, 153r-159v; n. 2610, Parte I, 76v-78v; Parte II, 1r-4r, 68r-68v; n. 2791, 123r-123v. 오노프리오의 사망과 관련된 기록은 가문의 문서보관소 기록 n. 129(첫 번째 묶음, 녹색 폴더)에서 찾을 수 있으며, 토스카나의 신탁유증 관련 법령을 이해하는 데는 다음의 연구가 유용하다. Girolamo Poggi, *Saggio di un trattato teorico-pratico sul sistema livellare secondo la legislazione e giurisprudenza toscana*, t. I, Tipografia Bonducciana, Firenze 18422, pp. 140-151.

필리포가 강변의 저택을 매입한 사실에 대해서는 Dario Simoni, *Medaglioni storici pisani*, Pacini, Pisa 1932, pp. 82-84, 피렌체 국

립문서보관소의 공증기록부 n. 286888, 148v-150r에 있는 공증인 가에타노 파치니의 기록을 통해 확인할 수 있다. n. 28688, 167r-168r에서는 1790년 1월 12일 카프로나의 주택 매각에 대한 정보를 찾을 수 있다. 카프로나의 별장에 대한 화가 니콜리니의 증언은 다음의 논문에 수록되어 있다. Lara Ciampi, "Pisa fuori di Pisa. Appunti sulla cultura artistica del territorio tra diciottesimo e diciannovesimo secolo", in a cura di Roberto Paolo Ciardi, *L'immagine immutata. Le arti a Pisa nell'Ottocento*, Cassa di Risparmio, Pisa 1998, pp. 187-205(203). 결국 필리포의 파산을 초래한 재정적 악순환과 관련된 정보는 앞서 언급된 n. 58 외에 다른 여러 문서를 통해서도 확인할 수 있는데, 우선 오르세티 가문과의 채무관계 및 푸치니의 메모는 n. 175에서, 리보르노 상인들과의 거래 내역은 n. 23과 n. 129(다섯 번째 묶음, 회청색 폴더)에서 찾을 수 있다. 또한 필리포가 공직 임명에서 고배를 마셨던 사건은 피사 국립문서보관소 Comune D, n. 172, 47v, 53v-54r, 58v, 59rv를 통해 재구성할 수 있다. 필리포의 사망과 관련된 기록은 n. 112에 별도의 서류철로 정리되어 있으며, n. 60, 246에 있는 아들 안토니오의 편지에도 언급된다. 그 밖에 안나가 간신히 지켜낸 살림살이의 목록은 n. 129(다섯 번째 묶음, 회청색 폴더)에서 찾을 수 있으며, 저택 매각과 관련된 기록은 피렌체 국립문서보관소의 공증기록부 n. 30249, 113v-115v에 있는 공증인 아르칸졸로 오르시의 기록을 통해 확인할 수 있다.

루소리오에 대한 이야기의 시작을 알리는 편지는 가문의 문서보관소 n. 129(첫 번째 묶음, 녹색 폴더)에 있다. 그가 남긴 책과 레오나르도의 마지막 회고록은 n. 36에 해당된다. 안토니오 마리아가 작성한 두 개의 유언장은 각각 피렌체 국립문서보관소의 공증기록부 n. 27865, 54v-56v에 있는 공증인 라파엘로 토르톨리니의 기록 그리고 n. 28697, 45v-50r에 있는 공증인 가에타노 파치니의 기록을 통해 확인할 수 있다. 루소리오의 기증과 관련된 문서는 가문의 문서보관소 n. 28에서 찾을 수 있는데, 그리스 관련 판화 모음집 표지로 여러 장의 흩어진 문서를 감싼 형태로 보관되어 있다. 루소리오가 작성한 세 개의 유언장 및 부속 서류는 각각 피렌체 국립문서보관소의 공증기록부 n. 28698, 119r-126r에 있는 공증인 프란체스코 가에타노 파치니의 기록, n. 34921, 2v-8r, 10r-14v, 27v-29r에 있는 공증인 조반 도메니코 몬지의 기록에서 찾을 수 있다.

법률적 맥락을 이해하는 데 있어 기본이 되는 자료는 Antonio Magnani, *Commentario all'Editto successorio toscano de' 18 Agosto 1814*, 4 voll., Prosperi, Pisa 1831-1832이다. 특히 27조의 내용에 대해서는 vol. II, pp. 280-313이 참고가 된다. 더 최근의 연구로는 Alberto Aquarone, "Aspetti legislativi della Restaurazione toscana", in *Rassegna Storica del Risorgimento*, 43, 1956, pp. 3-34가 있다. 전반적인 시대적 맥락은 Paolo Ungari, *Storia del diritto di famiglia in Italia: 1796-1942*, Il Mulino, Bologna 1974에 정리되어 있다. 루소리오에 대해서는 다음 마리아 줄리아 부레시와 스테파노 렌조니의 값신 논문이 필수적이다. Mariagiulia Burresi e Stefano Renzoni, "Lussorio Bracci Cambini e le copie dei modelli per i 'Quadroni' del duomo", in *Il modello e la copia. Dai quadroni del duomo di Pisa tra Settecento e Ottocento*, quaderno 2 dell'Opera della Primaziale, ETS, Pisa 1994, pp. 77-94. 루소리오에 대한 토스카나 대공의 평가는 Pietro Leopoldo, *Relazioni sul governo della Toscana, a cura di Arnaldo Salvestrini*, Olschki, Firenze 1969, vol. I, p. 93에서 확인할 수 있다.

3부 장자 안토니오와 아타나시오의 정체성

본문에 인용된 발자크의 소책자 내용은 *Oeuvres diverses*, sotto la direzione di Pierre-Georges Castex, vol. II, Gallimard, Paris 1996, pp. 5-16에 수록되어 있다. 안토니오가 가졌던 사상은 Roberto Pertici, "Cosimo Andrea Samminiatelli e il legittimismo italiano dell'età della Restaurazione", negli Atti del convegno *L'Ordine di Santo Stefano nella Toscana dei Lorena*, Ministero per i Beni culturali e ambientali. Ufficio centrale per i beni archivistici, Roma 1992, pp. 242-309에 잘 설명되어 있다.

안토니오의 생애를 연구하는 데 있어 가장 중요한 자료는 1804년부터 1827년까지 그가 주고받은 편지의 초안들이다. 이는 가문의 문서보관소 n. 58, n. 59, n. 60, n. 62, n. 63에 정리되어 있다. 이후 시기에 주고받은 편지의 초안들도 남아 있지만 여러 문서 묶음에 흩어진 상태로 보관되어 있다. 카를로와의 재산 분할과 관련된 문서는 n.

23에서 찾을 수 있으며, 재산에 대한 감정서는 n. 121(녹색 폴더)의 첫머리에 있다. 카롤리나의 편지는 안토니오가 보관하고 있었는데, 가문의 문서보관소 n. 11 가운데 "Acconci Giuseppe di Cucigliana"라는 제목의 서류철에 들어 있다.

엘레오노라의 지참금 관련 문서는 가문의 문서보관소 n. 24 가운데 Dote della nostra signora Eleonora라는 제목이 붙은 네 번째 폴더 안에 보관되어 있다. 아말리아의 지참금 관련 문서는 n. 24 가운데 "Documenti riguardanti la restituzione delle doti alle Signore Margherita Diamante ed Amalia Teresa"라는 제목이 붙은 세 번째 폴더 그리고 "Atti in causa tassazione di doti"라는 제목이 붙은 다섯 번째 폴더에 들어 있다. 루이사 마르게리타 관련 문서는 n. 24 가운데 "Atti e sentenze di prima e seconda istanza Bracci de Cambini e Pigliù, e Ancillotti"라는 제목의 첫 번째 폴더, 제목이 없는 두 번째 폴더 그리고 앞서 언급한 세 번째 폴더에 나누어 보관되어 있다. 루이사 마르게리타가 쓴 여성의 역할에 대해 언급하는 편지는 친토이아의 포도밭 구매와 관련된 문서와 함께 안토니오가 보관하고 있었으며, n. 11에 포함되어 있다. (포도밭의 매입 과정에서 안토니오가 여동생에게 맡긴 업무와 연관되기 때문이다.) 지참금 제도에 대해 더 깊이 이해하려면 Mirella Scardozzi, "Tra due codici: i contratti dotali nella Toscana preunitaria", in a cura di Giulia Calvi e Isabelle Chabot, *Le ricchezze delle donne. Diritti patrimoniali e poteri familiari in Italia(XIII-XIX secc.)*, Rosenberg e Sellier, Torino 1998, pp. 95-120가 도움이 될 것이다.

카를로의 첫 번째 결혼에 반대하는 루소리오와 안토니오의 편지는 가문의 문서보관소 n. 129 (두 번째 묶음, 초록색 폴더)에 보관되어 있다. 카를로의 두 번째 결혼 및 그의 자녀에 대한 정보는 1841년의 인구조사 자료를 통해 확인되는데, 이는 줄리아나 비아졸리, 마르코 델라 피나 그리고 안드레아 도베리가 수집해 전산 프로그램에 입력한 것이다. 이들에게 감사의 마음을 전한다. 극장의 첩자와 관련된 기록은 별도의 서류철에 보관되어 있는데, 여기에는 카를로에 대한 심문 기록도 포함되어 있다. 해당 자료는 피사 국립문서보관소의 기록 가운데 Auditore del governo, Serie pubblica, 100, inserto 652에서 찾을 수 있다. 카를로가 안토니오에게 보낸 편지들은 가문의 문서보관소 n. 121(녹색 폴더)에 보관되어 있으며(p. 215), 두 형제와 어머니 사이의 복잡한 경제 관계는 n. 137에 흩어져 있는 여러 문서를 통해 재구성할 수 있다. 산탄드레아의 농지와 관련된 사건들은 카를로의 채무 기록을 포함하는 n. 13(마지막 폴더), n. 135(테레사 코시의 유언장과 Stima e divisione라는 제목의 폴더) 그리고 n. 181에 흩어진 문서들을 통해 확인할 수 있다. 안토니오 그리고 빚에 쪼들리던 석공 프레디아니 및 피에트로 코시 사이의 거래는 각각 n. 136과 n. 141에서 확인할 수 있다. 1841년 무렵 안토니오와 카를로의 재산 목록은 피렌체 국립문서보관소의 Indice dei possidenti toscani, posta B 17980와 posta B 17983에 보관되어 있다. 이 자료를 제공해준 카를로 파찰리에게 감사 인사를 전한다. 끝으로 안토니오의 탐욕을 비판하는 루소리오의 편지는 가문의 문서보관소 n. 175에서 확인이 가능하다.

부티라는 시골 마을의 영주에 대한 단락에서 다루고 있는 문서 대부분은 안토니오 자신이 직접 수집한 일종의 잡문집에 들어 있던 것으로, 오늘날에는 가문의 문서보관소 n. 114로 분류되어 있다. 피사의 부지사에서 보낸 편지는 피사 국립문서보관소, Prefettura del Mediterraneo, Sottoprefettura di Pisa, 74, inserto 3 [실제로는 2]에 보관되어 있다. (이 문서는 Danilo Barsanti, *Organi di governo, dignitari e impiegati dell'Ordine di S. Stefano dal 1562 al 1859*, ETS, Pisa 1997, p. 54에도 언급된다.) 베티노 리카솔리와 주고받은 편지는 그가 간행했던 『서간집Carteggi』에는 수록되지 않았다. 이는 브라치 캄비니 가문의 문서보관소 n. 135에 보관되어 있다. Leopoldo Baroni, *Parnaso popolare butese(1929)*, La Grafica Pisana, Buti 1973에는 피에트로 프레디아니가 쓴 소네트가 수록되지 않았다.

아타나시오의 이야기를 재구성하기 위한 가장 중요한 자료는 형 네메시오가 수집해놓은 소송과 관련된 문서들로, 가문의 문서보관소 n. 25에 해당된다. 여기에는 소송 당시에 인쇄된 여러 소책자도 포함되어 있다. 앞서 아타나시오의 사례를 통해 살펴본 것처럼, 19세기에 쓰인 사적인 편지들은 종종 감정적 표현으로 가득하다. 나는 다음의 글에서 이와 관련된 방법론적 생각들을 다루었다. "Sentimenti e documenti", in *Studi Storici*, 1999, 2, pp. 471-486.

네메시오 누이들의 지참금과 관련된 문서는 가문의 문서보관소 n. 124(여기에는 안토니오가 남긴 유언장이 부속 문서로 포함되어 있음)와 n. 127에 보관되어 있다. 카롤리나의 유언장은 n. 183에 그리고 네메시오와 아타나시오 사이의 재산 분할과 관련된 문서는 n. 132에서 찾을 수 있다. 아타나시오가 남긴 두 개의 유언장은 사베리오 루소의 도움으로 입수된 것으로, 바리의 지방 공증 문서보관소 protocollo n. 86, 98r-101r, 178r-180r의 공증인 니콜라 비토 콜렐라의 기록을 통해 확인할 수 있다.

옮긴이의 말

이 책은 이탈리아어 원작을 기준으로 할 때 근대 이탈리아의 문화 전반을 한국에 알렸던 『귀부인의 남자 치치스베오』보다 시기상 앞서며, 저자의 대표 저서라 할 수 있다. 저자 비조키 교수는 17세기 말부터 19세기 말까지 토스카나의 상인 귀족 브라치 캄비니 가문 구성원들의 삶, 즉 그들의 사랑, 결혼, 여가생활, 재산 상속과 이를 둘러싼 형제들 간의 다툼을 풍부한 사료를 바탕으로 생생하게 재현한다. 따라서 이 책을 읽는 독자들은 마치 근대 이탈리아로 시간여행을 떠난 듯한 기분을 느낄 것이다.

한국의 지식 사회는 19세기 프랑스 역사가들에 의해 이론화된 '중세 이탈리아 자치도시의 영광'과 '근대 이탈리아의 쇠퇴'라는 이분법적 도식에서 여전히 자유롭지 못하다. 따라서 근대 이탈리아의 역사가 우리의 정당한 학문적 관심으로부터 소외되어온 것은 결코 우연이 아니다. 이 책을 번역하면서 나는 무엇보다 근대 이탈리아 역사가 충분히 연구할 가치가 있다는 사실, 나아가 우리에게 새로운 역사적 사유의 지평을 열어줄 수 있다는 사실을 보이고 싶었다.

또한 이 책의 이야기들이 오늘날 한국 사회를 비추는 거울이 될 수 있다고 본다. 독자들은 오늘날의 윤리적 잣대에 비춰볼 때 우스꽝스럽기까지 한 전통사회의 성 윤리, 가족 윤리, 가문의 논리가 상당 부분 오늘날 우리의 집단적 의식 속에도 강하게 남아 있다는 사실을 알게 될 것이다.

우리는 전례 없이 급격한 변화의 시기를 살고 있다. 가족 윤리 면에서도 마찬가지다. 제도로서의 결혼은 소멸해가고 있으며, 자녀를 갖지 않는 부부 역시 늘어나고 있다. 혈연을 매개로 하는 전통적인 가족 공동체의 구조는 흔들리는 반면, 대안적 가족 공동체에 대한 사회적 실험이 활발하게 진행 중이다. 그러나 이런 변화에도 불구하고 산업화의 산물로서 탄생한 '정상가족 이데올로기'는 정상 가족의 틀에서 벗어난 이들에 대한 폭력이나 차별을 정당화하는 수단으로 활용되며 여전히 막대한 영향력을 행사하고 있다. 이 책은 '정상가족 이데올로기'란 결코 절대적이거나 보편적인 진리일 수 없다는 사실 그리고 어느 시기, 어느 장소에나 다양한 형태로 존재해온 역사적 구성물에 불과하다는 사실을 보여줄 것이다. 독자들은 오늘날 '정상적' 혹은 '이상적'으로 여겨지는 가족의 형태가 과거 이탈리아 귀족들의 눈에는 어떻게 보였을지 생각해볼 계기를 얻을 수 있을 것이다.

이 책은 역사학자뿐 아니라 대중 독자에게도 폭넓게 읽힐 가치가 충분하다. 책을 번역하면서 정확성을 해치지 않는 범위 내에서 최대한 가독성을 제고하기 위해 노력했고, 독자들의 이해를 돕고자 다소 생소할 수 있는 인명, 지명, 역사적 사건에는 역주를 달았다. 이 과정에서 혹시 발생했을지 모를 오류의 책임은 전적으로 내게 있다.

우리에게 너무 익숙한 탓에 우리 스스로가 잘 알고 있다고 믿는 윤리, 제도, 관습에 대한 새로운 사유의 가능성을 이 책이 열어주길 바란다.

저명한 역사가 비조키 교수의 흥미로운 연구를 소개할 수 있게 되어 기쁜 마음이다. 마지막으로 이 책의 가치를 알아보고 선뜻 출판을 수락해주신 글항아리의 이은혜 대표님과 그 과정에서 큰 도움을 주신 숭실대 김지영 교수님께 감사 인사를 전한다.

임동현

가문에서
가족으로

초판인쇄 2026년 1월 5일
초판발행 2026년 1월 12일

지은이 로베르트 비조키
옮긴이 임동현
펴낸이 강성민 이은혜
마케팅 정민호 박치우 한민아 이민경 박진희 황승현 김경언
브랜딩 함유지 박민재 이송이 박다솔 조다현 김하연 이준희

펴낸곳 (주)글항아리 | **출판등록** 2009년 1월 19일 제406-2009-000002호

주소 경기도 파주시 문발로 214-12, 4층
전자우편 bookpot@hanmail.net
전화번호 031-955-2689(마케팅) 031-941-5161(편집부)

ISBN 979-11-6909-480-1 03900

잘못된 책은 구입하신 서점에서 교환해드립니다.
기타 교환 문의 031-955-2661, 3580

www.geulhangari.com